EMPRENDEDRON

Señor Hornero

CONTENTS

la topografía aérea. Una mirada a las tecnolog

INTRODUCCIÓN

Bienvenidos y bienvenidas al master book para empezar en un negocio con drones.

Ya sea que tengas una empresa establecida y quieras agregar un programa de drones, o que quieras emprender exclusivamente en este sector, es es el libro donde poder iniciarse y guiarse en las diferentes variantes posibles que existen, así como también seguir una serie de pasos para empezar firmes en el sector... siempre pensando en el largo plazo.

La razón de mi primer libro, fue iniciar una concientización general, y acabar, de una vez por todas, la ilegalidad que rodea a todos los países cuando se trata de pilotos sin licencias de operadores de drones. Es por eso que luego de sentar las bases de ser una persona legal, segura y profesional, debemos sentar las bases de cómo dar un buen servicio.

Crear una empresa de drones no significa simplemente poner dinero sobre la mesa, comprar lo mejor o mucha cantidad de algo y lanzarse al mercado, se trata de crear relaciones interpersonales, se trata de conocer las necesidades del mercado, pero por sobre todas las cosas, se trata de brindar un buen servicio y estar al servicio del cliente.

No hay que ir con ideas de altanería o de llamar la atención en ningún trabajo, no hay que pensar que uno es mejor que otro, hay que pensar en trabajar duro, desde lo más bajo e ir creciendo día tras día, aprender de los errores, porque si no aprendemos de los errores y no damos un buen servicio, entonces simplemente serán personas con muchos recursos, pero no ingeniosos.

El formato del siguiente libro es diferente a los anteriores publicados, ya que al desarrollarse diferentes temáticas y con mucho desarrollo de las mismas, se ha decidido dividir el libro en 4 categorías.

NEGOCIOS
AUDIOVISUAL
INDUSTRIAL
AGRICULTURA

La intención es arrancar con la parte de Negocios para saber cómo arrancar un programa de drones propios y tener todas las herramientas necesarias en cuanto a lo empresarial para trabajar con estos equipos; para luego buscar la especialización que nos interese y estudiarla al detalle.

Por supuesto habrá secciones más desarrolladas que otras, debido al contexto actual en donde algunas areas se han desarrollado más rápidamente que otras, o simplemente presentan más diversidad de temas a tratar.

"La mejor siembra es la honestidad"

NEGOCIOS

¿Estás planeando cambiar tu trabajo tradicional por una vida en drones? ¿Tienes dudas ya que no tienes fondos? Si es así, tenemos buenas noticias para ti. PUEDES construir un exitoso negocio de drones con un presupuesto reducido. Aquí hay algunos trucos para ayudarlo a iniciar su negocio de drones con solo un poco de dinero.

Pon tu papeleo en orden

El primer paso para convertirse en un piloto de drones es realmente obvio: obtenga sus licencias de piloto de dron necesarias para operar en su país, así como también obtenga un seguro aeronáutico contra terceros y también registre sus drones ante el ente aeronáutico, de esta manera se estará haciendo responsable por las operaciones aéreas de sus equipos.

A continuación, es aconsejable formar una Sociedad de Responsabilidad Limitada (SRL) en virtud de la cual puede operar su negocio de drones. Tener una identidad corporativa separada y definida le permite mantener sus activos y pasivos personales separados de sus activos y pasivos corporativos. Si tiene antecedentes financieros, sin duda puede considerar hacer los trámites de SRL usted mismo.

Como paso final, deberá configurar una cuenta con un procesador de pagos adecuado. Vea cuáles son las herramientas financieras y de cobros que se están convirtiendo en la opción popular debido a una amplia gama de ofertas de servicios y una excelente compatibilidad de hardware. El registro debe ser gratuito y los cargos de transacción ser bastante competitivos.

Construye tu conjunto de habilidades de drones

Aproveche un recurso como Hornero School para conocer los

diferentes aspectos del negocio de los drones. Al convertirse en miembro de Hornero School, puede aprender sobre las normas y reglamentos, superar los desafíos operativos y aprender sobre el negocio de drones en general de varios expertos de la industria. Este contenido lo ayudará a proporcionar servicios de valor agregado que lo distinguirán en un mercado competitivo.

Comience con equipos de drones de bajo costo

Las personas que se aventuran en el negocio de los drones a menudo tienen la idea errónea de que no pueden construir un negocio sostenible si se conforman con algo menos que la línea Inspire. Sin embargo, en lugar de gastar miles de dólares para un Inspire, considere la línea Mavic más asequible. También la linea Phantom permite grabar en 4k a 60 fps. El sensor de imagen mejorado junto con una respetable capacidad de manejo del viento le da más credibilidad a nuestro negocio.

Claro, la cámara del Phantom no puede grabar en un radio de 360 grados como el Inspire. Sin embargo, puede fortalecer sus habilidades de vuelo grabando con un Phantom. Algunos de los negocios más exitosos son construidos por aquellos que comenzaron con un avión no tripulado más pequeño y luego se graduaron en un avión no tripulado más caro y más grande. En lugar de comprar un equipo más caro, puede empezar desde los puntos básicos e ir creciendo desde abajo.

Invierta en seguro de drones

Los incidentes con drones ya son una norma, desgraciadamente por una cuestión de falta de legalidad y práctica de aquellos pilotos que desobedecen la ley o incluso aquellos certificados por la entidad aeronáutica pero que mienten en sus manuales de operaciones. Esto destaca la importancia de tener un seguro aeronáutico contra terceros.

El seguro de responsabilidad civil es la forma principal de

seguro. Cubre posibles daños corporales y daños a la propiedad causados por el dron.

El seguro del casco cubre daños a tu dron. Si el daño es mínimo, su proveedor pagará las reparaciones. Si el daño es extenso, posiblemente pueda reclamar el valor de reemplazo. El seguro de carga útil cubre el equipo costoso conectado a su dron. El seguro de equipo terrestre cubre equipos adicionales como computadoras portátiles, controles remotos y sensores.

Dependiendo de su historial de vuelo, tendrá distintos precios a los que pueda acceder para sus pájaros, sin embargo, a pesar de las facilidades y precios accesibles que hay en el mercado de seguro para drones, las estadísticas muestran que solo el 19% de los pilotos de dron cuentan con un seguro de estos. Una vergüenza.

3 consejos para convertir con éxito tu pasión en ganancias.

Arrancando su negocio de drones

Es una buena idea comenzar con una inversión mínima de capital mientras aprende a manejar el negocio.

El primer paso para construir un negocio de drones exitoso es obvio: obtener sus licencias aeronáuticas del país donde quiere realizar sus actividades aéreas.

Es una buena idea formar una sociedad de responsabilidad limitada (SRL) para operar su negocio de drones.

Es una buena idea tener una identidad corporativa separada. Al hacerlo, se separan claramente sus activos y pasivos personales de sus activos y pasivos corporativos.

Comprar un dron usado es otra opción para controlar su inversión inicial. Sin embargo, debe ser consciente de los diversos riesgos que conlleva comprar un dron usado. Nunca compre en páginas de tiendas virtuales.

Siempre compre un dron usado después de hacer su debida diligencia.

No olvide verificar cualquier signo de estrés como grietas y decoloración. También vas a querer baterías que estén en buen estado. No es probable que las baterías que hayan sido recargadas 40 veces o más duren mucho tiempo. ¿Sabía que también puede aprender sobre el kilometraje del dron a partir de sus registros de vuelo?

Una vez que tenga su certificación y haya comprado su dron, es importante educarse continuamente. Sigue fortaleciendo tu conjunto de habilidades. El Hornero Podcast y los cursos de Hornero School son una excelente manera de hacerlo. Desarrollar su conjunto de habilidades dará como resultado una mayor creatividad.

Por ejemplo, aprender los movimientos deslizantes agradables y las excelentes tomas cinematográficas, son difíciles de lograr si vuela en modo GPS. Por lo tanto, tiene la oportunidad de construir un negocio sostenible con un dron de nivel de entrada como los de la linea Mavic.

<u>Siempre busque maneras de proporcionar más valor.</u>

Proporcionar un mayor valor a través de las ventas adicionales es una excelente manera de destacar entre la multitud. ¿Cómo puede diferenciar sus servicios en un mercado competitivo? Hablemos de bienes raíces. Es un negocio feroz donde los pilotos están dispuestos a proporcionar imágenes de video por menos de U$S 500 por casa. Necesitas ser creativo en este escenario. Por ejemplo, puede crear impresionantes hyerlapses aéreos que pueden mostrar la propiedad que se está construyendo desde cero hasta el final.

También puede volar dentro de la casa, para capturar el interior de una propiedad. Usar el dron te dará imágenes fluidas y podrás capturar toda la longitud y amplitud de la habitación. Otra forma de impresionar es usar una solución de iluminación portátil para iluminar de manera fácil pero profesional y uniforme una casa.

Crear una página de YouTube para su cliente es otra excelente manera de proporcionar valor. Si su cliente no se siente cómodo con la tecnología, esta idea seguramente impresionará.

Agregar metadatos a sus imágenes de drones es otra forma de diferenciarse. Esto da resultados de búsqueda de Google optimizados y, por lo tanto, garantiza una mayor visibilidad para su cliente. Los metadatos son datos de fondo que le dicen de qué trata su material de archivo. ¿Cuándo se grabó? ¿Quien tomó la foto? ¿Quién posee los derechos de autor de la foto? Y mucho, mucho más. Por lo tanto, si alguien comparte la foto de su cliente en Facebook, por ejemplo, tener metadatos incrustados, en el largo plazo dará como resultado mayores vistas y, por lo tanto, más compromiso.

¿Quieres otra idea para entregar imágenes nítidas a tu cliente? Grabe en 4K y entregue su contenido en 1080. Esto dará como resultado imágenes superiores a las de sus pares.

Si bien obtener imágenes de 4K es simplemente una cuestión de hacer clic en un botón de su dron, encontrará que su cliente a menudo está dispuesto a pagar más por él. Por lo tanto, proporcionar imágenes 4K como una venta adicional es una forma inteligente de obtener más ganancias.

Adopte las nuevas tecnologías.

Estar a la vanguardia de la tecnología es una forma segura de mantenerse competitivo. Por ejemplo, ¿necesita mapear una gran franja de tierra con follaje denso? El uso de la fotogrametría es una opción ineficiente y engorrosa. Puede que tenga que recurrir a LiDAR en este caso.

LiDAR puede cortar el follaje para generar un mapa o modelo exacto de la topografía de la tierra. Debido a que no necesita recurrir al cruce de fotos, esta tecnología es extremadamente rápida e ideal cuando se trabaja con grandes extensiones de tierra. Como los sistemas de drones LiDAR más baratos cuestan miles de dólares, hay menos jugadores en este dominio. Si se comercializa correctamente y sabe lo que está haciendo, el uso de LiDAR puede generar algunas ganancias atractivas.

Del mismo modo, si desea trabajar en sectores bien remunerados como el petróleo, el gas o la minería, tendrá que optar por un sistema de drones de imágenes térmicas. Un sistema de drones de alta gama como la linea Matrice junto con las Zenmuse térmicas te costará 20 mil dólares, aproximadamente. Una barrera de entrada más alta significa menos jugadores y, por lo tanto, una mejor paga.

CONCLUSIÓN

Un enfoque sistemático puede garantizar el éxito en un

mercado concurrido y competitivo. Cuando se aventura en este espacio, puede emplear los diversos trucos de los que hablamos para mantener su inversión inicial al mínimo. Desarrollar tu conjunto de habilidades es el siguiente paso. Una vez que haya desarrollado su conjunto de habilidades, puede encontrar formas innovadoras de proporcionar un mayor valor a su clientela.

Es importante invertir en una mejor tecnología una vez que haya acumulado una clientela estable. Esto lo colocará en una posición para tomar trabajos altamente calificados y más lucrativos. ¡Vuela seguro! Y no dudes en conectarte con nosotros.

Cinco cosas que te ayudarán
a construir un exitoso
negocio de drones

1. El modo de actitud lo es todo

No solo estamos hablando de volar en modo Atti. Una actitud positiva y emprendedora es crítica para aquellos que desean iniciar cualquier negocio, y mucho menos uno tan dinámico como el negocio de los drones. Entonces, cree en ti mismo y ve por ello. Es importante salir de tu zona de confort y correr riesgos. Si no tomas riesgos, no tendrás éxito.

El hardware y el software evolucionan continuamente y es importante que un piloto de drones se mantenga al tanto de todo. Para esto, necesita cultivar una mente abierta que sea capaz de aprender y adoptar nuevas tecnologías. Cree sistemas y procesos que lo ayudarán a crear un flujo de trabajo más eficiente.

También necesita cultivar relaciones interpersonales. Las personas que han estado trabajando como ingenieros o contadores podrían no estar acostumbrados a hablar con los clientes y ser los hacedores de lluvia para su empresa. Para esas personas, la creación de redes y la venta de servicios pueden ser un desafío. Pero ciertamente no es insuperable.

Recursos que lo ayudarán a administrar su negocio de drones:

- Google Calendar: Para organizar no solo sus trabajos, sino reuniones, tareas administrativas y tareas de edición.
- Google Drive: para gestionar sus archivos y compartirlos de forma fácil y rápida.
- Anuncios de Facebook: para llegar a los clientes adecuados.
- UAV FORECAST: Para poder analizar en profundidad la climatología del lugar a trabajar.

2. Usa el equipo adecuado

Mantenga su dron adecuadamente y asegúrese de que esté en las mejores condiciones de trabajo. Ciertas medidas simples de sentido común pueden ayudarlo a hacer esto. Por ejemplo, el uso de almohadillas de despegue evitará la acumulación de suciedad en la lente de la cámara. Usar el filtro ND correcto durante la jornada ayudará a mejorar el metraje de tu dron. Asegúrese de usar las tarjetas SD correctas.

Apunte a la máxima redundancia mientras está volando. Por ejemplo, llevar un dron de respaldo siempre es una buena idea. También debe llevar controles remotos de respaldo, baterías de respaldo y accesorios.

Otro consejo de mantenimiento: nunca use en exceso los accesorios de su dron. Cambia tus accesorios después de 10 horas de vuelo.

3. No creas todo lo que la gente dice

Nunca sucumbas al bombo publicitario. Cuando se lanza un nuevo dron o cámara, ignore las novedades y espere a que las aguas se calmen para analizar el equipo de manera total y calmada. Después de todo, no quieres ser el tipo que tiene que resolver los problemas.

Consejo profesional: no opte por una actualización de firmware solo por el gusto de hacerlo. Primero, comprenda lo que hace la actualización del firmware. Su dron no se caerá del aire si elige no instalar una actualización de firmware.

4. El marketing es clave

Hay dos estrategias de marketing que puede emplear: marketing interpersonal y marketing digital. En esta era digital, no se puede socavar la importancia del marketing interpersonal. Cultivar relaciones sigue siendo la mejor manera de conseguir nuevos clientes y construir un negocio sostenible. Y tener una sólida presencia en línea actuará como un catalizador para sus esfuerzos.

Mantener su embudo de ventas lleno es fundamental para un

negocio de drones debido a su naturaleza cíclica. Si recién ingresas al negocio de drones, es posible que tengas suficiente trabajo durante, tal vez, 6 meses en un año. Pero a medida que construye relaciones, también puede encontrar formas de mantenerse ocupado durante los períodos de escasez. Por ejemplo, puedes fotografiar eventos de snowboard en invierno. O tal vez grabar al extranjero o simplemente en otros lugares de su nación.

En términos generales, los clientes se pueden dividir en cuatro cuadrantes:

1. Bajo beneficio, bajo mantenimiento
2. Bajo beneficio, alto mantenimiento
3. Alto beneficio, alto mantenimiento
4. Alto beneficio, bajo mantenimiento

Los clientes de bajo beneficio y alto mantenimiento son definitivamente los que desea evitar. Probablemente termines perdiendo dinero aquí. Estos son los clientes extremadamente exigentes que pagarán mal y harán que sus niveles de estrés se disparen. Brindar su servicio a clientes de alto beneficio y bajo mantenimiento es la mejor alternativa para usted.

5. Negociar con los clientes

Ya sea que se trate de su negocio de drones o de su vida en general, cultivar habilidades sólidas de negociación puede ayudarlo enormemente. Para las personas que recién ingresan al negocio de drones, recomendamos practicar primero sus habilidades de negociación en un escenario de bajo riesgo. Por ejemplo, puedes intentar convencer a tus amigos de que vayan al restaurante que elijas. O tal vez negocie y convenza a su cónyuge para que vea una película de su agrado (un escenario de alto riesgo, algunos podrían decir).
Otro factor importante que puede cambiar una negociación a su favor es tener una MAAN fuerte. MAAN es una "mejor alternativa a un acuerdo negociado". Entonces, si, como

piloto de drones, tienes fuertes opciones para recurrir, esto automáticamente te hará más firme durante las negociaciones. Sin embargo, recuerde: la empatía siempre precede a la afirmación. Incluso si eres un piloto de drones en demanda, siempre se comprensivo con tus clientes. Ser irrespetuoso y arrogante significa que quemarás tus puentes con un cliente potencial. No quieres hacer eso. ¿Vos si?

Para tener una MAAN sólida, debe asegurarse de que su embudo de ventas esté siempre lleno. Esto es posible solo si trabaja en su comercialización.

Cuando trate con clientes, siempre sea claro con los pagos. Recomendamos solicitar un 50% por adelantado antes de comenzar un trabajo. Si su cliente es genuino, no hay razón, él/ella no estaría de acuerdo con esto.

Consejo PRO: un mal negocio es peor que un no trato.

Cómo entrar en la industria de los drones

En términos generales, los trabajos de drones se dividen en dos categorías:

- Alto volumen y bajo margen
- Bajo volumen y alto margen

Hay muchas personas que toman el enfoque basado en el volumen y son capaces de ganarse la vida. Sin embargo, esto es mucho más trabajo duro. Seguro. Si eres un nuevo participante en la industria de drones, DEBES apuntar a la fruta de bajo perfil. Para los principiantes, tomar trabajos inmobiliarios fáciles es una excelente manera de aprender los procesos de la industria y fortalecer los conjuntos de habilidades.

Sin embargo, trate esto como un trampolín hacia un trabajo más grande, mejor y con mayor valor agregado. Considera esto. ¿Por qué ganar U$S 25 por hora cuando tienes la oportunidad de ganar U$S 350 por hora?

¿Es aconsejable trabajar como pilotos de drones para una empresa o como contratista?

Los sitios web tienen una tonelada de trabajos inmobiliarios simples. Si bien puede obtener un flujo constante de trabajo, no podrá ganar mucho dinero con estos trabajos. Estas empresas / sitios web están protegiendo sus propios márgenes. Y, el desajuste entre la oferta y la demanda también está bastante sesgado a favor de estas organizaciones. Es fácil para ellos encontrar personas dispuestas a asumir estos trabajos mal pagados.

Además, tienen contratos estrictos en el lugar. Por ejemplo, a los pilotos a menudo se les prohíbe entregar sus tarjetas de presentación a las empresas mientras trabajan como vendedores. Sin embargo, una vez que termine el trabajo, PUEDE ponerse en contacto con estos clientes.

Las empresas y corporaciones están contratando pilotos de drones por tan solo U$S 35,000 anuales. En el mejor de los casos, debe tratar esta fase de su carrera como una pasantía remunerada, un trampolín hacia cosas más grandes y mejores.

Por lo tanto, si bien puede considerar trabajar para una empresa o como contratista inicialmente, sería aconsejable establecer su propio negocio de drones independiente. Debes ser más que "solo un piloto de drones" para ejecutar un negocio exitoso de drones. Necesitas tener las habilidades para volar con mal tiempo. Deberías poder manejar cualquier problema de mantenimiento. Recuerde: los buenos pilotos tienen un sistema y lo siguen hasta el final.

<u>Cómo ganar más dinero con tu dron</u>

En una etapa posterior, una vez que haya desarrollado su conjunto de habilidades, sería útil clasificar los tipos de trabajo de la siguiente manera:

- Alto mantenimiento, trabajos de alto margen
- Alto mantenimiento, trabajos de bajo margen
- Bajo mantenimiento, trabajos de alto margen
- Bajo mantenimiento, trabajos de bajo margen

Por lo tanto, normalmente comenzaría con un trabajo de bajo mantenimiento y bajo margen. Como tomar fotos para agentes de bienes raíces. O tal vez una sesión de bodas. ¿El tipo de trabajo más lucrativo? El bajo mantenimiento, trabajos de alto margen. Debe ser un piloto extremadamente bueno para asumir estos trabajos. Estos son los trabajos que pueden ejecutarse con equipos de nivel de entrada y pagar realmente bien. Por ejemplo, inspecciones de líneas eléctricas. Un dron de la linea Phantom es suficiente para este trabajo. Y tendrá que comprar un espectrómetro. Pero cuando considera el ROI, es una propuesta extremadamente atractiva. Tenga en cuenta que las inspecciones de líneas eléctricas son increíblemente difíciles. Y si te equivocas, las repercusiones son enormes.

¿Cuáles son algunos de los otros trabajos de drones lucrativos? Grabar deportes de acción también te pagará muy bien. Del mismo modo, los hoteles y resorts de lujo también pueden ser un mercado lucrativo. Si te quedas en ciudades muy ventosas, es posible que tengas un parque eólico cerca. Las inspecciones de molinos de viento es otro segmento que puede considerar. Por lo general, puede ganar U$S 350 - U$S 400 por inspección.

Necesita equipos de alta calidad para ejecutar trabajos de alto mantenimiento y alto margen. Entonces, si necesita mapear grandes extensiones de tierra, es posible que deba optar por un dron de ala fija equipado con LiDAR. El equipo de nivel de entrada para tales trabajos le costará U$S 25k - U$S 30k. Y bueno, el cielo es el límite.

Conclusión

Ciertamente puede ganarse la vida como piloto de drones. Pero necesita crear estrategias y canalizar sus energías en las direcciones correctas. Apunte siempre a los trabajos difíciles que requieren una mayor creatividad y un mayor conjunto de habilidades. Una vez que haya desarrollado su conjunto de habilidades, tenga confianza en su habilidad y el valor que proporciona. Y aprenda a articular su propuesta de valor a sus clientes y prospectos.

ALGUNOS PUNTOS SOBRE COMERCIALIZACIÓN PARA EMPRESARIOS DE DRONES

Seamos honestos: iniciar un negocio de drones es un trabajo duro. Involucra un entrenamiento interminable, una buena cantidad de dinero en efectivo y un amor loco por los VANTs para incluso considerar vivir la vida del dronero.

Por supuesto, una vez que llegues allí, vale la pena.

Una de las partes más difíciles de las primeras etapas del espíritu empresarial de los drones es lograr que las personas se preocupen por sus servicios. Si ha pasado o actualmente está comenzando un negocio de drones, es posible que se pregunte cómo obtener clientes. Después de todo, probablemente tenga el equipo adecuado y algunas habilidades sólidas de vuelo, por lo que todo lo que realmente necesita es la base de clientes para ofrecer sus servicios de drones.

Para beneficiarse de los drones, necesitará saber cómo comenzar a comercializar su negocio de drones. Puede ser difícil hacer rodar la pelota, pero aquí hay algunos consejos sobre cómo conseguir los clientes adecuados para ayudarlo a ganar dinero volando aviones no tripulados.

Encuentra a la gente que necesita imágenes de drones

Para comenzar a ganar dinero con tus habilidades con drones, debes saber exactamente a quién quieres comercializar esas habilidades. Estos, por supuesto, tienen que ser personas que necesitan la increíble cinematografía aérea que eres capaz de producir. Si bien es bien sabido que los bienes raíces, la agricultura e incluso las agencias gubernamentales tienen una gran necesidad de imágenes aéreas, existen infinitas oportunidades para otros trabajos de drones.

Piensa en tus habilidades y quién podría beneficiarse de ellas. Considere qué tipos de dueños de negocios podrían usar su servicio de drones y descubra cómo encontrarlos. Si está intentando obtener trabajos de drones con concesionarios de automóviles, por ejemplo, encuentre la lista más grande de concesionarios de automóviles que pueda. Esto le proporcionará un buen punto de partida para planificar su estrategia de marketing.

Averigüe cómo (y dónde) alcanzarlos

Para comenzar a vender sus servicios, deberá ponerse en contacto con sus objetivos. Tendrás que mostrarles que tus habilidades con drones realmente podrían aumentar su negocio.

Lo más probable es que tenga que llegar a sus clientes potenciales a través de una combinación de técnicas de marketing dentro y fuera de línea. Esto significa que ir de puerta en puerta y hacer llamadas en frío es tan importante como configurar un sitio web y publicar videos de YouTube. Cuanta más exposición pueda obtener, más amplia será su base de clientes potenciales. Asista a eventos de redes a los que sus clientes objetivo puedan asistir y utilice metadatos y hashtags para asegurarse de que sus videos de drones sean vistos por las personas adecuadas.

Actúa como un profesional

Una vez que comience a obtener trabajos y venda sus servicios de drones, es importante que complete los trabajos de la manera más profesional posible. Después de todo, sus clientes quieren estar seguros de que están invirtiendo su propio dinero en un negocio legítimo de drones. Una actitud profesional no solo hará feliz a su cliente, sino que puede ayudarlo a obtener más trabajo en el futuro. En última instancia, después de todo, desea crear una red de clientes que piensen en usted cada vez que alguien diga la palabra "dron". Ser organizado, obtener los permisos adecuados y volar de manera responsable ayudará a agregar un toque profesional a sus habilidades como piloto de drones.

Pasos para aprovechar al máximo sus operaciones con drones

Una vez que su organización se haya decidido por el uso de drones de acuerdo con sus ambiciones y regulaciones locales, es hora de elaborar un sistema de gestión viable.

Desde la estandarización de los procedimientos operativos y la formación de pilotos hasta el trabajo con terceros, familiarizarse con los elementos clave de la gestión de programas lo es todo. Las tuercas y tornillos de su programa de drones determinarán su eficacia e impacto.

Aquí hay algunas áreas que vale la pena revisar antes de comenzar.

Construyendo el equipo adecuado

Los programas de drones más exitosos comienzan y están dirigidos por un administrador de programas dedicado. Esta persona es responsable de impulsar la innovación interna, establecer flujos de trabajo y delinear los procedimientos operativos.

Encontrar a la persona adecuada para el trabajo es fundamental. El candidato ideal tendrá una apreciación profunda de los desafíos técnicos, económicos y operativos del área en la que se están aplicando los drones. También necesitarán ser un trabajador de la red y una persona sociable, porque los programas de drones invariablemente implican conectar diferentes departamentos y garantizar que equipos dispares estén en la misma página.

Luego viene una de las decisiones más importantes que debe tomarse al administrar su programa de drones: si trabaja con pilotos internos o con un proveedor de servicios de drones externo.

La creación de un equipo interno le permite tomar el control total sobre la recopilación de datos aéreos, garantizar que se cumplan los flujos de trabajo y mejorar las habilidades de los empleados existentes.

La elección de trabajar con un proveedor externo reduce los costos iniciales de su equipo y puede brindarle espacio para experimentar antes de hacer un compromiso más considerable. También evitará algunos de los costos continuos que conlleva la ejecución de un programa de drones, incluida la capacitación de pilotos y el mantenimiento de la flota. Y podrá beneficiarse de los drones sin el mismo nivel de cumplimiento y desafíos logísticos.

En algunos casos, tendrá sentido seguir adelante con un modelo híbrido. Es posible que su organización desee trabajar con un proveedor de servicios de drones de vez en cuando para complementar o escalar las operaciones.

Depende de su administrador de programa realizar la llamada.

Mantenerse al tanto de las regulaciones locales

En todo el mundo, las regulaciones que rigen el uso comercial de drones están evolucionando.

No hace falta decir que es esencial asegurarse de que sus operaciones cumplan con las regulaciones locales.

Dependiendo de la naturaleza y complejidad de sus operaciones actuales y planes para el futuro, puede valer la pena buscar una guía de cumplimiento externa o crear un rol dentro de su programa de drones para este propósito.

Estandarización de procedimientos operativos

Para cada tipo de misión de recopilación de datos que su organización pretende llevar a cabo, es importante tener un flujo de trabajo paso a paso que describa cómo su equipo pasará de recibir una solicitud de datos a completar la misión.

La definición de cada etapa del proceso reduce el margen de error y simplifica el proceso de incorporación de nuevos pilotos. También es una forma de mantener a los diferentes equipos conectados y conscientes de su papel en el panorama general.

Debe haber varias etapas descritas en sus procedimientos operativos, incluida la iniciación de la misión, la gestión de pilotos, la planificación de vuelos, la recopilación de datos y el análisis.

Evaluación y mitigación de riesgos

Donde hay aviación, hay riesgo. Su organización deberá asegurarse de que cada paso de los procedimientos operativos de su programa de drones se evalúe minuciosamente en función de los riesgos. Solo entonces podrá tomar medidas para mitigar el riesgo involucrado.

Esto también cuenta para preocupaciones no físicas como la seguridad de los datos. Cada vez más, los drones operan en entornos sensibles y recopilan datos que deben protegerse cuidadosamente.

A medida que esta tendencia continúa, la ciberseguridad se está convirtiendo en una prioridad importante que debe abordarse en cada etapa de su programa de drones, desde la adquisición de hardware y la integridad operativa hasta el trabajo con terceros y el almacenamiento de datos.

Todos estos riesgos deben tenerse en cuenta y mitigarse para que su programa de drones alcance su máximo potencial.

¡C mo establecer una
peque a empresa exitosa por
menos de U S 1,500!

¿Estás cansado de tu mundano trabajo de 9 a 5? ¿Quiere cambiar de carrera pero no está seguro de qué hacer? ¿Quieres ser parte de una industria en crecimiento que puede darte libertad financiera? En caso afirmativo, tengo algunos consejos excelentes que lo ayudarán a USTED a establecer su propia pequeña empresa exitosa.

En este capítulo, le proporciono información sobre la industria de drones o vehículos aéreos no tripulados. Discutimos varias formas a través de las cuales puede hacer un cambio de carrera y ser parte de esta prometedora industria.

¿Puede un negocio de drones ser una idea exitosa para una pequeña empresa?

Impulsada por la creciente demanda de sectores como la construcción, la agricultura y la minería, la industria de drones ha experimentado un crecimiento vertiginoso en los últimos años. Un flujo constante de trabajo, bajos costos iniciales y un buen potencial para ganar dinero ha atraído a muchas personas al mundo VANT. Según las últimas estadísticas, el número total de registros de VANT se acerca rápidamente a un millón en Estados Unidos, y en el mundo es una tendencia clara que se sigue viendo.

Cómo llevar a cabo la investigación inicial para configurar su negocio de drones

No puedo enfatizar la importancia de este primer paso lo suficiente. A menudo, golpeados por una idea, la gente se apresura a comenzar su pequeña empresa sin investigar todos los aspectos de una pequeña empresa. Esta es una receta para el desastre y solo conducirá a pérdidas.

La industria de los drones es complicada, y los drones

tienen diversas aplicaciones en muchas industrias. El sector inmobiliario es el punto de partida para la mayoría de los nuevos participantes en la industria de los VANT. El sector inmobiliario es un tema estático, y los trabajos de drones en este campo se pueden ejecutar con relativa facilidad. Trabajar en bienes raíces le dará la oportunidad de estudiar el flujo de trabajo. Puede comprender los matices de la adquisición de datos y las entregas del cliente. Esto le dará la confianza para pasar a trabajos más rentables y mejor remunerados.

La construcción, seguida de la agricultura, son los sectores que emplean el mayor número de pilotos de VANT. Otros sectores destacados donde los pilotos de vehículos aéreos no tripulados pueden encontrar empleo incluyen la minería, las telecomunicaciones, el transporte, el petróleo y el gas. Las tarifas promedio por hora ordenadas por los pilotos de VANT en minería y petróleo y gas se encuentran entre las más altas.

También deberás aprender sobre las reglas de aviones no tripulados de la entidad aeronáutica de tu país. Como piloto de VANT, necesita saber dónde puede volar y, lo que es más importante, dónde no puede volar.

Toda esta información puede ser abrumadora para alguien nuevo en la industria. Nosotros, en **Hornero School**, podemos ayudarlo a desarrollar sus habilidades de vuelo y confianza.

Gastos de registro y certificación para configurar su negocio de drones

Una vez que se haya equipado con algunas habilidades básicas, puede considerar formar una Sociedad de Responsabilidad Limitada (SRL). Como su nombre indica, al formar una entidad separada, está limitando su responsabilidad personal. Al hacerlo, se asegurará de que sus activos personales y los de su empresa estén claramente diferenciados desde un punto de vista legal. Formar una SRL no es nada difícil. De hecho, si tiene antecedentes financieros, debería ser capaz de manejar el papeleo por su cuenta.

Para operar como piloto comercial, necesita obtener su certificación de la entidad aeronáutica correspondiente.

¿Cuáles son los equipos y suministros necesarios para iniciar su negocio de drones?

Cada negocio necesita algunos equipos y suministros básicos para comenzar un negocio de drones. Si su presupuesto inicial es de solo U$S 1,000, puede considerar comprar un DJI Phantom reacondicionado. Esta unidad está disponible por U$S 959 en la tienda DJI. El costo de un nuevo Phantom es de aproximadamente U$S 1350.

Un dron DJI reacondicionado ha sido revisado a fondo por DJI para detectar defectos. Las unidades restauradas son las que se han devuelto a DJI dentro de los 7 días posteriores a la compra.

Publicidad y promoción para encontrar clientes para su nuevo negocio de drones

Puedes promocionar tu marca publicando videos de marketing (imágenes de drones) en Facebook y YouTube. Si no tiene las habilidades de edición de video necesarias, le recomendamos encarecidamente que tome algunos cursos para corregir esto. Puede contratar algunos editores de video excelentes por U$S 15- U$S 20 por hora a través de plataformas como Upwork o Fiverr. Antes de contratar a un profesional independiente, tenga claros sus requisitos. O de lo contrario el producto final será de mala calidad.

Si tiene el presupuesto, también puede usar los anuncios de Facebook para darle más visibilidad a su marca. También puede crear un sitio web básico pero atractivo. Puede atraer visitantes de Facebook a su sitio web. Los blogs también son una excelente manera de construir su marca al articular su conocimiento.

Los nuevos participantes también pueden considerar trabajar para sitios web que conecten trabajos en línea para pilotos de drones. Sin embargo, esta fase de su carrera debe tratarse como una "pasantía remunerada": un trampolín hacia cosas más grandes y mejores. Los acuerdos contractuales le prohíben contactarse con un cliente mientras trabaja. Sin embargo, una vez que termina un trabajo, puede, en la mayoría de los casos, puede acercarse a estos clientes sin pasar por una plataforma. Recomendamos revisar cuidadosamente su contrato antes de llegar a conclusiones.

Convencer a un cliente potencial para que le dé trabajo requiere un cierto nivel de habilidad. Siempre es beneficioso encontrar clientes potenciales que tengan una idea bastante buena de lo que están buscando. Sería más fácil para usted, el piloto de VANT, explicar el beneficio de la tecnología de drones a estos clientes.

Para lograr altas conversiones, es importante investigar profundamente la industria a la que planea atender. ¿Cuáles son los diversos puntos débiles que puede resolver ofreciendo sus servicios de drones? Conocer íntimamente el negocio de su cliente lo ayudará a articular cómo SU servicio puede proporcionar información procesable, lo que conducirá a decisiones MÁS INTELIGENTES y MÁS RÁPIDAS.

No siempre es fácil mantenerse ocupado como piloto de drones comerciales. Por eso es importante refinar siempre sus habilidades como piloto y propietario de un negocio de drones.

Probablemente vueles con fines de lucro porque te apasiona volar. Desde esa perspectiva, no volar tu dron no suena muy divertido. Pero puede ser gratificante si ese tiempo en el terreno se gasta sabiamente.

Aquí hay algunas formas simples de llenar ese precioso tiempo en el suelo.

Establecer objetivos desafiantes lo ayudará a hacer crecer su negocio de drones.

Es difícil llegar a donde quieres estar si no sabes a dónde vas. Establecer objetivos puede ser una de las cosas más fáciles pero más gratificantes que puede hacer con su tiempo como operador de cualquier negocio, y mucho más uno tan dinámico como las operaciones comerciales de VANT.

Encuentra tu nicho dentro del negocio de drones

Puede mitigar el peligro que conlleva tratar de hacer demasiado, y consecuentemente lograr muy poco, al encontrar algo que le apasione en el marco de volar.

Ya sea que esté creando mapas, filmando videos de acción o imprimiendo y vendiendo fotos de paisajes aéreos, es importante encontrar una especialidad en el negocio de los drones y ser excelente en eso.

Genere oportunidades para su negocio de drones

Las llamadas en frío a menudo dan pesadillas a los vendedores, pero cada piloto comercial de VANT tiene que enfrentar esta realidad en algún momento. Generar sus propios clientes potenciales puede ser agotador, por decir lo menos, pero no tiene que ser tedioso.

Asistir a eventos de redes profesionales, visitar empresas que pueden beneficiarse de sus servicios e incluso tomar una foto a ciegas por teléfono puede ser muy gratificante. Equiparse con algunos conocimientos básicos también puede permitirle utilizar medios digitales como anuncios en línea y marketing por correo electrónico para generar clientes potenciales para su negocio de drones.

Aprende los matices del negocio de los drones

En pocas palabras, hay demasiadas cosas en la industria de los VANT para mantenerse al día, y eso significa que los dueños inteligentes de negocios con drones necesitan trabajar duro para obtener todas las ventajas posibles. Los cursos de cualquier tipo, especialmente los ofrecidos por Hornero School, pueden ser de gran ayuda para iniciar o mantener su carrera como piloto comercial de drones.

Revise su equipo

Nada es peor que recibir una solicitud de trabajo y no tener el equipo para hacerlo. Hazte un favor cuando no estés volando y revisa tu VANT para su mantenimiento regular según lo recomendado por el fabricante. Además, asegúrese de tener todas las herramientas necesarias para cualquier trabajo potencial que surja.

Pautas para llevar su programa de drones a nuevas alturas

Los programas de drones comienzan con distintos grados de ambición. Muchas organizaciones simplemente quieren automatizar las tareas que requieren mucho tiempo o aumentar el alcance de sus operaciones. Otros tienen objetivos más elevados: reinventar el aspecto de la productividad y, en última instancia, digitalizar sus entornos de trabajo.

No importa la intención, el desafío es avanzar sin problemas a través de las etapas necesarias, desde la prueba de concepto y la identificación de sus aplicaciones clave, hasta la estandarización de los procedimientos operativos y la construcción de un caso de negocio sólido, para llegar al punto en el que esté listo y capaz de escalar horizontalmente.

Aquí hay algunos puntos a considerar al escalar sus operaciones de drones.

Estableciendo estándares y apegándose a ellos

Los programas de drones pueden ser complejos. Por lo general, conectan diferentes departamentos en una organización y pasan por varias etapas entre el inicio de la misión y la producción de un resultado final útil.

Esta complejidad probablemente se aclarará durante la fase inicial de su programa. Y si no es así, sin duda lo hará cuando se trata de ampliar sus operaciones.

Por esta razón, es vital estandarizar los procesos que sustentan su programa de drones. Esto se aplica a todo, desde la planificación y gestión de misiones hasta la formación de pilotos, el mantenimiento de hardware, el análisis de datos y el cumplimiento normativo.

A medida que sus operaciones se amplíen, necesitará un sistema sólido y repetible en el que apoyarse. Cuando su organización está llevando a cabo múltiples misiones en diferentes sitios con diferentes equipos, tener procesos grabados en piedra es la única forma de garantizar resultados consistentes.

Ampliando su flota

Desde una perspectiva práctica, escalar un programa de drones significa que necesitará más hardware y más pilotos, especialmente si sus operaciones son transfronterizas o en ubicaciones geográficas dispares.

Hay varias formas de reforzar su flota. La mejor opción para su organización depende de la escala de operaciones que desee emprender, el tipo de misiones que se llevan a cabo y el grado de su deseo de mantener un estrecho control sobre cada vuelo.

Una opción popular es poner en marcha un equipo de operaciones centralizado en su sede. Este departamento gestionará sus misiones aéreas y supervisará a las tripulaciones que trabajan en diferentes ubicaciones. Incluso es posible que deba reunir varios equipos de operaciones para cubrir diferentes ubicaciones.

De cualquier manera, un enfoque interno le permite vigilar de cerca todas las misiones de recopilación de datos aéreos que tienen lugar en su nombre.

Pero no siempre es la solución más práctica. Una forma más rentable de escalar horizontalmente podría implicar trabajar con un proveedor de servicios de drones externo. Cuando trabaja con proveedores externos, puede reducir el desembolso inicial en equipos y capacitación piloto a medida que escala y explora.

Priorice el almacenamiento y la gestión de datos

El quid de cada programa de drones son los datos. Ya sea que esté inspeccionando la infraestructura, mapeando un sitio de construcción o recopilando información sobre la productividad agrícola, los datos recopilados por los drones son los que están impulsando una toma de decisiones más inteligente.

Cada vez más, esta información es muy valiosa y muy sensible. Su programa de drones debe incluir pasos para salvaguardar, almacenar y administrar todos los datos que recopila.

Este aspecto de su programa de drones es aún más pertinente si está trabajando en proyectos con clientes o socios. El Reglamento general de protección de datos (GDPR) de la Unión Europea fue un avance significativo en la forma en que las empresas de todo el mundo piensan sobre la seguridad de los datos de sus clientes.

Es aconsejable adelantarse a esta curva, dondequiera que se realicen sus operaciones, e invertir en las mejores prácticas de almacenamiento y procesos de gestión de datos. Estas medidas deben integrarse a la perfección con sus estándares operativos. Y al igual que esos estándares, tenerlos en su lugar antes de escalar minimizará el riesgo en el futuro.

Drones en la educaci n: c mo
los drones pueden hacer que la
ense anza sea una experiencia
divertida y atractiva

A medida que la tecnología progresa rápidamente, es importante que nuestros métodos educativos evolucionen para mantenerse sincronizados con estos cambios. Un modelo educativo moderno y dinámico permitirá a los estudiantes comprender conceptos con mayor facilidad.

Una de esas tecnologías que se está asimilando lenta pero seguramente en nuestra educación es la tecnología de drones. Entonces, ¿cómo puede la tecnología de drones hacer que la enseñanza sea una experiencia divertida y atractiva? ¿Hay alguna ley que rija el uso de drones para la educación? ¿Qué drones son ideales para enseñar conceptos educativos básicos? Siga leyendo para averiguarlo mientras analizo cada uno de estos puntos.

Drones en la educación: los estudiantes de grados inferiores pueden comprender los conceptos fundamentales con facilidad

Seamos sinceros. Los drones son geniales. Tener un avión no tripulado en el aula ciertamente despertará los niveles de curiosidad de los estudiantes. En primer lugar, los niños pequeños pueden mejorar la coordinación ojo-mano al dominar el movimiento del control remoto con un dron de entrenamiento.

Los niños de grados superiores pueden aprender sobre matemáticas, física y ciencias con la ayuda de drones. ¿Cómo es eso? Comencemos con las matemáticas. Muchos niños luchan particularmente con las matemáticas debido a su naturaleza abstracta. Usando drones, los niños pueden aprender sobre la distancia y el tiempo. Pueden aprender la creación de gráficos y la trigonometría observando la ruta de vuelo del dron.

Montar un dron también puede ser una experiencia de aprendizaje para los niños. Mostrar las funciones de todos los componentes: el ESC, el controlador de vuelo y las hélices ayudarán a los niños a comprender mejor los conceptos de física y aerodinámica.

La tecnología de drones es una excelente manera de introducir a los estudiantes a la codificación

Tello de DJI es una excelente manera de introducir a los estudiantes a la codificación. El Tello ha sido desarrollado por la tecnología Ryze basada en Shenzen en colaboración con DJI e Intel.

Tello se puede programar con DroneBlocks, el Scratch o Python desarrollado por el MIT. DroneBlocks, es una aplicación de código abierto que permite a los estudiantes codificar misiones de vuelo autónomas utilizando la programación en bloque. La programación visual le permite arrastrar y soltar.

El pequeño Tello se puede programar para realizar misiones de vuelo como volar en un patrón de caja, aterrizar en tu mano e incluso voltear. Además del Tello, DroneBlocks también funciona con drones DJI como Phantom, Mavic y Spark.

La tecnología de drones también tiene aplicaciones en la educación superior

Además de la educación primaria, los drones también pueden ayudar a los estudiantes que estudian ingeniería a nivel de licenciatura o maestría.

Por ejemplo, los estudiantes de construcción pueden estudiar las operaciones del sitio y crear modelos/simulaciones para descubrir y eliminar las ineficiencias del proceso. Por ejemplo, supongamos que un estudiante de administración de construcción desea estudiar operaciones de canteras de piedra y obtener información práctica para optimizar las operaciones del sitio. En términos generales, las operaciones de canteras de piedra se pueden subdividir en lo siguiente:

- Perforación.
- Agregar explosivos.
- Voladuras.
- División de piedras de cantera en piezas más pequeñas.
- Transporte.

Al usar drones, será fácil para los estudiantes comprender las operaciones del sitio. En primer lugar, utilizando drones atados (Vuelo cautivo), puede ser posible capturar operaciones de una cantera de piedra 24x7. Además, el uso de tomas aéreas significa que puede capturar un área mayor. Ciertamente, el uso de drones es una alternativa más barata y más eficiente que el empleo de múltiples cámaras fijas en todo el sitio. La calidad de los datos también será mucho mejor.

¿Cuánto tardan las operaciones de perforación? ¿Son las operaciones de perforación lentas un cuello de botella que está obstruyendo toda la cadena? O, ¿tiene camiones inactivos porque solo tiene un cargador en el sitio? Usando drones atados, puede capturar datos para simular operaciones con precisión, lo que permitirá a los estudiantes responder estas preguntas. Por lo tanto, la tecnología de drones puede ayudar a los estudiantes a comprender íntimamente las operaciones del sitio sin siquiera ponerse las botas para pisar el sitio.

Además, dado que la tecnología de drones se usa de manera prominente en películas y publicidad, los estudiantes en estos dominios pueden beneficiarse enormemente si los drones son parte de su plan de estudios. Los estudiantes de agricultura encontrarán que el conocimiento sobre la tecnología de drones y el mapeo NDVI es extremadamente útil cuando ingresan a la vida profesional. Y, los estudiantes de arquitectura pueden estudiar la fachada del edificio y las técnicas de construcción con gran detalle utilizando la tecnología de drones.

¿Cómo sabrá un gerente si está contratando un piloto de drones seguro? A menudo, los gerentes y RR.HH. no tienen experiencia en aviación o drones, ¿cómo sabrán si un piloto volará con seguridad y reducirá los riesgos de accidentes?

La industria de los drones se ha vuelto candente a medida que los empleados licenciados acuden en masa a la escuela de vuelo. Los nuevos pilotos quieren aprender a convertirse en piloto de drones. Si bien la industria está experimentando una afluencia de nuevos pilotos, cada vez es más difícil para las empresas saber cómo examinar un piloto de drones. Los pilotos de drones experimentados saben que aprender a aprobar el examen de la ANAC es solo el primer paso.

¡Iniciar tu carrera con drones puede ser realmente emocionante! Las empresas están contratando pilotos de drones a un ritmo récord recientemente. Empareje a pilotos entusiasmados con gerentes sin educación y tendrá una receta para el desastre. Los gerentes le han pedido a Señor Hornero (A través de la división Hornero School) que elabore un cuestionario para examinar a los pilotos de drones. Los gerentes se preguntan cómo saber si un piloto de drones realmente puede volar seguro. ¿Podrán los gerentes aprender a examinar a los pilotos de drones cuando el gerente no pueda volar por sí mismo? No se preocupe, este cuestionario ayudará a los gerentes a contratar al piloto de drones adecuado.

Si bien los pilotos de drones están emocionados de asumir nuevos trabajos, se les complica mantenerlos. Los pilotos de drones experimentados realizan trabajos a medio completar casi semanalmente. ¿Cómo contratan nuevos pilotos de drones en lugar de experimentados?

Ahora las empresas están cansadas de perder tiempo y dinero. Quieren contratar pilotos de drones que reduzcan el riesgo y la ineficiencia, entreguen constantemente y se comuniquen con respeto. Recientemente, en Señor Hornero, hemos recibido numerosas preguntas sobre cómo examinar a los pilotos de drones. La pregunta más común es "¿cómo se sabe si el piloto de drones es realmente capaz de realizar el trabajo?" ¿Tendremos una forma de saber si realmente están volando seguros? ¿Sabrá el equipo si un piloto de drones limita la responsabilidad y no crea más responsabilidad?

<u>Cómo examinar adecuadamente a un piloto de drones.</u>

El desastre afectará a todos los pilotos de drones. ¿Cómo sabrá si el piloto de drones ha sido capacitado para evitar desastres? ¿Cómo puede un piloto de drones demostrar que vuelan de forma segura? Sin embargo, sin revelar nuestra salsa secreta, desarrollamos un cuestionario para ayudar a los empleadores que planean contratar pilotos de drones.

El cuestionario ofrece preguntas específicas que habrían conocido las respuestas de pilotos de drones calificados y experimentados. Las preguntas no son específicas de un estilo de entrenamiento. Si un piloto de drones tiene suficiente experiencia, debería poder responder estas preguntas fácilmente. Antes de contratar a un piloto de drones, haga que el piloto responda este cuestionario. Si el piloto no recibe una puntuación del 80% o más, el piloto puede estar exagerando demasiado su conjunto de habilidades.

CUESTIONARIO

1)   ¿Cómo puede un piloto de drones garantizar un vuelo verdaderamente seguro?

- Realice ciclos profundos de las baterías cada 10 vuelos
- <u>Verifique el voltaje de la batería cargada después del despegue.</u>
- Verifique la desviación del voltaje de las celdas de la batería antes del despegue.

- Realice la prueba de arranque del motor mientras verifica el porcentaje de batería.

2) ¿Cuál es la segunda regla de despegue?

- Despegue hacia la misma dirección del viento
- <u>El dron y el piloto deben tener la misma orientación</u>
- Asegúrese de que la calibración de la brújula esté completa.

3) ¿Cuál es la tercera regla de despegue?

- Despegue hacia arriba y lejos para despejar la zona de despegue, lanzándose hacia adelante y elevándose agresivamente.
- Despegue hacia arriba y lejos y realice un barrido de control.
- <u>Despegue hacia arriba y lejos, realice la prueba de arranque del motor y el barrido de control.</u>

4) ¿Cómo se detiene un dron que se aleja sin razón (Flyaway)?

- Cambia al modo deportivo y hazte cargo.
- <u>Cambia al modo de actitud (ATTI) y toma el control.</u>
- Botón RTH

5) ¿Cuál es la única dirección de vuelo que NUNCA debería volar?

- Pitch inverso completo con elevación completa.
- <u>Directo hacia abajo</u>
- Directo hacia arriba

6) ¿Qué movimiento de vuelo debe realizarse inmediatamente después de un error de voltaje de la batería?

- Descenso de escalera-paso a paso
- <u>Descenso del (en forma de) tornado</u>
- Vuela hacia abajo y aterriza inmediatamente

7) ¿Qué indicador es la representación más precisa del tiempo de vuelo disponible?

- Porcentaje de batería.
- Distancia volada desde la zona de despegue.
- <u>Voltaje de la batería</u>

¿Se pregunta cómo saber si un piloto de drones es competente? Al contratar a un piloto de drones, puede ser difícil entender realmente si un piloto es competente, mientras que mantenerse actualizado ... es extremadamente fácil. Aprenda a determinar si un piloto de drones está al día o es competente en este artículo.

Aprender a pilotar un dron puede ser una tarea monumental. La mayoría de los aspirantes a pilotos de drones ven el examen de certificación de la ANAC como un obstáculo difícil de superar. Sin embargo, los pilotos experimentados entienden que obtener su certificado de dron comercial es fácil, mantener la competencia es extremadamente difícil.

Volar un dron no es como andar en bicicleta. No lo dejas durante meses y lo vuelves a recoger. Muchos pilotos de drones comprenden la gran cantidad de problemas que pueden surgir durante el vuelo. Sin la práctica constante de volar un dron, estrellarse se vuelve mucho más fácil. Olvidas cosas simples con el tiempo. Estos simples matices, debido a la gran cantidad de matices, pueden escalar rápidamente hasta convertirse en un desastre total.

A medida que los drones se vuelven más aceptados entre una gran cantidad de industrias, muchos administradores luchan por distinguir los pilotos de drones de calidad de los titulares de licencias. A medida que los gerentes se ven obligados a contratar cada vez más pilotos de drones útiles, luchan por distinguir entre un piloto de drones competente y de calidad de un piloto de drones actual. Los gerentes y ejecutivos pueden tardar casi el doble en discernir la calidad de un piloto. ¿Cuánto tiempo y dinero perderán antes de encontrar un piloto de drones de calidad?

Sin embargo, ¿cómo sabrá si su piloto de drones es competente y está actualizado?

Certificación vs. Competencia

A medida que más y más drones se pongan a trabajar en el país, la necesidad de pilotos calificados solo aumentará. Muchos empleadores corporativos han depositado su fe en la ANAC para ayudar a elevar el nivel de los pilotos de drones. Lo que significa que los gerentes a menudo contratan pilotos de drones simplemente porque tienen un CE-VANT.

El CE-VANT no inhibirá la responsabilidad del piloto del dron. De hecho, el certificado solo garantiza el cumplimiento del piloto de drones para su cobertura de seguro. Los gerentes no pueden esperar que la ANAC enseñe a los pilotos de drones cómo volar, después de todo, nunca lo han hecho.

Certificación aeronáutica: esencialmente significa que el piloto está actualizado en su CE-VANT. Puede verificar si un piloto de drones está actualizado solicitándole que adjunte todas sus credenciales de la entidad aeronáutica competente.

Competencia del piloto de drones: si el piloto es capaz o no de realizar operaciones y deberes de vuelo con facilidad y sin estrés. Los pilotos de drones deben estar tranquilos, curtidos y experimentados. Realizar misiones de vuelo es fácil, se han sentado las bases de los hábitos. Estos pilotos suelen ser sistemáticos cuando se trata de operaciones con drones.

Cómo saber si tu piloto de drones es competente.
Si bien los empleadores han propuesto varias pruebas de vuelo, pocas parecen haber pasado la prueba del tiempo. En **Hornero School**, hemos creado varias versiones de pruebas de vuelo con drones. Aunque estas pruebas de vuelo generalmente hacen que el usuario realice algún tipo de vuelo y nos envíe el registro de vuelo y el video correspondiente. Este no era un enfoque escalable para comprender si un piloto podía realmente realizar las tareas de la misión.

La prueba no pudo discernir la capacidad de un piloto para volar cerca de objetos (vuelos de proximidad: torres de telefonía celular, techos)

La prueba no pudo discernir la capacidad de los pilotos de drones para manejar situaciones de emergencia.

La prueba no probaría si un piloto de drones pudo enfrentar y resolver problemas en el campo.

La prueba no podría diferenciar si un piloto de drones podría manejar ambientes fríos o calientes ... o ambos.

Después de ver fallar numerosos programas de drones. Después de ver numerosos programas de drones comprar el equipo equivocado y no capacitar a nuevos pilotos, tuvimos que idear un método para enseñar a los pilotos de drones. En cualquier lugar del mundo. Tuvimos que probar su capacidad para resolver problemas en ambientes fríos y ambientes cálidos. Esta es la razón por la que **Hornero School** se diversificó para crear el único entrenamiento de vuelo de realidad aumentada en línea basado en escenarios. El entrenamiento basado en escenarios aparentemente resolvió los problemas de "poner" pilotos en diferentes entornos.

Ejemplo de exámenes de competencia para piloto de drones

En este punto, se está preguntando si existe un método simple para saber si un piloto de drones es realmente competente. ¿Cuál es el trabajo de dron que el piloto realizará para usted? ¿En qué tipo de entorno operará este piloto de drones? ¿Cuál es el entorno operativo más difícil en el que volará el piloto? Tome al piloto del dron y pídale que le haga una demostración de una operación de vuelo. Ahora bien, si el piloto le proporciona entregables para un trabajo, es su deber pagar por el servicio. Asegúrese de que la prueba no sea un trabajo real.

¡El piloto puede recrear este entorno cerca de su propia casa!

Simple y llanamente, piense en la operación de vuelo que se debe realizar. Luego, piense en todo lo que pueda salir mal.

Bien, mire las reglas de vuelo según la ANAC. Es su deber asegurarse de que el piloto se adhiera a las pautas de la entidad aeronáutica mientras operan, de lo contrario, podría ser responsable.

Aprenda qué hacer si choca su dron en el bosque. Aprenda a encontrar su dron y aprenda por qué no debe dejar rastro en el bosque.

Durante la temporada navideña, es natural que se estrelle o destruya su nuevo dron. No se sienta mal, todo el mundo se estrella ... con suerte, no los pilotos de aviones tripulados. Analicemos qué hacer si choca su dron fuera de casa.

Francamente, cuanto antes te estrelles, mejor. A todos nos vendría bien un pequeño golpe de humildad ... (incluido yo mismo) Especialmente cuando se trata de volar nuestros drones. *Cuando empezamos a sentirnos cómodos detrás de los controles, esa es la primera señal de que algo está a punto de salir mal. Normalmente, cuando nos sentimos cómodos, es cuando nos estrellamos.*

Después de que algunos amigos publicaran en Instagram su publicación sobre accidentes navideños de drones, pensamos que sería una buena idea discutir qué hacer después de tu accidente.

Chocar es la mejor oportunidad para aprender, y no podemos enfatizar eso lo suficiente. Chocar nos ayuda a comprender y darnos cuenta ... y a abordar nuestras dificultades como pilotos. Como pilotos de drones, tenemos suerte, porque somos como gatos y tenemos 9 vidas. La aviación general no tiene tanta suerte ...

Cómo encontrar su dron después de chocar (su dron recreativo)

Ya sea que se estrelle en su vecindario o en el bosque, hay algunas formas de ayudarlo a descubrir la ubicación del dron. Dependiendo del dron que tengas, el flujo de trabajo sobre cómo recuperar el avión puede ser diferente.

1) Mapa local de DJI GO 4 o DJI FLY: ubicado en la esquina

inferior derecha de la aplicación DJI GO 4 O DJI FLY, este mapa le muestra exactamente dónde está el dron en relación con el piloto. El dron se muestra como un triángulo rojo, casi parece un icono de avión de papel. También puede ver qué tan lejos está el dron en la telemetría en la pantalla. Vea la imagen a continuación, el círculo rojo muestra dónde puede encontrar el mapa. El círculo azul indica qué tan lejos está el dron de ti.

2) ESC BEEP: Se encuentra en la mayoría de los drones DJI en el menú principal. (La ubicación del menú depende del dron que estés volando) Cuando enciendes el pitido ESC, el dron hará un ruido audible para que puedas cazar y rastrear tu dron … como tu iPhone.

Nota: Si su dron todavía está conectado al control remoto, no apague el control remoto. De lo contrario, es posible que no se vuelva a conectar.

Imaginemos que fue un hermoso día en un mundo posterior a una pandemia. Saliste a hacer una caminata y luego un agradable vuelo al atardecer. Sin embargo, chocas tu dron al impactar contra un obstáculo. ¿Qué debe hacer si choca su dron en el bosque? Debe recuperarlo y recuperarlo lo antes posible. Como piloto, se suscribe a la noción de que el piloto es el responsable en última instancia.

Si estrelló el dron, usted es responsable de recuperar el avión.

Francamente, si amas la naturaleza y las fotografías, todos deberíamos querer cuidar de la madre naturaleza.

Si su dron está dañado o no, debe recuperar la aeronave. El dron, que lleva una batería de litio, es un peligro extremo de incendio forestal. No olvidemos que un dron se estrelló y provocó un incendio forestal antes.

De hecho, cuanto antes recupere la aeronave … mejor. Hay algunas razones por las que es posible que desee recuperar la aeronave rápidamente:

- Si desea volver a utilizar la batería, no debe someterla a temperaturas extremas.
La batería contiene material peligroso que puede provocar un incendio forestal ... si se perfora la batería.

- No tendrá mucho tiempo para recuperar el dron con ESC Beeping encendido, cuando la batería se agota, el ESC se detiene también. ¡Darse prisa!

- No quieres arruinar el bosque
Te gusta la vida salvaje

La buena noticia es que la mayoría de la tecnología de baterías se ha vuelto más resistente. Si bien las baterías aún son propensas a incendiarse cuando se cargan y cuando se manipulan incorrectamente, se han vuelto un poco más fuertes. Durante una de nuestras clases de Mapeo de Reconstrucción de Accidentes Hornero School, tuvimos la increíble oportunidad de presenciar a un estudiante dejar caer una batería de Phantom desde aproximadamente 30 metros del suelo. La batería sobrevivió al golpear el concreto con un daño mínimo. Si bien este es un escenario único, quedamos impresionados con la construcción de la batería.

¿Qué hacer después de un accidente?

Chocar es la mejor oportunidad para "volver a la tabla de surf", humillarse y seguir volando. Así aprendemos. Cuando las pérdidas se convierten en experiencias de aprendizaje, el cielo es literalmente el límite. Consulte nuestro podcast sobre qué hacer después de un accidente.

Qué hacer si choca su dron usado para negocios. (CE-VANT)
Este capítulo fue escrito con la mentalidad de un piloto aficionado. ¿Qué debe hacer si colapsa el dron de su empresa?

Los pilotos de drones comerciales tienen estándares mucho más altos a seguir de acuerdo con la entidad aeronáutica.

Cuando se trata de estrellar su dron usado para negocios, es posible que deba informarlo a la ANAC.

Si causa más de U$S 500 en daños, sin incluir el dron, deberá informarlo a la entidad aeronáutica.

Desafortunadamente, los pilotos de drones tienen que informar a la ANAC y a la JST si el accidente o colisión es lo suficientemente grave. Por ejemplo, si su dron sufre en vuelo y golpea a una persona, se le pedirá que lo informe a la JST.

Específicamente, si choca su dron por negocios, se establece:

A más tardar 10 días después de una operación, que termina en colisión grave o daños, un piloto remoto al mando debe informar a la Administración Nacional de Aeronáutica Civil de una manera aceptable para la misma, cualquier operación del pequeñas aeronaves no tripuladas que involucren al menos:

A. Lesión grave a cualquier persona o pérdida del conocimiento; o
B. Daños a cualquier propiedad, que no sea la pequeña aeronave no tripulada, a menos que se cumpla una de las siguientes condiciones:

i. El costo de reparación (incluidos los materiales y la mano de obra) no supera los U$S 500; o
ii. El valor justo de mercado de la propiedad no excede los U$S 500 en caso de una pérdida total.

Para obtener más detalles sobre cuándo informar los accidentes de su dron a la JST, consulte la página web.

Ya sea que vueles un dron recreativo por diversión o un dron comercial por negocios ... eres un piloto. Si eres piloto, eres el responsable en última instancia. Si chocaste tu dron sin dañar a otras personas u objetos, ¡tienes suerte! Los pilotos comerciales pueden tener que informar choques que resulten en daños por valor de U$S 500 o más. Si choca su dron en el bosque, es su propiedad, debe recuperarlo lo antes posible. Es un peligro de incendio.

¡Así que sal, vuela y diviértete!

C mo fijar el precio de sus
servicios de fotograf a aérea
y videograf a para obtener lo
que realmente se merece

Estrategias de precios para negocios de drones

Apple estuvo en las noticias por alcanzar la capitalización bursátil de mil millones de dólares. Mientras revisaba los diversos artículos sobre el tema, una estadística realmente me llamó la atención: si bien Apple aporta solo el 18% de las ventas totales de teléfonos inteligentes, ¡devoran el 87% de las ganancias totales! Ahora, todos los fanáticos de Apple podrían señalar rápidamente por qué el iPhone todavía está muy por encima de la competencia. La seguridad de los datos es definitivamente uno de los puntos más fuertes de Apple. La compatibilidad con otros dispositivos Apple y la facilidad de uso son otras ventajas importantes. Pero estas características no son la única razón por la que Apple puede escapar cobrando más de U$S 1,000 por un iPhone

El marketing de Apple se ha asegurado de que su "estado de marca de lujo" esté firmemente arraigado en la psique del comprador. Y esto nos lleva a nuestro primer punto.

Si desea ganarse la vida cómodamente a través de su negocio de drones, y no simplemente sobrevivir, debe trabajar en sus ventas y marketing.

El marketing es crítico para establecer un negocio sostenible de drones

En primer lugar, es importante tener una fuerte creencia en ti mismo. Las ventas tienen que ver con la confianza. Serás juzgado por el nivel de confianza que tienes. Si usted mismo no cree que merece el precio que está cotizando, tiene pocas posibilidades de convencer al cliente. El trabajo del cliente es hablar mal. Podrá mantenerse firme solo si sabe que tiene otro cliente para ocupar su tiempo. Y para tener un embudo de ventas completo, es importante concentrarse en comercializar su negocio de drones. Necesita trabajar "SOBRE" su negocio en lugar de simplemente "EN" su negocio.

Proporcionar valor real

Para tener confianza, debe proporcionar un valor real. ¿Es su trabajo de igual o mayor calidad que la competencia? ¿Estás cobrando menos que la competencia? Si las respuestas a ambas preguntas son afirmativas, es probable que permanezca ocupado durante todo el año.

Si te encanta volar y crees en proporcionar un verdadero valor a tu cliente, harás un esfuerzo adicional para obtener la toma correcta. Entonces, esto podría significar levantarse temprano en la mañana para grabar durante la hora dorada. O tal vez, pasando por otra batería para obtener la toma perfecta que has imaginado.

Un error común cometido por todos los profesionales y no solo por los pilotos de drones es la tendencia a concentrarse en el resultado final en lugar de proporcionar valor. Recuerde: si proporciona un valor real, su estructura de precios eventualmente se establecerá.

Algunos grandes trucos que ayudarán a los pilotos de drones a aumentar sus ganancias

Hay algunas personas que están felices de volar para páginas de redes laborales a U$S 25 por hora o menos. Y terminan haciendo unos miserables U$S 30,000 por año. Y aún hay otros que pueden ganar miles de dólares en una semana. ¿Te has preguntado por qué?

Entonces, la primera forma de ganar más dinero es mediante la ejecución de proyectos complicados. Por ejemplo, se sabe que los pilotos experimentados comandan entre U$S 300 y U$S 400 por hora. Las inspecciones de la línea eléctrica o las inspecciones de petróleo y gas son algunas de las industrias con el ROI más alto para los pilotos de drones.

La segunda forma en que los pilotos de drones pueden hacer más es a través del enfoque basado en el volumen. Entonces, estas son las personas que aún no han desarrollado sus habilidades. Pero lo que los separa de sus contrapartes que cobran U$S 25 por hora es que están interesados en establecer su propio negocio, y esto abre muchas oportunidades. Haga clic aquí para obtener excelentes recursos que lo ayudarán a sistematizar su negocio de drones.

Hablemos de la industria de la construcción. Los pilotos de drones a menudo son contratados para el monitoreo de la construcción o la preparación de informes de progreso. Los pilotos que sistematizan sus operaciones de drones pueden volar un sitio de construcción con una batería, o 15 minutos. Y esas personas pueden cubrir muchos más sitios que su Juan promedio.

Trabajar en proyectos de múltiples clientes es un buen ejemplo de un enfoque lucrativo basado en el volumen. Hay muchas partes interesadas en un proyecto de construcción: el contratista, los desarrollistas, el arquitecto, el gerente del proyecto ... Por lo tanto, si está cobrando U$S 200 por semana para monitorear un sitio de construcción para imágenes exclusivas, puede ofrecer fácilmente un descuento multicliente y ofrezca su metraje a múltiples clientes. Esta es una situación en la que todos ganan. Mientras multiplica sus ingresos, sus clientes pueden disfrutar de un descuento considerable.

Otra opción es trabajar en proyectos auxiliares. Tomemos nuevamente el ejemplo de la industria de la construcción. Si ya ha compartido una buena relación con su cliente, pregunte si hay otros proyectos en curso. Lo más probable es que su cliente también lo necesite en sus otros sitios. Debido a que ya está familiarizado con los requisitos de su cliente, ciertamente puede comenzar a ejecutar.

¿Deberías reducir los precios bases de las páginas web?

Por último, pero no menos importante, me gustaría discutir una pregunta frecuente: "¿Debería reducir los precios base de las páginas web que ofrecen trabajos aéreos?" Sugerimos que no. En lugar de competir en el frente de los precios, intente educar al cliente sobre cómo trabajar con usted en lugar de una gran corporación. Comparta con ellos cómo funcionan esas páginas web: que adjudican el proyecto al primer piloto que responda a su correo electrónico. Y esto es exactamente por qué las posibilidades de obtener algunas imágenes de calidad son escasas. También enfatice su excelente servicio y conocimiento local.

Ya sea que vuele drones para tomar fotografías o mapas bonitos, la mayoría de los pilotos de drones se preguntan cómo fijar el precio de sus servicios de mapeo con drones.

El precio de los servicios de mapeo con drones no se ha vuelto más fácil. Seamos realistas, la industria de los drones no se ha detenido debido a Covid. El volumen de servicios de mapeo e inspección con drones se ha disparado estos años. Nuestro informe de la industria muestra que más del 90% de los pilotos de drones ven y esperan un crecimiento del mercado. Los permisos de construcción han alcanzado su punto más alto. La demanda de pilotos de drones para aumentar los negocios existentes se está disparando. La capacidad de ahorrar dinero, ganar dinero y limitar la responsabilidad es gratificante para numerosas empresas.

Con esta enorme afluencia de crecimiento, muchos pilotos se preguntan exactamente cómo fijar el precio de sus servicios de mapeo con drones.

Cuando un nuevo servicio llega al mercado ... una avalancha de nuevos usuarios subestima los trabajos para ganar cuota de mercado. Cuando esta estrategia está enfocada y tiene un alcance limitado, puede tener éxito. (Líder de pérdidas) A menudo, una gran cantidad de pilotos que ofrecen el mismo servicio bajará los precios. (Economía keynesiana) Los pilotos de drones no deberían caer en esta trampa de correr hasta el fondo. Los pilotos de drones deben enfocarse en un nicho particular en mapeo o modelado. Deben centrarse en qué cliente desean atender en el cuadrante de clientes.

Problemas comunes en la fijación de precios de los servicios de mapeo de drones

Después de entrenar a varios pilotos, escuchamos las mismas preguntas en las clases de mapeo cada semana. ¿Cuánto debo cobrar por mis servicios? ¿Debería fijar el precio por hora? y ¿qué entregables dictan qué costo?

Todos estos aspectos finitos de la fijación de precios diluyen la capacidad de negociar. Sea flexible al fijar el precio de sus servicios, necesitará apalancamiento. Mire ... muchos economistas y consultores le dirían que el mercado solo soportará ciertos precios. Sí, nunca han conocido a un vendedor estelar ... más aún ... vendedora.

Los mayores problemas de precios que vemos con los pilotos de drones:

- Precios por hora
- Fijación de precios por entregable
- Precios por hectárea
- Incapacidad para ofrecer precios de paquetes
- Incapacidad para ofrecer precios y paquetes multimedia
- Fijación de precios por el tiempo dedicado a la adquisición de medios, no calculando el tiempo para procesarlos.
- Socavar la competencia sin la capacidad de igualar la calidad y seguir adelante.

¿Cuál es el precio medio de un trabajo con drones?

Antes de sumergirnos en los precios del mapeo con drones, queríamos darle un sentido de comparación. ¿Cuánto cobran los pilotos de drones por trabajos creativos con drones? ¿Cuánto cobran los pilotos de drones por trabajos técnicos con drones?

¿Qué tipo de trabajo con drones realmente paga más, creativo o técnico? ¿Los pilotos de drones tienen más trabajos de cartografía o trabajos más creativos?

Hicimos una pequeña encuesta dentro de la industria ... La gran mayoría de los pilotos de drones ofrecen servicios creativos y técnicos. Lo que ilustra nuestro punto de que los pilotos de drones deberían poder ofrecer paquetes a los clientes. Tendrán un éxito limitado si un piloto de drones desciende demasiado o no puede ofrecer mapeo y video fluido. La cartografía no es el único objetivo de la mayoría de las empresas. Por lo general, quieren el mapa más los medios para comercializar los trabajos y sus servicios.

Durante nuestra reciente Encuesta de Inteligencia Aérea, los pilotos de drones nos informaron exactamente cuánto dinero estaban cobrando por todo tipo de trabajos con drones. Si bien el precio promedio de un trabajo con drones puede sorprenderlo, no nos sorprendió saber que los trabajos de mapeo en realidad pagaban primas más altas que los trabajos creativos.

Consideraciones sobre cómo fijar el precio de sus trabajos de mapeo con drones.

El precio medio de un trabajo con drones creativos casi siempre tendrá un precio más bajo que el de un trabajo técnico. Entonces, ¿qué cobran realmente los pilotos de drones por sus servicios de mapeo con drones?

La respuesta es, depende.

Según nuestro estudio de inteligencia aérea, existen dos métodos distintos de fijación de precios. Algunos pilotos de drones están tasando sus servicios de mapeo basándose en una tarifa por hora. Mientras que una gran mayoría de otros pilotos de drones están tasando sus servicios en función de una tarifa diaria. Estos dos paradigmas no cubren a los pilotos que valoran el entregable. Sin embargo, esta información realmente no pinta la imagen completa. Hay muchas consideraciones a la hora de fijar el precio de su trabajo de mapeo con drones. Hay tantas variables.

Finalmente, ¿cómo están tasando los pilotos de drones sus servicios de mapeo de drones?

Tarifa promedio por hora U$S 175 - U$S 250
Tarifa diaria promedio para mapeo U$S 800 - U$S 1200

Consideraciones de precios de mapeo de drones
Es fácil emocionarse cuando recibe una llamada para un trabajo de mapeo con drones. Sin embargo, esta emoción puede cegarnos de los costos ocultos que absorben nuestras ganancias. Hay muchas consideraciones en las que pensar al fijar el precio de su trabajo de mapeo con drones.

La consideración más importante para fijar el precio de su trabajo de mapeo con drones es considerar ofrecer precios por paquete. Recuerde que durante otra encuesta que ofrecimos, los tres mejores entregables de drones incluyen un entregable de mapeo de drones: un ortomosaico. También se pide a los pilotos que adquieran algo más que datos cartográficos. A menudo se les pide que tomen fotos bonitas y videos suaves como la seda. Tiene sentido, la empresa contratante quiere asegurarse de que su tiempo se use de la manera más eficiente posible. Una tendencia particular ha persistido de una encuesta a otra: Precio del paquete.

¿En qué tipo de cosas debería pensar al fijar el precio de su trabajo de mapeo con drones? El mayor problema es que los pilotos solo fijan el precio por su tiempo de vuelo, no valoran el valor o el precio por el tiempo total para completar el trabajo. Este es el mayor problema que hemos visto con los pilotos de drones. Al fijar el precio de sus servicios de mapeo con drones, es posible que desee considerar lo siguiente al fijar el precio.

- Considerar cobrar por el tiempo de viaje para trabajos con drones que requieren viajar más allá de 80 kilómetros
- Considerar cobrar una tarifa diaria, en lugar de viajar para cubrir el tiempo perdido y los kilómetros recorridos.
- Costo de la cobertura de seguro para el trabajo con drones
- Costo de alquiler de equipos para GCP

- Costo de las almohadillas de destino de GCP
- Calcule los costos de reemplazar las baterías (las baterías de Phantom generalmente pueden tener entre 40 y 65 ciclos. O entre 13.3 horas de vuelo y 21.6 horas de vuelo)
- Calcule el valor dolarizado del servicio que está brindando al cliente, el precio debe reflejar el valor.
- Considere la posibilidad de fijar precios para producir una nube de puntos, y luego escale los entregables.
- Cómo los precios con el mapeo de drones varían enormemente dependiendo del entregable.

Cuando se trata de fijar el precio de sus servicios de mapeo con drones, el tipo de trabajo con drones puede variar enormemente. Algunos trabajos de mapeo con drones piden a los pilotos que solo recopilen fotos. Los pilotos de drones están siendo contratados por agregadores de trabajos de drones, pero por lo general pagan menos. Aunque esos trabajos también requieren la menor cantidad de trabajo. Estos trabajos también pueden configurar un piloto para fallar rápidamente. Se les da la falsa suposición de que saben cómo completar trabajos de mapeo con drones. Sin embargo, solo han completado la adquisición. No están ejecutando ni procesando los datos ni aprendiendo de sus errores. No están aprendiendo qué estrategia de adquisición funcionó para un área particular de un mapa. No están aprendiendo de sus errores.

Algunos trabajos de mapeo con drones solo requerirán la adquisición de datos. Algunos trabajos de mapeo con drones requerirán el procesamiento de datos. Algunos trabajos con drones requerirán que procese datos, entregue un conjunto de datos técnicos pero también visualice el modelo para el cliente. Es por eso que enseñamos sobre Google Poly, Potree/ODM y Sketchfab durante nuestras clases de mapeo. La mayoría de los clientes de mapeo con drones no pueden visualizar datos de forma rápida y sencilla. Los clientes quieren poder ver los datos en su teléfono móvil, no solo en auto cad.

Cuando su cliente solicite múltiples entregables de mapeo de drones, no tenga miedo de cobrar por esos entregables adicionales. Si los clientes cambian de opinión o no están lo suficientemente educados para saber exactamente lo que necesitan ... no es culpa suya. Debe cobrar por el tiempo adicional para completar los entregables adicionales. Sin embargo, también debe asegurarse de que el cliente comprenda lo que está pidiendo. En última instancia, siempre comenzamos la conversación con "¿Qué problema está tratando de resolver?"

¿No podes hacer dinero volando tu dron? Puede que te falten las habilidades necesarias para convertir tu pasión en beneficios.

Mientras que algunos pilotos de drones experimentados ganan un salario de seis cifras cada año, el trabajo promedio de drones paga solo alrededor de U$S 30k. Debido a que muchos pilotos, que buscan encontrar un trabajo de dron, tienen experiencia en el campo militar, aeronáutico, comercial y otros campos lucrativos, muchas personas encuentran que el salario inicial promedio para un piloto de VANT no es suficiente para llegar a fin de mes. Si bien este podría ser un gran salario para alguien que acaba de salir de la universidad, que busca construir su cartera y divertirse mientras tanto, puede que no sea suficiente para otra persona.

Afortunadamente, hay soluciones a este problema. Tomará tiempo, esfuerzo y práctica, pero comprender por qué los pilotos de drones profesionales no tienen salarios altos y cómo puede aumentar su valor lo ayudará a ganar más dinero a largo plazo.

¿Por qué muchos trabajos con drones, nivel de entrada, pagan tan poco?

La realidad de la situación, aquí, es que hay muchas personas que saben volar vehículos aéreos no tripulados. Se han conseguido un VANT de calidad para el consumidor, la certificación correcta y una cartera decente disponible. Es posible que incluso hayan tomado algunas fotografías aéreas para un negocio inmobiliario local. Esta persona, potencialmente, podría encontrarse filmando imágenes con drones para una pequeña empresa.

Si esa persona encuentra que los U$S 30k anuales son un salario demasiado bajo para que pueda vivir, la compañía puede encontrar fácilmente a otra persona que se entusiasme por ganarse la vida volando vehículos aéreos no tripulados. Hay grandes compañías que emplean equipos de pilotos de drones con salarios bajos, sabiendo que es fácil reemplazar a estas personas si es necesario.

Esta es la economía básica de la oferta y la demanda. Desafortunadamente, si bien los pilotos de drones son valiosos para muchas compañías, hay suficientes personas que hacen que estas empresas tengan una buena oportunidad de encontrar a alguien que lo haga más barato.

Aumentar su valor, aumentará su salario.

Las empresas se están dando cuenta lentamente, en este momento, de que no es una inversión valiosa para ellos dar trabajos de drones a los pilotos que carecen de habilidades importantes relacionadas con los drones. Al reunir equipos de pilotos que son muy buenos para volar pero que no son buenos para manejar otras tareas involucradas en el trabajo. Como resultado, pueden terminar subcontratando servicios costosos relacionados con la reparación de drones y otros problemas de mantenimiento necesarios. Si ingresa a una empresa con la capacidad de manejar tareas que normalmente tienen que externalizar, aumentará inmediatamente el valor que tiene para ellas. Equipado con las siguientes habilidades de drones, optimizará sus posibilidades de obtener un mayor salario de piloto de drones:

-Mantenimiento y reparación de drones

-Solución de problemas

-Sistemas de reparación/reemplazo

-Habilidades de software relevantes

-Operando en condiciones difíciles

En cualquier negocio, por supuesto, puede aumentar su valor al aportar más a la mesa. Si tiene habilidades adicionales para ofrecer, es más probable que aumente su tasa de pago, para ganar más dinero volando drones profesionalmente. Esto significa que necesitas tener más habilidades que solo volar.

Conocemos a muchos propietarios de negocios de drones que viven en áreas donde el invierno presenta un gran desafío. El clima frío, después de todo, no es exactamente amigable para los pilotos de drones. Aquellos que trabajan con campos de golf, por ejemplo, generalmente encuentran que su trabajo se agota.

A su vez, a menudo hablamos con pilotos de drones que simplemente no saben cómo pasar sus inviernos. No pueden encontrar trabajo, no traen suficientes negocios y sienten que vivir la vida del dron es imposible durante los meses fríos.

Entonces, ¿qué haces si el invierno pone un freno a tu negocio de drones?

Recuerde, las oportunidades están en todas partes

El invierno es un gran desafío para las personas que trabajan en muchas industrias. Los agentes inmobiliarios hablan de eso todo el tiempo. Sin embargo, algunas de las personas más exitosas en bienes raíces son aquellas que ven el invierno como una oportunidad.

Uno de nuestros amigos más cercanos en bienes raíces habla sobre el invierno como el momento de acelerar. Mientras que otros agentes se relajan, quejándose de que nadie compra casas durante el invierno, él lo ve como un momento con menos competencia. Mientras todos los demás están sentados en la oficina, él está haciendo contactos, comercializando y vendiendo casas. La competencia está disminuyendo, por lo que toma una postura agresiva hacia los meses de invierno.

Esta táctica también puede funcionar para los pilotos de drones. Si todos los demás en su área han guardado el dron para el invierno, tiene una gran oportunidad de acumular clientes potenciales para usted. Piense en el invierno como un tiempo para acelerar, no para hibernar.

Sea más creativo con los trabajos de drones

El hecho de que sea el piloto de un campo de golf en su área no significa que solo pueda grabar campos de golf. Si realmente vas a vivir la vida del dron, debes ser lo más flexible posible.

La construcción puede desaparecer un poco durante el invierno, pero los contratistas aún necesitan informes de progresión y gestión del sitio. La aplicación de la ley todavía necesita informes de la escena del crimen. La inspección de aerogeneradores nunca se detiene.

Además, algunas industrias realmente aumentan la velocidad durante el invierno. ¿Has considerado tomar fotografías aéreas para estaciones de esquí? ¿Qué mejor momento para tomar un video de una cabaña de invierno que durante los meses de nieve?

Considera tus opciones. Piense en las personas que dependen del invierno para los negocios e intente comunicarse con ellos.

Aproveche el invierno

Si vives en un área particularmente nevada, en realidad tienes ventaja sobre otros pilotos de drones. Recuerda, el invierno es hermoso. Al grabar imágenes de paisajes nevados, en realidad puedes ofrecer algo que las personas en climas tropicales no pueden ofrecer. Estamos seguros de que mucha gente busca "paisajes de invierno" y "montañas nevadas" en sitios de material de archivo todo el tiempo, lo que significa que tiene algo importante que ofrecer.

Piensa creativamente sobre lo que puedes proporcionar que los pilotos de drones en lugares cálidos no pueden. Obtenga tanta cantidad de material como lo permita el invierno y descubra una forma de publicarlo.

Trabaja en otros aspectos de tu negocio de drones

Por lo menos, el invierno proporciona un tiempo para esconderse en su escritorio y ocuparse de todas las demás tareas que pospuso mientras hacía calor. Tómese un tiempo para actualizar su portfolio de demostración. Consigue tu sitio web. Encuentre nuevos clientes, haga llamadas frías y comience a construir conexiones. Estar atrapado dentro puede ser una bendición, así que aprovecha el tiempo para tu ventaja.

Por supuesto, no estamos tratando de idealizar demasiado el invierno. Puede ser una verdadera molestia, especialmente cuando la nieve inhibe su capacidad de volar. Sin embargo, administrar un negocio de drones se trata de versatilidad y puedes mantenerte bastante ocupado durante el invierno si trabajas duro para ello.

Consejos para la operación segura y el mantenimiento de drones en clima invernal

Los drones comerciales de DJI Enterprise se han diseñado para satisfacer las demandas de nuestros clientes, que a menudo ponen a prueba sus drones en entornos y escenarios extremos. Entre las más desafiantes de estas misiones se encuentran las que ocurren a gran altura y en condiciones de nieve. Desde la búsqueda y el rescate en las montañas hasta la topografía y la cartografía en áreas remotas, el clima invernal y las bajas temperaturas representan un gran desafío tanto para los pilotos como para los aviones.

Hemos preparado esta guía para ayudarlo a lidiar mejor con las actividades de vuelo y el mantenimiento de drones en entornos invernales severos. Cubrimos los problemas comunes de los drones causados por el clima frío y los consejos que debe seguir antes, durante y después del vuelo para mantener mejor sus drones.

Problemas comunes de drones causados por clima frío

I. Las bajas temperaturas y las baterías de los drones no se mezclan

Los drones DJI funcionan con baterías de litio. Las temperaturas por debajo de 15 ° C (59 ° F) aumentan la resistencia interna de una batería, lo que conduce a una disminución en su capacidad de descarga y a un aumento en la caída de voltaje durante la descarga. Al volar, si el voltaje de la batería cae significativamente (con el voltaje de la batería de una sola celda de la batería inferior a 3 V), la aeronave no podrá mantener una alta velocidad de vuelo con el empuje máximo. Si continúa volando con la batería baja, aumentará el riesgo de un corte de energía accidental.

II. El frío intenso y la nieve pueden provocar errores en el sistema de control de vuelo

El sistema de control de vuelo consta de un conjunto de instrumentos sensibles, que incluyen sensores de visión, sensores ultrasónicos y la IMU (que a su vez incluye un giroscopio, termómetro, acelerómetro y barómetro). La nieve y el hielo pueden oscurecer o bloquear estos sensores e impactar el sistema de control de vuelo. Además, la reflectividad de la nieve y las diferencias bruscas de temperatura pueden afectar los datos ambientales circundantes recopilados por estos sensores, lo que también puede afectar el funcionamiento normal del sistema de control de vuelo.

III. Las variaciones de temperatura afectan el rendimiento de las cargas útiles del cardán

1) Cuando cambian la temperatura y la humedad del entorno operativo, la lente de la cámara puede empañarse y afectar la calidad de la toma.

2) Al ingresar a una habitación cálida desde un ambiente exterior frío, pequeñas gotas de agua en la superficie de la carga del cardán pueden condensarse, penetrar y dañar las unidades electrónicas.

3) Los ambientes fríos acelerarán el envejecimiento de la goma del amortiguador del cardán, así como la solidificación de la grasa amortiguadora. Esto puede afectar la calidad de amortiguación del cardán y potencialmente hacer que la imagen se mueva.

Directrices de funcionamiento y mantenimiento de invierno para drones

I. Preparación antes del despegue

1) Cargue completamente sus baterías:
Asegúrese de que las baterías se hayan cargado completamente antes del despegue y asegúrese de que el voltaje de la batería

sea normal.

2) Precaliente sus baterías:

Utilice un precalentador de batería o encienda la batería con anticipación para precalentar la batería a más de 15 ° C, reduciendo así la resistencia interna de la batería.

3) Limpie el hielo y la nieve de su dron:

Limpie la nieve y el hielo de la superficie de la aeronave. Si se encuentra algún líquido en las superficies del sensor, séquelo rápidamente para evitar que se congele debido a las bajas temperaturas mientras está en el aire.

4) Calentar la aeronave:

Después de encender su dron, caliéntelo durante aproximadamente 1 minuto antes del despegue, para garantizar el funcionamiento normal de varios sensores. Si la lente de carga útil se empaña, encienda la aeronave para precalentarla y disipar el vapor de agua en la lente.

II. Consejos de vuelo

1) Desplázate para calentar:

Inmediatamente después del despegue, mantenga el mouse durante aproximadamente 1 minuto después del despegue para precalentar completamente la batería.

2) Supervise de cerca los cambios en los niveles de la batería:

Evite volar la aeronave cuando tenga poca batería y reserve más energía de la batería para el proceso de RTH de lo que lo haría en condiciones normales de temperatura.

3) Mantener una actitud de vuelo estable.

Para evitar una caída repentina en el voltaje de la batería, evite períodos prolongados de alta velocidad de vuelo con el empuje máximo

4) Tenga cuidado con los cambios en el entorno de vuelo.

Evite volar en entornos que experimenten cambios drásticos de temperatura, a fin de evitar riesgos de seguridad como errores en los sensores y formación de hielo en los componentes. Además, para evitar que los sensores visuales funcionen mal, evite volar a altitudes bajas (dentro de los 5 m) sobre nieve espesa o altamente reflectante.

5) Opere responsablemente

Preste atención a la información meteorológica extrema, como frío intenso y tormentas de nieve. Si la aplicación de vuelo muestra algún mensaje de error sobre la seguridad del vuelo mientras está en el aire, aterrice rápidamente la aeronave.

III. Almacenamiento y mantenimiento después del vuelo

1) Limpie rápidamente la aeronave para mantenerla seca:

La diferencia de temperatura al entrar en una habitación cálida desde un ambiente exterior frío puede provocar que se forme condensación en las superficies de la aeronave, como la batería y las superficies de las lentes. En este momento, limpie y seque rápidamente la aeronave para evitar daños a sus componentes electrónicos.

2) Almacene la aeronave de forma segura

Una vez finalizada la misión, devuelva su dron a su estuche protector y guárdelo en un ambiente interior seco a una temperatura constante entre 5-20 °C. Evite almacenar la aeronave a la luz solar directa.

3) Realice controles de mantenimiento regulares

Los entornos operativos de baja temperatura acelerarán el envejecimiento y el daño de ciertos componentes. Al realizar controles de mantenimiento profesionales regulares en el dron, cualquier problema subyacente se puede detectar y abordar temprano, lo que garantiza operaciones seguras y eficientes de drones en invierno.

Consejos para el clima frío para pilotos

Los pilotos deben asegurarse de usar equipo suficientemente abrigado y a prueba de viento cuando trabajen en escenarios fríos. Al volar en entornos helados o cubiertos de nieve, los pilotos pueden usar gafas para evitar el daño ocular causado por el reflejo de la luz.

¿Está interesado en la tecnología de drones pero no cree que pueda tener una aplicación comercial para su negocio? Piensa otra vez. Los drones empresariales están teniendo un impacto sobresaliente en industrias que van desde la minería hasta el sector inmobiliario, la construcción y la agricultura. Todo esto es posible gracias a una amplia variedad de drones especializados y cargas útiles que ofrecen funciones personalizadas que son adecuadas para casi cualquier trabajo.

Siga leyendo para descubrir cómo los vehículos aéreos no tripulados (VANT) de nivel empresarial están transformando las empresas en todo el mundo. ¿Es tu negocio el próximo?

Cómo utilizan los drones las empresas de hoy

Si su sector utiliza datos recopilados de un espacio físico, es muy probable que la tecnología de drones tenga un impacto.

Algunos de los principales sectores que invierten en la innovación de aviones no tripulados incluyen:

Agrimensura

Durante años, los profesionales de la topografía se basaron exclusivamente en métodos terrestres como estaciones totales, receptores GPS y escáneres láser terrestres para adquirir sus datos espaciales. Cada una de estas técnicas requiere mucho tiempo y puede resultar costosa rápidamente. Afortunadamente, existe una nueva forma de realizar levantamientos topográficos.

Con drones como el Matrice 300 RTK, los topógrafos pueden trazar mapas incluso del terreno más desafiante de forma más rápida y precisa que nunca. La implementación de drones elimina la necesidad de enviar equipos de topografía a áreas peligrosas y hace posible recopilar fácilmente datos de características inaccesibles como torres de teléfonos celulares y copas de árboles.

Además de reducir los tiempos del proyecto, el uso de drones puede ser una bendición para un topógrafo al ofrecer múltiples posibilidades de mapeo, incluidos mapas ortomosaicos 2D y 3D, nubes de puntos LiDAR, modelos 3D, mapas térmicos y mapas multiespectrales. Cada uno de estos métodos puede ser valioso dependiendo de las características específicas de un trabajo de topografía.

Conservación medioambiental

Con una financiación relativamente limitada en comparación con muchos de los otros sectores de esta lista, los investigadores ambientales deben hacer todo lo posible para optimizar cada parte de su proceso. Afortunadamente, los científicos han encontrado formas ingeniosas de utilizar drones para el bien del planeta. Los conservacionistas están utilizando vehículos aéreos no tripulados de topografía para trazar un mapa de ecosistemas frágiles y realizar recuentos de especies en peligro de extinción. Tener este tipo de datos a mano ayuda a los ambientalistas a comprender mejor cómo distribuir sus recursos y qué áreas necesitan atención inmediata.

Agricultura

Los agricultores del mundo han encontrado todo tipo de usos prácticos para los vehículos aéreos no tripulados comerciales, con diferentes modelos que desbloquean diferentes capacidades. Por ejemplo, los agricultores de cultivos de cereales como arroz, trigo y maíz están utilizando drones topográficos para detectar cambios ambientales y tomar las decisiones correctas de gestión del campo. ¿Los resultados? Menores costos operativos, mejor calidad de cultivo y mayores tasas de rendimiento.

Sin embargo, los drones no solo ayudan a los agricultores a recopilar nueva información. Los drones como el DJI AGRAS T30 o T10 pueden volar rápidamente sobre un campo y rociar fertilizantes o pesticidas en los cultivos. Esto ahorra tiempo y mano de obra y representa un gran paso adelante para la industria agrícola.

Extinción de incendios

Los últimos años han visto un aumento de los incendios forestales en todo el mundo, una tendencia que, lamentablemente, no parece que vaya a ceder en el corto plazo. Los bomberos han respondido al desafío con innovación.

En cada etapa de un incendio forestal, un sistema de aeronaves no tripuladas puede tener un impacto positivo. Los drones pueden dar a los bomberos una vista de pájaro del terreno al comienzo de un incendio forestal y ayudarlos a determinar dónde se moverán las llamas a continuación, lo que les permite tomar decisiones rápidamente sobre dónde deben ir las cuadrillas y qué ciudades deben ser evacuadas. Esto no solo ayuda a los líderes de la tripulación a salvar vidas de civiles, sino que también mantiene a sus equipos fuera de peligro. Además, los drones desempeñan un papel importante en la prevención de incendios forestales, ya que ayudan a los equipos a realizar quemaduras controladas y prescritas desde una distancia segura. Estas quemaduras ayudan a limpiar la maleza seca y otras partes del ecosistema que podrían convertirse en combustible para un incendio forestal en el futuro.

Energía

Las compañías de petróleo y gas usan drones para monitorear las áreas alrededor de los oleoductos en busca de cambios ambientales a lo largo del tiempo. Esto es especialmente importante porque algunas partes de estas operaciones, como las puntas de las bengalas y los puntos flotantes, pueden ser difíciles de evaluar completamente desde el suelo. Además, las inspecciones con drones limitan la cantidad de tiempo que los empleados pueden necesitar pasar en entornos peligrosos, como cerca de tuberías de vapor que arrojan productos químicos nocivos. En última instancia, al cambiar de operaciones manuales a drones, el sector del petróleo y el gas está ahorrando tiempo en las inspecciones y, al mismo tiempo, mantiene a sus empleados más seguros.

Sin embargo, no son solo las empresas de combustibles fósiles las que se están beneficiando de los VANT. Usando drones en combinación con sensores láser remotos, las granjas solares pueden inspeccionar sus paneles en un tiempo récord y con precisión. Si bien las granjas solares estaban limitadas anteriormente por la cantidad de tiempo que se tardaba en realizar inspecciones manuales, estas empresas ahora pueden expandirse sin dejar de mantener los estándares de calidad, lo que significa más energía verde para el planeta.

Minería

Una operación minera segura y exitosa requiere grandes cantidades de información, a veces incluso millones de puntos de datos para una operación más grande. Como muchas de estas industrias, los drones ayudan a los operadores de minas a recopilar de manera eficiente gran parte de esta información. La fotografía con drones se utiliza para reducir una cantidad significativa de tiempo de la medición del volumen de las existencias.

Además de optimizar la forma en que se recopila la información, los drones ayudan a los operadores de minas a mantener a sus empleados más seguros en el trabajo. En lugar de inspeccionar manualmente equipos peligrosos, los pilotos de drones pueden permanecer a una distancia segura y recopilar toda la información que necesitan. En una industria como la minería, donde el terreno desafiante y las sustancias nocivas pueden ser abundantes, la capacidad de trabajar desde lejos es una verdadera bendición para la seguridad.

Construcción

El mapeo y el modelado de drones están ayudando a los gerentes de construcción a tomar decisiones seguras e informadas. Las empresas de construcción y desarrolladoras pueden utilizar la tecnología para hacer modelos 3D de proyectos, recopilar mediciones al centímetro y realizar mediciones de volumen de almacenamiento. Desde la planificación previa hasta la optimización de la cadena de suministro, los resultados tienden a hablar por sí mismos.

Fuerzas de seguridad

Desde paradas de tráfico hasta búsquedas de personas desaparecidas, las fuerzas del orden están utilizando drones para recopilar la información en tiempo real que necesitan. En situaciones en las que un sospechoso huye de la escena de un crimen, los oficiales pueden usar un VANT para seguirlo y planificar una interceptación, sin crear el tipo de caos que puede implicar una persecución de un vehículo tripulado. Drones como estos también se pueden usar para verificar la conducta de la policía y asegurarse de que los oficiales sigan los procedimientos estándar durante las paradas de tráfico.

Los socorristas utilizan sensores remotos e imágenes térmicas para buscar cuerpos en misiones de búsqueda y rescate. Con equipos que a menudo trabajan en la oscuridad y en márgenes de tiempo reducidos, la tecnología adecuada puede marcar la diferencia entre la vida y la muerte.

Bienes raíces

Los agentes inmobiliarios están utilizando drones para hacer modelos 3D precisos de casas en venta y ofrecer recorridos virtuales. Si bien esta técnica ha existido durante algunos años, su popularidad despegó durante la pandemia de COVID-19, ya que permitió a los posibles inquilinos y compradores ver una propiedad desde una distancia segura.

Seguro

Para proporcionar valoraciones precisas de propiedades, las aseguradoras deben recopilar tanta información como sea posible. Los drones pueden ayudar a que las inspecciones sean más fáciles y efectivas en el tiempo. Según Deloitte, las compañías de seguros ahora a menudo dependerán de un solo contratista generalista para manejar estas inspecciones debido a la gran cantidad de datos que se pueden recopilar de un dron. En el pasado, es posible que se hayan necesitado varios especialistas para el puesto. Los factores que las aseguradoras buscan en estas inspecciones incluyen los daños existentes y el riesgo potencial de un desastre natural como una inundación.

Además de las evaluaciones iniciales, las aseguradoras utilizan drones para evaluar los daños a la propiedad e incluso eliminar las reclamaciones fraudulentas. En algunos casos, una sola ruta de vuelo de un dron puede ser suficiente para recopilar todas las imágenes necesarias para una evaluación.

Preservación histórica

Los arqueólogos están utilizando el mapeo y el modelado de drones para obtener nueva información sobre algunos de los sitios históricos más importantes del mundo. Los modelos de drones se pueden utilizar para recopilar datos antes de una excavación y también ayudar a los equipos a optimizar la forma en que trabajan, descubrir nuevos activos históricos y comprender la arquitectura de un edificio. En Japón, por ejemplo, los arqueólogos utilizaron DJI Terra para crear un modelo de nube de puntos en 3D del castillo de Karatsu, una pieza arquitectónica definitoria del siglo XVII.

Encontrar los mejores drones y cargas útiles para su negocio

El dron adecuado para ti depende de tu línea de trabajo y de los tipos de funciones y asistencia que necesitarás.

Las características a considerar al realizar una compra incluyen:

Duración de la batería: si bien los trabajos se pueden completar en solo unos pocos vuelos, otros requerirán que tome miles de fotografías aéreas con una precisión de un centímetro.

Rendimiento de vuelo: ¿Necesita un dron que pueda moverse ágilmente por una ruta de vuelo automatizada? ¿Es más importante volar en línea recta a un ritmo constante? El tamaño y el peso del dron y la carga útil afectarán la forma en que el dron puede volar.

Precisión de la imagen: si bien algunos trabajos con drones comerciales necesitan una precisión de un centímetro, otros pueden ser suficientes con una vista más amplia. Sepa lo que busca antes de realizar una compra.

Cargas útiles: diferentes drones están diseñados para contener diferentes tipos de cargas útiles, como cámaras y sensores, y algunos drones más pesados incluso tienen la capacidad de transportar múltiples cargas útiles a la vez.

Independientemente del sector en el que trabaje, valdrá la pena invertir en un dron empresarial, en lugar de uno diseñado para el uso de aficionados. Los drones empresariales tienden a ser más duraderos que sus contrapartes recreativas para cumplir con los rigores del uso diario. Las características que debe buscar incluyen una mejor resistencia al viento, baterías de autocalentamiento y una mayor tolerancia a condiciones extremas.

También es probable que los principales proveedores de drones ofrezcan a sus clientes empresariales un mayor nivel de soporte posventa, ya que es más probable que los drones empresariales se utilicen con regularidad y se coloquen en posiciones en las que puedan sufrir un mayor nivel de desgaste.

El uso de drones en la agricultura y los bienes raíces son usos populares de drones que la mayoría de nosotros conocemos. Pero, hay algunos usos innovadores de drones que tienen un gran ROI y, por lo tanto, están ganando lentamente tracción. En este capítulo, hablo de 5 usos geniales de drones. Son:

· Inspecciones de presas
· Conservacion de vida salvaje
· Pescar
· Inspecciones de alcantarillado
· Fabricas

Inspecciones de presas: cómo se utilizan los drones para monitorear la infraestructura crítica

Tarde, las autoridades comenzaron a usar drones para inspeccionar áreas difíciles de alcanzar en las presas. No es posible inspeccionar todas las áreas de esta estructura gigante utilizando medios de inspección tradicionales como escáneres. Sin embargo, mediante el uso de drones, las autoridades pueden localizar grietas diminutas que eventualmente pueden provocar fugas de agua. Además, se pueden comparar los datos de cada inspección. Esto es particularmente útil ya que el tamaño y la dimensión de las anomalías se pueden comparar en inspecciones posteriores.

Debido a las fuertes regulaciones de las entidades aeronauticas, las autoridades han estado volando dentro, solo en la sala del generador principal. Este es otro ejemplo que destaca la necesidad urgente de otorgar más exenciones de las certificaciones para drones.

Cómo los drones están ayudando en la conservación de la vida silvestre

Los drones están reemplazando a los helicópteros en la

investigación de la vida silvestre debido a la flexibilidad, la precisión de los datos y la rentabilidad. Los investigadores señalan que, debido a los bajos costos, es posible realizar vuelos repetidos a un lugar designado. Durante la temporada de cría, son necesarios vuelos repetidos para construir un modelo de datos preciso.

Otro equipo de investigadores ingeniosos utilizó un dron para recolectar ADN de una ballena jorobada. El investigador pudo lograr su objetivo al colocar placas de Petri en un avión no tripulado. Cuando se dieron cuenta de que la ballena estaba a punto de salir a la superficie, lanzaron el dron. El avión no tripulado estaba volando estratégicamente sobre la ballena.

Pero, ¿qué tan precisos son los datos de drones? Para responder a esta pregunta, un grupo de ecologistas de Adelaida colocó miles de patos de plástico en la playa. Luego intentaron comparar dos métodos de conteo: el enfoque humano tradicional y el enfoque de drones. ¡Descubrieron que usar un dron era un 96% más preciso que el enfoque humano!

Ir a pescar con drones y darse un festín en la captura del día

Los drones también se utilizan para pescar. Entonces, ¿cómo funciona la pesca con drones? En la pesca con drones, el dron simplemente se usa para lanzar una línea. Para que la pesca con drones funcione, deberás usar un clip de liberación. Una vez que ceba un pez, la presión hacia abajo resultante hará que el clip libere la línea del dron. Luego puedes volar de forma segura con tu dron.

No recomendamos pescar sin un clip de liberación. Si cebas una gran captura, la presión hacia abajo puede ser suficiente para incluso derribar tu dron.

¡Los drones también pueden hacer el trabajo sucio!

Así es. Los drones se están utilizando para inspecciones de caca, de todas las cosas. La ciudad de Barcelona ha estado utilizando drones para sus inspecciones de alcantarillado.

Las inspecciones de alcantarillado son un trabajo peligroso y desagradable. Y a menudo hay algunos límites estrechos que son difíciles de acceder para un humano. El uso de drones niega la necesidad de entrar en el bajo vientre de la ciudad. Debido a que el inspector puede controlar el dron desde una camioneta, el uso de la tecnología de drones hace que esta tarea sea mucho más tolerable.

En el Reino Unido, la tecnología de drones flotantes se está utilizando para inspeccionar alcantarillas. Un dron montado en un flotador se baja a la alcantarilla. El dron está equipado con EO y cámaras térmicas. Utilizando imágenes de alta resolución y modelos 3D, las autoridades de la ciudad pueden tomar decisiones basadas en datos ahorrando tiempo y costos.

Los drones descienden en la fabricación

Imagine entrar en una empresa de fabricación de bombas ocupada. De repente, una máquina CNC crítica se descompone y detiene la línea de producción. Sin inmutarse en absoluto, el operador saca el control remoto de su dron y, en un santiamén, el dron recoge la pieza de repuesto correcta del estante de almacenamiento superior. Se ahorra un tiempo valioso y se minimiza la pérdida de producción. Bueno. Entonces este escenario fue inventado. Pero, este día ciertamente no está lejos.

Actualmente, los drones ya se están utilizando para la gestión de inventario en los almacenes de las empresas. Una instalación de fabricación tendrá miles de repuestos. Y la gestión de inventario es clave para operaciones eficientes. Eyesee, un dron AI es capaz de escanear una etiqueta RFID y registrar estos datos. Esto da como resultado una gestión de inventario rápida y precisa.

Otro uso genial de los drones es para inspeccionar espacios confinados. Los drones equipados con capacidades de detectar y evitar pueden acceder a áreas de difícil acceso con facilidad, lo que reduce la intervención humana y, por lo tanto, el riesgo.

Elios es uno de esos drones que puede inspeccionar estas áreas difíciles de alcanzar.

Conclusión

Los costos de capital más bajos, la facilidad de adquisición de datos y los resultados precisos significan que muchas industrias están descubriendo usos nuevos e innovadores para los drones. A medida que los drones se vuelvan más inteligentes y más capaces, la tecnología de drones eliminará las alternativas cada vez más ineficientes (y costosas).

Cómo DJI se convirtió en
la empresa más valorada de
la industria de drones

DA - Jiang Innovations o DJI es una compañía basada en Shenzen con orígenes humildes. Frank Wong financió a DJI con el dinero de su beca universitaria en 2006. El escenario actual es bastante diferente, por decir lo menos.

Las ventas anuales de DJI se estiman en un gigantesco U$S 3 mil millones. Y tienen casi 3.000 empleados en su lista. Según la última ronda de financiación en abril de 2018, DJI estaba valorada en U$S 15 mil millones, lo que convierte a Frank en el primer multimillonario de drones del mundo. Entonces, ¿cómo ha logrado DJI alcanzar esta posición envidiable? Pasemos a nuestro primer punto: sus orígenes chinos.

¿Las instalaciones de producción chinas de DJI son la única razón de su éxito?

Atribuir el éxito de DJI simplemente a los bajos costos de producción por cortesía de su base de producción china es una visión estrecha e incorrecta. Claro, los bajos costos de fabricación son un factor, pero ciertamente no es el único.

La fabricación de drones es increíblemente complicada y requiere dominio sobre los procesos de producción, como el moldeo por inyección y el mecanizado de precisión.

Esto es lo que dijo Tim Cook de Apple cuando le preguntaron sobre la fabricación de iPhone en China:

"Existe una confusión acerca de China ... la concepción popular es que las empresas vienen a China debido al bajo costo laboral. No estoy seguro de a qué parte de China van, pero la verdad es que China dejó de ser el país de bajo costo laboral hace muchos años y esa no es la razón para venir a China desde el punto de vista de la oferta ...

... la razón es por la habilidad ... y la cantidad de habilidad en un lugar ... y el tipo de habilidad que es. Los productos que necesitamos requieren herramientas realmente avanzadas. Y la precisión que tiene que tener en las herramientas y el trabajo con los materiales que hacemos son de última generación. Y la habilidad de herramientas es muy profunda aquí ".

Claramente, la fabricación de piezas de drones también es una industria que requiere herramientas y habilidades de ingeniería del más alto grado. Entonces, si bien los bajos costos son una de las razones del éxito de DJI, el acceso a mano de obra calificada también es un factor importante.

Otra razón importante para el éxito de DJI es su capacidad de respuesta a las necesidades del mercado. Mike Winn, cofundador de DroneDeploy señala que el uso de la misma plataforma tecnológica para soluciones empresariales y de consumo permite a DJI innovar y lanzar nuevos productos a la velocidad de la luz. Por lo tanto, esto permite que un usuario de la línea Mavic tenga la misma experiencia de usuario cuando actualiza a la línea Matrice, lo que resulta en una adopción más rápida también.

La asociación de DJI con Microsoft permitió a los usuarios de DJI acceder al ecosistema de Microsoft a través de un SDK. Esto permitió a los pilotos de drones ofrecer soluciones industriales autónomas y escalables.

A los competidores les resulta difícil competir con un DJI ágil

GoPro y DJI ciertamente hacen un estudio de caso interesante para las personas que desean estudiar la estrategia de mercado y la competencia. GoPro, fundada en 2002, se hizo pública en 2014. Con el éxito de sus cámaras de acción, el precio de las acciones de GoPro alcanzó un máximo de U$S 87 en octubre de 2014. Hoy en día, las acciones se cotizan a menos de 11 dólares. Entonces, ¿qué pasó realmente?

Podría decirse que la mayor locura de GoPro fue su incursión en el negocio de los drones, una decisión que estuvo llena de problemas desde el principio. Después de que se hablara de una posible colaboración con DJI y 3DR, GoPro decidió tomar el control de todo el proceso de desarrollo y fabricación. Después de varios retrasos, Karma finalmente se lanzó a fines de 2016. Citando la dura competencia y los bajos márgenes, GoPro abandonó por completo el negocio de los drones en enero de 2018.

El CEO de MOTA, Michael Faro resume bastante bien la dinámica actual del mercado:
"No estamos compitiendo con DJI. Ese rincón del mercado está lleno ".

¿Qué depara el futuro para los mercados de drones?

Con mercados primarios de drones como Estados Unidos experimentando un crecimiento exponencial, y con países como India permitiendo operaciones comerciales de drones, no hay señales de que el mercado de drones experimente una desaceleración en los próximos años. De hecho, Gartner predice que el mercado de drones alcanzará los U$S 25 mil millones para 2025.

Un departamento de I + D fuerte y una línea de producción ágil significa que DJI está bien preparado para capturar este crecimiento. La disposición a trabajar en márgenes de pocas ganancias también dificulta que la nueva competencia encuentre una base firme en el mercado. Se estima que la participación de mercado de DJI ha aumentado del 72% en 2017 al 80% en 2023.

Amazon estuvo en las noticias por otras razones además de su rendimiento estelar: su carrera para hacer realidad Amazon Prime Air. Junto con Amazon, los gigantes corporativos como Google y DHL también están interesados en esta tecnología. Esto no es sorprendente. La adopción de esta tecnología contribuirá significativamente a los resultados de una empresa.

Sin embargo, las reglas de las entidades aeronáuticas, las preocupaciones de seguridad y privacidad están impidiendo que esta tecnología despegue. Hasta que haya un cambio masivo en la percepción social, es poco probable que las entregas con drones encuentren aceptación. Solo necesito contar el primer incidente de dron en Argentina ocurrido en la estación de Constitución para comprender que mi escepticismo no está realmente fuera de lugar.

Las entregas con drones son un desafío logístico masivo. ¿Las normas actuales de las entidades aeronáuticas permiten las entregas de drones? ¿Cómo se "comunicarán" los drones y evitarán chocar entre ellos? ¿Es posible un aterrizaje completamente autónomo? ¿Las entregas con drones son buenas para el medio ambiente? Profundicemos en estos temas.

¿Las normas actuales de las entidades aeronáuticas son propicias para las operaciones de entrega de drones?

La aparición de la identificación remota de drones es un paso en la dirección correcta.

Las identificaciones remotas en drones permiten a los funcionarios encargados de hacer cumplir la ley determinar la ubicación exacta de un dron. El sistema de seguimiento de Aeroscope de DJI puede denominarse una placa de licencia electrónica para drones. Este sistema de identificación remota permite a los usuarios de DJI identificar voluntariamente la ubicación de su dron ante las autoridades. El sistema de identificación remota de DJI tiene la capacidad de generar un archivo similar a TCAS (Traffic Collision and Avoidance System). TCAS es el sistema que permite el vuelo seguro de aviones y helicópteros.

El proyecto de ley de reautorización de la FAA de 2018 propuso que el Contralor General de los Estados Unidos pueda cobrar una tarifa adicional a los pilotos de drones. Esta tarifa es para financiar la infraestructura de un sistema de gestión de seguridad. La implementación de esta tarifa, sin embargo, es un desafío. Hay millones de drones registrados en el mundo. Sin embargo, este número es minúsculo cuando miramos el número total de drones no registrados. Entonces, ¿los pilotos respetuosos de la ley serán los únicos que pagarán esta tarifa? No es exactamente justo. ¿Lo es?

Este proyecto de ley también propuso el requisito de un certificado de compañía aérea para los proveedores de servicios de entrega con drones. Claramente, esto establece una barrera de entrada para los proveedores de servicios de drones. Entonces, ¿la entrega de drones se convertirá en el dominio exclusivo de las grandes corporaciones? Sólo el tiempo lo dirá

¿Las entregas con drones son amigables con el medio ambiente?

El transporte es uno de los mayores emisores de contaminación en el mundo. A partir de 2013, el 25% de los hidrocarburos emitidos puede atribuirse al transporte. Entonces, ¿reemplazar un camión diesel con una flota de drones es bueno para el medio ambiente? Determinar esto es un gran desafío. Hay muchos factores de la vida real que deben tenerse en cuenta. Existen algunas teorías interesantes

1 Se observa una mayor mejora en las emisiones de efecto invernadero en los lugares que dependen de fuentes de energía más limpias:

En diversos lugares del mundo, usan diferentes fuentes de energía para producir electricidad. Si bien algunos lugares dependen más de fuentes contaminantes no renovables, otros han sido prudentes al aumentar su dependencia de la energía solar y nuclear.

Entonces, ¿qué significa esto?

Cargar su dron en ciudades "más verdes" será menos contaminante y dejará menos huella de carbono en comparación con cargar su dron en una ciudad dependiente de combustibles no renovables.
Del mismo modo, el uso de drones para la entrega requerirá el requisito de varios almacenes pequeños. La electricidad del almacén es otro factor que debemos considerar al determinar las ventajas ambientales.

2 La entrega con drones pequeños produce ganancias significativas en comparación con las entregas con drones grandes:

Los resultados sugieren que el uso de drones más pequeños dará como resultado una contaminación significativamente menor. Sin embargo, los hallazgos para drones más grandes no fueron realmente concluyentes. Debido a que los drones más grandes requieren más energía de almacén, el uso de vehículos eléctricos sería una mejor alternativa en las ciudades que dependen en gran medida de fuentes limpias de energía.

Funciones de los operadores de drones en todas las industrias

El día del dron está aquí. La tecnología de drones es más avanzada y capaz que nunca, y los innovadores y pioneros en una variedad de industrias están aprendiendo cómo poner a trabajar a los drones comerciales. Estas no son solo buenas noticias desde la perspectiva de la eficiencia empresarial. A medida que aumenta la demanda de vehículos aéreos no tripulados (VANT) y los poderosos conocimientos que brindan desde arriba, también aumenta la necesidad de pilotos y gerentes de programas de drones que puedan aprovechar al máximo estas herramientas. El auge de los drones conduce naturalmente a vacantes en carreras de drones.

Los drones ya se utilizan para funciones como topografía, fotografía y videografía aérea, agricultura de precisión, seguridad pública y más. Los futuros cambios legales podrían introducir aún más posibilidades, como la entrega de paquetes a larga distancia. Incluso dentro de las categorías existentes, hay muchas opciones: la topografía y las inspecciones son importantes para empresas que van desde aseguradoras y operadores de minas hasta firmas inmobiliarias y de servicios públicos.

Pero, ¿cómo serán las cargas de trabajo diarias para los trabajos de piloto de drones? ¿Qué habilidades deben poseer los operadores de drones y el personal de apoyo? ¿Cómo es el proceso de concesión de licencias en varios países? Al descubrir las respuestas a estas preguntas y recopilar información relacionada, un aspirante a piloto puede acercarse a una carrera gratificante en un campo con un futuro prometedor.

Carreras de drones: estado del mercado laboral

Al considerar la operación de drones como una carrera

profesional, es importante saber la diferencia entre drones personales y empresariales. Los primeros, de precio asequible y diseñados para uso individual, están ayudando a que los drones se vuelvan más populares en la imaginación del público. Estos últimos, sin embargo, son la fuerza impulsora detrás del papel cada vez mayor de los drones.

Los drones de Enterprise en cinco categorías (agricultura, construcción y minería, seguros, medios y telecomunicaciones, y aplicación de la ley) impulsarán una tasa de crecimiento anual compuesta del 66,8 % para las ventas de drones.

La expansión del uso de drones en esos cinco segmentos de la industria muestra la amplia variedad de situaciones en las que se espera que operen los pilotos de drones comerciales. Algunos serán responsables de inspeccionar campos agrícolas y aplicar productos químicos desde el aire, mientras que otros dirigirán operaciones de búsqueda y rescate y otros más serán responsables de la captura de fotos y videos.

En las condiciones actuales de la industria, la mayoría de estos operadores de drones pilotarán sus naves dentro del alcance visual. Esto se debe a las leyes de aviación comercial que limitan el uso de aeronaves más allá de la línea de visión (BVLOS). Las exenciones a las reglas de BVLOS son actualmente raras. En el futuro, una mayor aprobación de las operaciones BVLOS podría conducir a nuevos casos de uso de drones y aún más variedad en las oportunidades profesionales.

Empezar como observador visual u operador de sensores

Las mejores prácticas de operación de drones hoy en día a menudo involucran a más de una persona asignada a un dron específico: un operador principal y un observador u operador de sensores. Incluso en los casos en que no existe la necesidad legal de tener dos personas en un equipo de vehículos sin tripulación, las empresas pueden utilizar un observador u operador de sensores para mayor seguridad y control de calidad. Muchos drones comerciales, como la serie Matrice e Inspire, admiten el modo de control dual en el que un segundo piloto puede operar cámaras y sensores mientras el otro piloto se enfoca en volar. O en las misiones de búsqueda y rescate, un piloto se encargará de controlar el dron de manera segura, mientras que un observador buscará de cerca a la persona o personas desaparecidas.

En algunos casos, los roles de observador conducen naturalmente a oportunidades de ser piloto dentro de meses o un año. Asumir un rol en la tripulación que no incluye tareas de pilotaje puede ser una forma efectiva de convertirse eventualmente en un piloto comercial de drones dentro de un entorno de apoyo. Los empleados que demuestren sus conocimientos sobre el terreno podrían ser candidatos probables para el ascenso a roles de piloto, ya que están más familiarizados con los detalles del trabajo que ayudan a completar que los empleados externos.

Apuntando al éxito como piloto de drones

Teniendo en cuenta la variedad de descripciones de trabajo que se ocupan de los drones y las empresas interesadas en ellos hoy en día, no existe un camino seguro hacia una carrera de drones y hacia el éxito. Sin embargo, existen algunas mejores prácticas sólidas que pueden hacer que un candidato vuele:

Tener una licencia y certificación adecuadas: una licencia comercial para operar una aeronave sin tripulación es esencial para aceptar trabajos con drones. La agencia responsable de emitir esta certificación diferirá según el país, al igual que la aplicación exacta y el proceso de prueba. Dondequiera que se encuentre el trabajo en cuestión, un buen candidato tendrá licencia para volar allí.

Red con compañeros pilotos: Encontrar trabajos de drones no es necesariamente una competencia. Cuando una empresa contrata a un piloto de drones, puede buscar varios empleados más al mismo tiempo para crear un equipo de drones más completo. Los candidatos que se conectan en red con otros pilotos pueden seguirlos a las empresas que contratan en masa.

Manténgase activo en línea y en las redes sociales: existen múltiples caminos en línea para el trabajo de operación de drones. La búsqueda de sitios dirigidos específicamente al sector de drones es una forma de conocer las ofertas de trabajo, aunque tienden a ser trabajos de nivel de entrada en lugar de roles más establecidos. Al final, LinkedIn puede resultar ser el mejor recurso de un piloto.

Considere comprar un seguro de drones: aunque los drones son la forma de aviación más segura que el mundo haya conocido, cualquiera que desee desarrollar una carrera de drones debería considerar protegerse con un seguro de drones. Desde el seguro de casco y de responsabilidad civil hasta los precios. Además, puede optar por un plan de cobertura DJI Care Enterprise que ofrece reparaciones, piezas de repuesto y más.

Cree un nicho y una marca personal: en algunos casos, ser un operador de drones no se trata de convertirse en una parte intercambiable de una jerarquía corporativa. En cambio, los trabajos se asignan a contratistas independientes. Un piloto de drones puede operar como empresario, reclamando un nicho en particular. Tal vez un piloto individual sea excelente en trabajos de fotografía o haya tenido éxito en las inspecciones de servicios públicos; transmitir esa historia de manera efectiva es una forma de encontrar más trabajo.

Convertir el pilotaje de drones en una carrera a largo plazo es un proceso complicado, y establecerse en el campo puede llevar tiempo y esfuerzo. Sin embargo, una vez que un piloto demuestra su capacidad para realizar trabajos de manera segura y efectiva, pueden surgir numerosas oportunidades. Las empresas de hoy buscan con frecuencia operadores de vehículos aéreos no tripulados, y la necesidad solo se intensificará con el tiempo.

Centrándose en la seguridad de los drones

Si bien hay muchos elementos que contribuyen a lograr el éxito como operador de drones, el más importante es la operación segura y constante del equipo. La seguridad es más que una simple cuestión de cumplir con los requisitos y obedecer las leyes de aviación, aunque esas son prioridades esenciales. Más bien, ser un piloto seguro es la base sobre la que se construyen todas las demás habilidades de pilotaje de drones.

Convertirse en un piloto profesional de drones significa incorporar seguridad y eficiencia. Mientras que un piloto de drones recreativos puede haber comenzado a volar como pasatiempo, un operador de drones comerciales debe comprender que está trabajando con equipos costosos y de alta potencia que podrían causar daños graves o daños a la propiedad si ocurriera un error.

La seguridad afecta las perspectivas de empleo de muchas maneras. Los aspirantes a operadores de drones deben:

Comprender la seguridad de los drones: cuando busque trabajos que puedan conducir a carreras de piloto de drones a largo plazo, la seguridad es primordial. Los empleadores no contratarán pilotos que no prioricen operaciones seguras y confiables. Un accidente de vuelo, o incluso un cuasi accidente que resulte en infracciones reglamentarias, puede ser muy perjudicial para un programa de drones y una empresa en general. Por lo tanto, los gerentes de contratación gravitarán hacia candidatos piloto que tengan un historial de seguridad.

Trabaje con listas de verificación: las listas de verificación previas al vuelo, durante el vuelo y posteriores al vuelo son formas excelentes de asegurarse de que su equipo se use de manera adecuada y segura. Los pilotos de drones veteranos que han construido carreras de drones pueden dar fe: el cumplimiento de las listas de verificación de seguridad simplifica todo y lo ayuda a administrar los recursos de la tripulación y el equipo para garantizar el éxito.

Use el EPP apropiado en tierra: ser un operador seguro va más allá de las habilidades de pilotaje para abarcar la forma en que un piloto actúa en tierra, e incluso lo que usa. Según el entorno de trabajo, el equipo de protección personal (EPP) de un piloto de drones puede consistir en un casco, un chaleco de alta visibilidad y botas con punta de acero. El equipo ignífugo también es algo a considerar. El uso regular de equipo seguro es otra forma de mostrar una mentalidad seria que prioriza la seguridad.

Un enfoque en la seguridad y el uso responsable del equipo puede causar una fuerte impresión positiva en los empleadores, ninguno de los cuales quiere aumentar el riesgo de experimentar un incidente.

Licencia y certificación para carreras de drones

No existe un organismo internacional que certifique a los pilotos de drones para operar comercialmente. Esto significa que dondequiera que el próximo trabajo lleve a un aspirante a operador de drones, debe tener la licencia adecuada para ese país o territorio.

Antes de comenzar a operar drones en un lugar determinado, es esencial consultar con las autoridades de aviación locales y asegurarse de que se aborden todos los problemas de licencia. Es posible que algunos países simplemente no permitan varios tipos de drones o estilos operativos, como BVLOS, y es mucho mejor saberlo de antemano que ser sorprendido por no cumplir.

Empezando a aprender

Después de decidir obtener una de estas licencias o certificados, es natural que los aspirantes a pilotos de drones se pregunten dónde pueden desarrollar sus habilidades y adquirir las competencias necesarias. Afortunadamente, hay varias opciones disponibles que los ayudarán a comenzar.

Algunas de las opciones son cursos pagos, distribuidos por aplicación o a través de sitios web. Al centrarse en la preparación para exámenes, estos servicios ayudan a los aspirantes a pilotos a desarrollar el tipo de conocimiento y experiencia que necesitarán para pasar de aficionados a pilotos de drones comerciales certificados.

Otros materiales de guía de estudio y prueba se distribuyen de forma gratuita a través de sitios como YouTube. Estos son creados por proveedores de contenido que ganan dinero a través de otros medios, como afiliaciones y programas de asociación, para permitirles lanzar sus cursos de forma gratuita.

Cualquiera que sea la forma que elija un alumno para desarrollar su conocimiento, el camino hacia el pilotaje de drones de manera profesional deberá involucrar una educación especializada que conduzca a una prueba de licencia. A dónde van desde allí depende de sus intereses específicos.

<u>Las mejores oportunidades de carrera en drones</u>

Si bien cada vez más personas están construyendo carreras en la industria de los drones, esta sigue siendo una profesión relativamente nueva. En las últimas décadas, la tecnología de vehículos aéreos no tripulados se ha desarrollado rápidamente, haciendo que los trabajos de operación de drones a tiempo completo sean una opción de carrera viable y en constante evolución. Los datos siguen siendo limitados en estas profesiones, con un salario medio de alrededor de U$S 50.000 y el 10 % superior de los asalariados gana más de U$S 95.000 al año.

Hay vacantes para operadores de drones comerciales calificados en muchas industrias, y surgen más a medida que evolucionan las leyes y la tecnología de drones. Dicho esto, algunos sectores son especialmente prometedores para los pilotos de drones que buscan un trabajo estable y gratificante.

Los siguientes son algunos de los roles que muestran interés y demanda en torno al uso de drones en este momento, junto con algunos de los factores que los hacen únicos y los tipos de trabajo que se espera que realicen los pilotos si son contratados.

<u>Inspección en el sector de servicios públicos</u>

¿Qué hace que este papel sea único?

La infraestructura de servicios públicos, como líneas eléctricas, turbinas eólicas, granjas solares y tuberías, tiene que cubrir grandes distancias. En muchos casos, esto ha llevado a las empresas a recurrir a drones en lugar de equipos de inspección en tierra cuando llega el momento de inspeccionar equipos y buscar daños o desgaste.

La clave para una red fuerte y confiable es el mantenimiento proactivo. Realizar inspecciones frecuentes y específicas de la infraestructura en lugar de esperar a que se presenten fallas es una buena manera de garantizar un servicio confiable. Al emplear equipos con drones, las organizaciones pueden adoptar estos principios con menos empleados y menos esfuerzo, acercándose a equipos remotos, en terreno accidentado o ambos.

¿Qué hacen los operadores de drones?

Los operadores de drones que brindan servicios de inspección de servicios públicos tienen la tarea de recopilar imágenes precisas y de alta calidad. Pueden trabajar en equipos, con un piloto y otro observador a la mano. Si bien en el futuro, la topografía de servicios públicos puede ser un caso de uso prometedor para el vuelo BVLOS, las exenciones de BVLOS son actualmente raras.

Se necesitan habilidades especializadas para navegar un vehículo aéreo no tripulado cerca de la infraestructura eléctrica y recopilar datos. Afortunadamente, algunas organizaciones de servicios públicos brindan cursos de capacitación para inspectores. Los pilotos de drones ya deben estar certificados para la operación comercial para ingresar a los cursos, pero la finalización puede preparar a estos trabajadores para asumir nuevas funciones en este campo de demanda.

Filmación y fotografía en el entretenimiento

El clásico plano de la grúa de Hollywood ha encontrado a su sucesor: el plano del dron. La fotografía aérea puede ser un gran impulso para una película, un programa de televisión o un comercial, y hay un nicho especial para los pilotos de drones que son expertos en capturar videos e imágenes fijas desde el aire.

¿Qué hace que este papel sea único?

Una de las cosas que define el uso de drones en la industria del entretenimiento son los estrictos límites de tiempo involucrados y la necesidad de cumplir con los horarios. La necesidad de mantener un rodaje en marcha y no interferir con los procedimientos significa que los operadores de drones deben confiar en su capacidad para completar las tareas en el primer intento. Por lo tanto, volar con fines cinematográficos se considera una de las formas de operación de drones de mayor estrés.

Los operadores de drones en la industria del entretenimiento necesitan tener conocimientos que van más allá del uso de sus equipos. Deben comprender los rudimentos de la cinematografía y ser capaces de comunicarse con directores y operadores de cámara en lenguaje cinematográfico.

¿Qué hacen los operadores de drones?

Un operador de drones que trabaje en una filmación tendrá la tarea de capturar tomas de películas desde la perspectiva única proporcionada por sus drones. Pueden trabajar de forma independiente, controlando tanto el dron como la cámara, o como parte de un equipo con un operador asignado a cada tarea. Si bien la habilidad de pilotaje es claramente importante para este trabajo, los directores pueden considerar más importante la habilidad de filmar.

Se llamará a los operadores de drones en el cine para obtener tomas específicas, a menudo en un lenguaje que es exclusivo de la cinematografía, en lugar del pilotaje. Tendrán que usar esta entrada y obtener la toma, mientras potencialmente se enfrentan a restricciones como la necesidad de capturar una toma antes de que cambie la luz. Un operador de cámara que aprende a pilotar un dron puede tener más éxito en el cine que un operador de dron que aprende cinematografía.

Elevación de búsqueda y rescate con drones

Las misiones de búsqueda y rescate a menudo se llevan a cabo en lugares rurales y accidentados, con terrenos y entornos desafiantes. Estos factores pueden hacer que sea un desafío para los equipos de tierra, especialmente cuando las áreas de búsqueda abarcan grandes distancias. Además de esto, muchas misiones de búsqueda y rescate ocurren de noche porque las víctimas solo piden ayuda cuando el sol se está poniendo y las baterías de sus teléfonos se están agotando.

¿Qué hace que este papel sea único?

Los drones proporcionan un ojo esencial en el cielo durante las misiones de búsqueda y rescate, lo que permite cubrir más terreno y localizar antes a la persona o personas desaparecidas. Los drones empresariales como el M300 RTK pueden equiparse con una cámara térmica como el H20T o el H20N, mientras que otros drones como el M30T o el Mavic 2 Enterprise Advanced tienen sensores térmicos incorporados. Estos sensores avanzados ayudan a los equipos de búsqueda a ver a través de la noche e incluso identificar las firmas de calor de aquellos que están perdidos. En conjunto, los drones hacen que toda la misión sea más segura, tanto para las víctimas como para los equipos de búsqueda.

¿Qué hacen los operadores de drones?

Los operadores de drones en misiones de búsqueda y rescate deben estar tranquilos bajo presión y contar con la capacitación y preparación adecuadas. Muchos pilotos de drones para equipos de búsqueda y rescate son voluntarios y ofrecen su ayuda a las organizaciones locales de rescate cuando surge la necesidad. Como voluntario, aún debe aprender más detalles sobre la búsqueda en rescate para integrarse de manera útil en el equipo.

Para los equipos de rescate profesionales, las exigencias del rol son bastante similares, aunque con drones Enterprise más capaces. Mientras vuela sobre las áreas de búsqueda, debe estar atento no solo a la persona desaparecida, sino también a los obstáculos y cambios en la elevación que podrían poner en peligro su dron. Los drones modelo Enterprise más avanzados ofrecen un modo de control dual, donde un piloto controla el dron, mientras que otro controla el cardán y la cámara.

Vigilancia de la agricultura de precisión en la agricultura

La agricultura de hoy puede ser mucho más precisa y eficiente que en los primeros días de la agricultura mecanizada, y los drones son uno de los avances tecnológicos responsables de esta transición. Los drones desempeñan múltiples funciones en la agricultura de precisión, desde proporcionar información aérea de alta precisión sobre las condiciones del campo hasta distribuir pesticidas y fertilizantes en áreas específicas.

¿Qué hace que este papel sea único?

Volar drones en un entorno agrícola suele ser parte de un proyecto de agricultura de precisión más amplio, que implica el uso de la tierra de formas muy específicas. Este es un estilo eficiente de cultivo, porque los campos se pueden subdividir en pequeñas unidades y recibir el cuidado y la atención adecuados.

La agricultura de precisión con la ayuda de escaneos aéreos de drones también puede ayudar a las granjas a cumplir con las normas más estrictas sobre el uso de pesticidas y otros productos químicos. Los drones permiten un grado de control que los equipos agrícolas más estándar no pueden soportar.

¿Qué hacen los operadores de drones?

Los operadores de drones en la agricultura probablemente tendrán la tarea de inspeccionar campos, fumigar cultivos o ambos. Estos trabajos exigen vuelos sobre diversos tipos de terreno y la recopilación y el uso de datos precisos.

Los operadores de drones pueden expandir las operaciones agrícolas más allá de los parámetros estándar si tienen el equipo y las habilidades para trabajar de noche, agregando turnos adicionales al día. Las mismas habilidades que hacen que un piloto sea adecuado para un trabajo de agrimensura pueden ayudar a ese profesional a sobresalir en la agricultura.

El futuro de las carreras labores con drones

El cielo es el límite para las carreras en operación de drones. Es posible que las leyes en evolución pronto permitan prácticas de vuelo que actualmente están limitadas o permitidas solo por exención, como la operación BVLOS y el enjambre (un operador que controla muchos drones). Existe tecnología de drones lo suficientemente avanzada, por lo que estos cambios podrían ocurrir rápidamente.

Además de los roles en campos que ya han invertido mucho en drones, los trabajos que incluyen la entrega de paquetes a larga distancia pronto podrían convertirse en oportunidades principales para los operadores de drones. Existen amplias razones para comenzar a aprender las prácticas del oficio ahora.

Gu a de trabajos de piloto
de drones: 13 trabajos con
drones más populares

¿Estás considerando una carrera como piloto de drones? Si es así, ¿es importante comprender lo que ganan los pilotos de vehículos aéreos no tripulados (VANT)? ¿Está el salario del piloto de drones a la par con otros trabajos de aviación? ¿Qué puede esperar ganar en este campo emocionante y de rápido crecimiento?

Sigue leyendo para saber más.

La idea de ser un piloto certificado de drones comerciales suena emocionante. Pero, ¿es realmente posible ganar suficiente dinero como piloto de un vehículo aéreo no tripulado (VANT) para vivir cómodamente en la economía actual?

Y si es así, ¿cómo exactamente? ¿Hay algún trabajo de operador de drones asalariado por ahí, o es estrictamente una industria independiente/de economía de trabajos independientes?

Es importante responder a estas preguntas antes de emprender esta emocionante y gratificante carrera.

Como piloto de drones, puede esperar ganar un salario competitivo. Cuánto ganes dependerá de varios factores; como su nivel de experiencia, la industria en la que trabaja y si es un trabajador independiente o un empleado de tiempo completo. Su capacidad para establecer contactos y venderse a sí mismo, por supuesto, también será un factor importante.

Las industrias que utilizan drones de forma extensiva, como el cine y la televisión, suelen pagar tarifas por hora más altas que otros sectores. Sin embargo, el salario promedio de los drones depende de las habilidades y la experiencia de los operadores de VANT.

¿Quién emplea pilotos de drones?

Una de las preguntas más comunes que hacen los aspirantes a pilotos de drones es quién contrata a los operadores de drones. La respuesta, simplemente, es casi cualquiera que quiera usar drones para un trabajo o propósito comercial.

Ciertas industrias dependen más que otras de los pilotos de vehículos aéreos no tripulados (VANT). Industrias como la agricultura y la construcción tienen una gran demanda de servicios de vuelos comerciales, mientras que sectores como el cine y la televisión dependen en gran medida de los pilotos de vehículos aéreos no tripulados para fotografía y videografía aérea.

Muchos pilotos de VANT eligen trabajar como autónomos, ofreciendo sus servicios a diferentes empresas o clientes proyecto por proyecto. Otros optan por un empleo de tiempo completo, ya sea como empleados de empresas de pilotaje de drones o empresas que son lo suficientemente grandes como para contratar a sus propios pilotos de vehículos aéreos no tripulados. Una gran empresa constructora es un ejemplo de ello.

Puedes elegir entre tres caminos posibles:

Pilotos de drones empresarios
Pilotos de drones independientes
Pilotos profesionales de drones

Pilotos de drones empresarios

Estos pilotos de drones son aquellos que poseen y operan sus propios negocios. Este camino es el más adecuado para pilotos experimentados que tienen una sólida comprensión de la industria de drones y se sienten cómodos comercializando sus servicios a clientes potenciales.

Como operador de drones por cuenta propia, será responsable

de encontrar su propio trabajo y negociar sus tarifas. También deberá obtener las licencias y el seguro necesarios para su negocio.

Si bien este camino ofrece la mayor flexibilidad, también conlleva el mayor riesgo. Los operadores de drones empresarios deben sentirse cómodos con la incertidumbre y tener un fuerte espíritu emprendedor.

Pilotos de drones independientes

Los pilotos de drones independientes son aquellos que trabajan por contrato para diferentes clientes. Este camino es una buena opción para los pilotos que quieren tener más control sobre su horario de trabajo y tarifas.

Como piloto independiente de VANT, será responsable de encontrar su propio trabajo y negociar sus propias tarifas. También deberá obtener las licencias y el seguro necesarios para su negocio.

Uno de los principales beneficios de este camino es que tendrás la libertad de elegir qué proyectos emprendes y cuánto dinero ganas. Sin embargo, los pilotos independientes de VANT a menudo enfrentan desafíos cuando se trata de asegurar un trabajo constante y obtener clientes habituales.

Pilotos profesionales de drones

Los pilotos profesionales de drones se contratan principalmente como autónomos por proyecto, ya que resulta más conveniente contratar a un piloto de drones que esté disponible localmente. Hay varias redes de pilotos de VANT, que permiten a los operadores profesionales de drones registrarse, crear sus carteras y recibir pagos.

Estos portales lo ayudan a encontrar proyectos independientes de varias industrias y puede elegir según sus preferencias. El pago dependería de la experiencia y las habilidades de los operadores de drones.

¿Cuánto ganan los pilotos de drones?

Investigamos un poco sobre los salarios de los pilotos de VANT y obtuvimos algunas ideas.

Creemos que el pago es de U$S 62K a U$S 70K anuales para los empleados base.

La mayoría de las ofertas de trabajo de "Operador de vehículos aéreos no tripulados" pagan entre U$S 33,000 y U$S 40,000 por año.

Dicho esto, echemos un vistazo a los salarios de los pilotos de drones en todas las industrias.

Salario promedio de piloto de drones en todas las industrias

Salario promedio anual de piloto de drones en la industria:

Aeroespacial y Defensa U$S 84,000
Construcción U$S 79,000
Servicios Ambientales U$S 83,000
Cine y Video U$S 69,000
Mapeo y Agrimensura U$S 88,000
Bienes Raíces U$S 77,000
Transporte U$S 85,000
Todas las demás industrias U$S 89,000

Como puede ver en la tabla anterior, los pilotos de drones en la industria aeroespacial y de defensa ganan un salario promedio de U$S 84,000. Le sigue la construcción con U$S 79,000 y los servicios ambientales con U$S 83,000. La industria que paga el salario más bajo al operador de drones es la de cine y video con un promedio de U$S 69,000 por año.

Salario del operador de drones por ubicación

La ubicación del trabajo de piloto de drones también afecta el salario. Aquí hay una descripción general rápida del salario del piloto de drones por ubicación.

Salario anual de piloto de drones por ubicación

Centro U$S 87,000
Medio Oeste U$S 81,000
Norte U$S 76,000
Sur U$S 90,000

Tarifa por hora para pilotos de drones

La tarifa por hora para los pilotos de drones oscila entre U$S 40 y U$S 75. La tarifa media por hora es de U$S 60.
La siguiente tabla muestra la tarifa por hora para los pilotos de drones por nivel de experiencia.

Nivel de experiencia Tarifa por hora

Nivel de entrada U$S 40
Experimentado U$S 50
Nivel Senior U$S 75

Si está interesado en una carrera como piloto de drones, asegúrese de invertir en capacitación y certificación para aumentar su potencial de ingresos. Con muchas industrias que utilizan drones ampliamente, hay muchas oportunidades de éxito en este campo emocionante.

Salario de piloto VANT independiente vs tiempo completo

Los salarios de los pilotos autónomos de drones oscilan entre U$S 35 y U$S 150 por hora, con un salario medio de U$S 85 por hora. Por otro lado, los pilotos de drones empleados a tiempo completo ganan un promedio de U$S 80 - U$S 120 por hora con una tarifa media por hora de U$S 95.

Por lo tanto, los pilotos independientes VANT pueden ganar salarios por hora más altos que los pilotos de drones empleados a tiempo completo. Sin embargo, si prefiere trabajar como parte de un equipo y tener un ingreso más constante, un puesto de piloto de drones a tiempo completo puede ser adecuado para usted.

¿Puedes ganarte la vida como piloto comercial de drones?

A medida que la popularidad de los drones sigue aumentando, también lo hace la demanda de operadores de drones. Pero, ¿puedes ganarte la vida como operador de drones? La respuesta corta es sí, pero depende de varios factores, incluido su nivel de experiencia, la industria en la que trabaja y si es un trabajador independiente o un empleado de tiempo completo.

El salario mínimo por hora de los pilotos de drones es de U$S 20. Eso significa que el salario mínimo anual de un piloto de drones es de U$S 42,000. Pero muchos pilotos de drones ganan mucho más. En el rango superior, el salario promedio de un piloto de drones resulta ser de U$S 171,500 con un salario por hora de U$S 82. La respuesta parece bastante obvia. Ciertamente puedes ganarte la vida con un trabajo de piloto de drones.

La mayoría de los autónomos ganan alrededor de U$S 150 por hora, y los que más ganan obtienen hasta U$S 500 por hora.

¿Qué trabajos de VANT están ganando un salario superior a U$S 100K anualmente?

Algunos trabajos con drones son más lucrativos que otros.

Ingeniero Topógrafo o Cartógrafo:

La topografía con drones tiene un enorme potencial para los especialistas en SIG. Los levantamientos topográficos se pueden realizar con un dron de la misma calidad que los que se realizan con métodos tradicionales, pero en un tiempo relativamente corto. Esto reduce significativamente el gasto de una inspección del sitio, así como la carga de los profesionales de campo.

Con un salario de U$S 115,000 y una tarifa por hora de U$S 56, estos pilotos de drones tienen una gran demanda.

Fotógrafo inmobiliario:

Las casas y apartamentos con fotografías de drones tienen hasta un 68% por ciento más de probabilidades de venderse que aquellos sin fotografías.

Las imágenes aéreas permiten a los compradores una mayor percepción de la apariencia, las proporciones y el entorno de la propiedad.

Los fotógrafos aéreos de bienes raíces ganan un salario promedio de U$S 107,500 con una tarifa por hora de U$S 51.

Instructor Piloto VANT:

Como instructor de pilotos de drones, usted enseña a las personas que están dispuestas a aprender y mejorar sus habilidades operativas del mundo real y de vuelo y brinda capacitación líder en la industria, tutoría para estudiantes, orientación y experiencia en la teoría y la práctica del vuelo no tripulado.

Esta posición paga un salario anual de U$S 100,600 y un salario por hora de U$S 48.

Inspección y Monitoreo:

Para esto, se desarrolla un sistema de monitoreo basado en vehículos aéreos no tripulados para obtener tanto la cobertura de área amplia de sensores distantes como los altos niveles de detalle y precisión de inspección y monitoreo en tierra a un bajo costo.

A diferencia de los sistemas de gran altitud en satélites o aviones, el VANT se asemeja a un helicóptero, con todos los equipos de medición instalados debajo para recopilar información completa desde bajas altitudes. Aunque el levantamiento se lleva a cabo desde el aire, la resolución y la precisión son comparables a las del levantamiento y monitoreo en tierra.

Además, el VANT puede recopilar datos de forma rápida y segura para el control de la contaminación, la inspección de líneas eléctricas, la detección de incendios forestales, la inspección de vías férreas, el control de desastres, etc.

El operador de drones en este rol puede esperar un salario anual de U$S 100,600 y un salario por hora de U$S 48.

Búsqueda y rescate:

Los drones utilizados en operaciones de búsqueda y rescate son vehículos aéreos no tripulados utilizados por servicios de emergencia como bomberos, respuesta a desastres o equipos de rescate. Los VANT son útiles para proporcionar información y datos visuales en tiempo real después de desastres naturales como terremotos o huracanes. También se han convertido en una herramienta insustituible de ayuda para encontrar personas desaparecidas y perdidas.

En este rol, puede esperar un salario anual de U$S 100,000 y un salario por hora de U$S 48. Tenga en cuenta que es probable que haya otros deberes y/o requisitos asociados con este nivel de ingresos.

Cuando ocurre un desastre natural, el personal de respuesta necesita imágenes en tiempo real y otra información esencial para tomar mejores decisiones y ahorrar tiempo y costos en las misiones de búsqueda y rescate.

Como puede ver, muchos trabajos con drones pagan más de U$S 100,000 por año. Entonces, si está buscando ganarse la vida como piloto de drones, estas son algunas de las mejores posiciones para buscar.

¿Cómo puede obtener un salario más alto como piloto de drones?

Hay muchos trabajos diferentes de piloto de drones que

pueden generar un salario de seis cifras. Pero es importante recordar que la experiencia, la habilidad y la industria juegan un papel importante en cuánto puede esperar ganar como piloto de drones. Si recién está comenzando, es posible que no pueda, de hecho, probablemente no pueda obtener el mismo salario que un piloto de drones experimentado que trabaja en una industria bien remunerada.

Pero ese piloto experimentado no debe ser visto como una barrera, sino como un ejemplo de lo que es posible.

Si está buscando un mejor salario de piloto de drones, los puestos anteriores son buenos lugares para comenzar. Ya sea que esté interesado en inspeccionar paisajes remotos o inspeccionar techos para proyectos de construcción, hay muchas oportunidades en el campo de rápido crecimiento de los drones.

Si desea comenzar a ganar mucho dinero como piloto de drones, estos son los trabajos a los que debe aspirar. Con habilidades como ingeniería topográfica y cartográfica, fotografía de bienes raíces o instrucción de piloto VANT, ¡no hay límite a cuánto puede ganar en este emocionante campo!

Acelere su crecimiento con la capacitación y certificación adecuadas

Con la capacitación y la certificación adecuadas, puede convertirse en un piloto de vehículos aéreos no tripulados muy solicitado y obtener un salario competitivo.

Preguntas frecuentes

¿Son rentables los negocios de drones?

Las organizaciones están comenzando a usar drones para una variedad de propósitos, incluida la entrega de paquetes, la inspección de edificios e infraestructura, el monitoreo de cultivos y ganado, la inspección de áreas dañadas después de desastres naturales y más.

Con el enfoque correcto, las empresas de drones pueden ser muy rentables y brindar un servicio valioso a sus clientes. Entonces, si está pensando en comenzar un negocio basado en drones, es importante que investigue.

¿Hay demanda de pilotos de drones?

Research and Markets prevé una tasa de crecimiento del 51,1% en los próximos cinco años. Se espera que organizaciones como agencias de publicidad, empresas de seguridad y empresas de construcción gasten más de U$S 16 mil millones en drones durante los próximos ocho años.

Los drones aún no están completamente automatizados. La supervisión humana sigue siendo esencial para ciertas operaciones y la realización de tareas específicas. Sin mencionar que a partir de ahora, y probablemente en el futuro previsible, las reglas de la ANAC para el vuelo de drones es que haya un piloto que esté al mando del dron en todo momento.

¿Cuál es el futuro del salario del operador de drones?

El futuro parece prometedor para los pilotos de drones. Dado que se espera que la industria crezca exponencialmente en los próximos años, habrá más oportunidades para que los pilotos de drones encuentren un trabajo bien remunerado. Algunas estimaciones sugieren que la industria de los drones podría crear 100.000 nuevos puestos de trabajo en los próximos 10 años.

Entonces, si estás pensando en convertirte en piloto de drones, ahora es el momento de perseguir tus sueños. ¡Con la capacitación y la certificación adecuadas, no hay límite de cuánto puede ganar como operador de drones!

A medida que más industrias invierten en drones, está claro que los pilotos de drones están bien posicionados para tener éxito en la economía actual. Entonces, ¿por qué no considerar una carrera como operador de drones?

¿Los pilotos de drones ganan buen dinero?

Existe cierto debate entre los expertos sobre si los pilotos de drones ganan un buen dinero o no. Según algunas fuentes de la industria, una carrera como piloto de drones puede ser bastante lucrativa. A menudo puede ganar salarios de seis cifras con solo unos pocos años de experiencia y sólidas habilidades técnicas.

Dicho esto, hay muchos factores que pueden afectar el potencial de ingresos de un piloto de drones. Estos incluyen: el tamaño y el tipo de negocio, así como las diferencias regionales en el pago.

A pesar de estos desafíos, vale la pena convertirse en piloto de drones si tiene las habilidades y la motivación adecuadas. Con la creciente demanda de servicios de drones y las emocionantes perspectivas laborales, ¡hay muchas buenas razones para convertirse en piloto de drones!

¿Está buscando trabajos de VANT bien pagados que estén disponibles para operadores de drones? ¿Está interesado en conocer los trabajos de piloto de drones actualmente en demanda y lo que se necesita para conseguir uno? En este capítulo, haremos todo lo posible para responder estas preguntas y más.

Ya sea que desee seguir una carrera como piloto profesional de VANT o simplemente esté buscando un trabajo de operador de drones de nivel de entrada, hay muchas oportunidades disponibles para explorar.

Algunos de los trabajos de VANT más comunes incluyen tomas aéreas y topografía, operaciones de búsqueda y rescate, inspecciones, monitoreo de cultivos, logística de socorro en casos de desastre y muchos más.

Antes de entrar en el tipo de trabajos de piloto de drones disponibles, repasemos los conceptos básicos y comprendamos el rol, las habilidades y las certificaciones necesarias para convertirse en un piloto de drones en demanda.

¿Qué hace un operador de VANT?

Un piloto de dron es responsable de volar un dron o un vehículo aéreo no tripulado (VANT). Los drones están equipados con cámaras y otros sensores y se utilizan para diversos fines, como fotografía, topografía y mapeo con drones.

Como piloto de drones, debe estar familiarizado con los diversos controles de drones para operarlos de manera efectiva. También deberá conocer las normas que rigen el uso de drones en su área, así como los procedimientos de seguridad a seguir para evitar accidentes.

Si está interesado en seguir una carrera como operador de drones, o incluso si simplemente quiere ganar un poco de dinero extra con su dron los fines de semana, el primer paso es obtener la certificación CE-VANT emitida por la Administración Nacional de Aviación Civil. (ANAC). También debe considerar recibir capacitación formal en fotografías aéreas, videografía y/o mapeo. Una vez que tenga las habilidades necesarias, puede comenzar a buscar trabajos de VANT en su área.

Habilidades para trabajos de piloto comercial de drones

Para ser un piloto de drones exitoso, necesitará una gran competencia con la tecnología de drones, así como un buen juicio y capacidad para tomar decisiones. Deberá poder operar el dron de manera segura y comunicarse de manera efectiva con su equipo y/o clientes.

Además, es posible que también necesite certificaciones especializadas o capacitación para encontrar una carrera en trabajos de VANT, según el tipo de trabajo que esté buscando.

La tecnología de drones está en constante evolución. Por lo tanto, también debe mantenerse al día con los últimos avances y tendencias.

Si planea perseguir el lado creativo de la industria; verticales como la videografía y la cinematografía, le convendrá tener un conocimiento práctico de la edición.

¿Qué profesión utiliza drones?

Ahora que sabe lo que se necesita para ser un operador de drones, es posible que se pregunte qué tipo de trabajos de operador de drones están disponibles.

Hay una variedad de trabajos de piloto de drones disponibles para usted, según sus intereses, antecedentes y habilidades.

Los puestos comunes incluyen tomar imágenes aéreas y videografías, topografía y mapeo, inspecciones aéreas, cinematografía, investigación de vida silvestre, conservación y muchos más.

Investigaciones adicionales informan que las empresas de todas las industrias gastarán más de U$S 16 mil millones en drones y servicios de drones. Esto actuará como un catalizador en el crecimiento del mercado de servicios de drones, creando 100.000 nuevos puestos de trabajo para 2025.

No importa cuáles sean sus objetivos, hay muchas oportunidades disponibles para usted. Exploremos las opciones de trabajo de VANT disponibles para usted y comience su viaje hacia una carrera exitosa como piloto de drones.

1. Trabajos de operador de drones en bienes raíces

Es una de las industrias más comunes que emplean pilotos de drones. La fotografía y la videografía aéreas son esenciales para la comercialización de propiedades, y los drones brindan una perspectiva única que puede hacer que los listados se destaquen.

Un solo piloto de dron que trabaja como autónomo puede capturar fotografías aéreas y videos de una propiedad en venta, que el agente de bienes raíces usará en marketing y promoción.

Como piloto de drones en este campo, deberá poder volar y grabar videos o fotografías.

Para unirse a este campo, debe tener experiencia en fotografía o videografía, así como experiencia en el vuelo de drones. Con las habilidades y la capacitación adecuadas, puede ofrecer sus servicios a los clientes y ayudar a comercializar sus propiedades de manera efectiva.

El Mejor Software para Drones para Trabajar en Bienes Raíces

Hay una amplia gama de software disponible para usted en este campo, dependiendo de sus necesidades y preferencias. Algunas opciones populares incluyen Pix4D, DroneDeploy y 3DR Site Scan.

Cada software ofrece diferentes funciones y capacidades, por lo que querrá investigar un poco y encontrar el que mejor se adapte a sus necesidades.

Al elegir un software para el trabajo con drones, es importante tener en cuenta factores como la facilidad de uso, la compatibilidad con el dron y la cámara, y la gama de funciones que se ofrecen.

Con el software adecuado, puede capturar fácilmente impresionantes videos y fotos aéreas para sus clientes, lo que facilita la comercialización de propiedades y la conexión con compradores potenciales.

¿Cuánto dinero puedes ganar como piloto de drones en la industria de bienes raíces?

La cantidad de dinero que puede ganar como piloto de drones en esta industria dependerá de varios factores, incluido su nivel de experiencia, habilidades y los tipos de clientes con los que trabaja.

Por ejemplo, los pilotos de drones de nivel de entrada pueden cobrar tarifas más bajas u ofrecer sus servicios de forma independiente. Por otro lado, los pilotos más experimentados pueden ganar un salario más alto o trabajar para empresas establecidas.

En esta industria, el piloto de drones puede ganar un salario anual promedio de U$S 70,000.

Tipos de drones de trabajo inmobiliario para los que se utilizan

Hay una amplia gama de misiones que los pilotos de VANT suelen volar, como:

Listados de propiedades
Complejos y centros comerciales
Cursos de golf

Como piloto de drones, tendrás la oportunidad de trabajar en una amplia gama de trabajos diferentes para tus clientes, brindándote la flexibilidad y la experiencia que necesitas para tener éxito.

2. Campo de construcción para operadores de drones

Un informe reciente encontró que la industria de la construcción representa el pastel más grande del mercado de drones comerciales.

El uso de drones en la construcción ha aumentado exponencialmente en pocos años, convirtiendo a esta industria en una de las más rápidas en el uso de drones comerciales.

Y hay muchas razones por las cuales.

Un proyecto de construcción comercial típico se retrasa 20 meses y se infla casi un 80%.

El uso de drones en la construcción está aportando considerables ventajas a las empresas del sector.

Los operadores de vehículos aéreos no tripulados están ayudando a estas empresas a ahorrar cantidades significativas de dinero mediante la realización de encuestas que les ayudan a monitorear varios elementos de sus funciones, desde el volumen y la ubicación de las reservas hasta el progreso del desarrollo del proyecto en ubicaciones remotas y los problemas críticos de seguridad del sitio. El beneficio de ahorro de costos que se obtiene con el uso de drones en la industria de la construcción es increíble.

La industria de la construcción ha abierto algunas oportunidades realmente interesantes para unirse a los operadores de VANT, tales como:

Selección del sitio: puede volar a un sitio potencial para obtener la vista más actualizada de la propiedad y ayudar con la selección y planificación del sitio.

Reuniones de zonificación: Las reuniones de zonificación pueden ser una tarea difícil y pueden causar retrasos no deseados. Puede usar datos de drones y enviarlos a la junta de zonificación, acelerando así el proceso.

Protección Legal y Documentación: Puedes documentar las condiciones de las carreteras creando un mapa o haciendo un video. De esa manera, el equipo de construcción conoce el sitio antes de que aparezcan los camiones y el equipo pesado.

Supervisión y gestión de la construcción: los contratistas de la construcción pueden obtener los mapas de alta resolución más actualizados de sus sitios de trabajo para una mejor supervisión y gestión general del sitio.

Progresión de la construcción: puede importar el plano del sitio más actualizado al mapa del dron y comparar los diseños con la realidad, tanto en 2D como en 3D. Esto puede ayudar a las empresas de construcción a realizar un seguimiento preciso del progreso real de la construcción. También es una excelente manera de mantener a las partes interesadas, como los inversores, al tanto del progreso.

Una empresa de construcción puede inspeccionar una región enorme con un dron, procesar los datos con un software especializado y determinar dónde están todos sus materiales o dónde se puede estar retrasando el trabajo.

Los drones también se pueden usar para ayudar a planificar proyectos: una empresa de construcción podría aprender dónde puede o no puede construir usando datos aéreos. Es posible que esta información no sea tan precisa sin un dron, ya que debe ser recopilada manualmente por topógrafos u otro personal que recorra todo el sitio a pie, lo que requiere mucho tiempo y es menos preciso. Los drones pueden recopilar información de manera más rápida y segura que los humanos porque pueden cubrir áreas más grandes de manera más eficiente y efectiva.

Los drones se utilizan para una variedad de tareas en la industria de la construcción, como inspecciones de sitios, monitoreo de progreso e inspecciones de seguridad. Los drones se utilizan ampliamente en la industria de la construcción para aplicaciones tales como topografía y mapeo aéreos, progreso de la construcción, inspección de seguridad y calidad, logística de campo y monitoreo del progreso.

El mejor software para drones en la construcción es el que es fácil de usar y proporciona las funciones que necesita.

Algunas de las aplicaciones de software líderes en el mercado incluyen Pix4Dcapture, DJI Terra, Propeller, Pix4Dmapper, DroneDeploy y Site Scan.

Estos programas de software están diseñados para facilitar la captura de imágenes y datos de alta calidad que se pueden utilizar para una variedad de propósitos.

¿Cuánto dinero puedes ganar como piloto de drones en la construcción?

El salario anual promedio de un piloto de drones en la industria de la construcción es de U$S 79,000. Mientras que el salario de un piloto de drones en la construcción también depende de factores como la experiencia, el nivel de habilidad y el tipo de trabajo que realiza.

La tarifa por hora comienza en U$S 50 / hora para un piloto de nivel principiante y va desde U$S 250 / hr a U$S 500 / hr para un piloto de drones altamente calificado que ofrece entregas más complejas.

Tipos de trabajos de construcción para los que se utilizan los drones

Los pilotos de vehículos aéreos no tripulados que trabajan en la construcción suelen volar en una variedad de misiones diferentes, incluidas las inspecciones de la tierra antes de la construcción, los posibles puntos de drenaje y otros factores para determinar los mejores lugares para construir, excavar o almacenar materiales.

Este tipo de misiones requieren que los operadores de vehículos aéreos no tripulados tengan un conocimiento sólido de las normas de la industria y las mejores prácticas en lo que respecta a la recopilación de datos aéreos.

Ya sea que esté trabajando para una gran empresa o una pequeña empresa nueva, hay mucha demanda de pilotos de vehículos aéreos no tripulados en esta industria.

3. Trabajos de operador de drones en minería y agregados

Los drones también están desempeñando un papel en la industria minera, donde se utilizan para tareas como mapeo, topografía e inspecciones de seguridad.

En la industria de los áridos, los drones se utilizan para tareas como la gestión de existencias, el seguimiento del progreso y el control de calidad.

Una empresa minera o de agregados podría ver qué ubicaciones son mejores o peores para excavar y almacenar materiales utilizando un mapa 3D generado a partir de datos aéreos.

Un dron puede recopilar la misma cantidad de datos en menos de 20 minutos que una persona a pie requeriría horas para lograrlo. Además, los drones eliminan la necesidad de que el personal vaya a lugares potencialmente peligrosos para recopilar datos.

Los beneficios de usar drones en estas industrias incluyen mayor eficiencia, costos reducidos y seguridad mejorada.

Las empresas de las industrias de minería y agregados están comenzando a darse cuenta del potencial de los drones y los están utilizando de diversas maneras.

El mejor software para drones en minería y agregados es el que es fácil de usar y proporciona las funciones que necesita.

Algunos de los mejores software del mercado incluyen Delair.ai, Pix4Dmapper, DroneDeploy y Site Scan.

¿Cuánto dinero puedes ganar como piloto de drones en minería o agregados?

El salario de un piloto de drones en minería o agregados puede variar según la experiencia, el nivel de habilidad y el tipo de trabajo que realiza.

Los operadores de VANT pueden ganar entre U$S 50 y U$S 500 o más por hora, según el trabajo, la ubicación y el nivel de habilidad requerido del operador del dron. Algunos operadores de drones en estas industrias pueden incluso ganar más de U$S 100,000 por año.

Tipos de trabajos de construcción, minería o agregados para los que se utilizan los drones

Los operadores de VANT que trabajan en minería o agregados suelen volar en una variedad de misiones diferentes, que incluyen inspecciones de sitios, monitoreo de progreso e inspecciones de seguridad.

En la medición de acopios de tierra, arena, arcilla u otros materiales agregados.

Supervisión del progreso: fotos, videos y mapas para mostrar cuánto trabajo se ha realizado en un sitio.

Con la capacitación y la experiencia adecuadas, puede convertirse en un activo valioso en cualquier equipo de minería o agregados.

4. Trabajos de operador de drones en el cine

El uso de drones en la realización de películas se ha vuelto cada vez más popular en los últimos años. Simplemente porque ofrecen una perspectiva única que puede dar vida a cualquier secuencia de película.

Los drones son significativamente más asequibles que los helicópteros, además de más versátiles. Los drones no tienen los mismos gastos operativos o de seguro que los helicópteros. Además, el uso de drones en lugar de helicópteros supone eliminar el riesgo de lesiones para los pilotos. Todo esto significa que cada vez hay más trabajo para los operadores de VANT en la industria cinematográfica.

Según los operadores de drones que trabajan en la industria cinematográfica, la mayoría del trabajo cinematográfico disponible para los operadores de drones será para proyectos específicos en los que se podría contratar a un piloto de drones para capturar una toma aérea de una secuencia de persecución o un lugar, pero no mantenerse en el personal a lo largo de un rodaje.

Los drones se pueden usar para una variedad de propósitos diferentes en la realización de películas, como establecer tomas, seguir la acción y capturar imágenes aéreas. El uso de drones para la exploración de ubicaciones también se está volviendo cada vez más popular.

El desarrollo de servicios y aplicaciones que involucran drones se ha promovido en gran medida con el crecimiento de la industria de vehículos aéreos no tripulados. Además, muchas industrias, como la industria del entretenimiento, utilizan drones para realizar tareas que son difíciles o inseguras de realizar con métodos convencionales.

Tipos de trabajos cinematográficos para los que se utilizan los drones

Hay una variedad de diferentes tipos de misiones que los pilotos de VANT pueden volar en la industria cinematográfica.

Algunos tipos de misiones comunes incluyen imágenes aéreas y videografía, tomas cinematográficas y vigilancia.
La fotografía aérea generalmente implica tomar fotografías o videos de una ubicación específica desde un dron.
Las tomas cinematográficas implican capturar imágenes artísticas más complejas con un dron.
Imágenes aéreas para escenas de persecución, escenas de lucha y otras secuencias de acción
Como piloto de drones que trabaja en la industria cinematográfica, es importante estar familiarizado con todas estas áreas del trabajo con drones y sentirse cómodo volando su dron en diferentes condiciones y escenarios.

Si buscas trabajar en la industria cinematográfica como piloto de drones, es importante elegir un dron que se ajuste a tus necesidades.

Hay una variedad de opciones de software disponibles para los pilotos de vehículos aéreos no tripulados que buscan trabajar en la industria cinematográfica.

Algunas herramientas de software recomendadas para los operadores de VANT incluyen Adobe After Effects, Final Cut Pro, Premiere Pro de Adobe y DroneDeploy.

Estas herramientas ofrecen funciones avanzadas para editar y posprocesar imágenes de su dron, así como capacidades avanzadas de mapeo y procesamiento de imágenes.

Además, muchas de estas herramientas de software ofrecen tutoriales y recursos útiles para ayudarlo a aprender las habilidades necesarias para tener éxito en este campo.

¿Cuánto dinero puedes ganar como piloto de drones en la industria cinematográfica?

Los salarios de los pilotos de drones que trabajan en la industria cinematográfica pueden variar ampliamente según muchos factores, incluido su nivel de experiencia, el tipo de trabajo que realiza y la empresa o el estudio con el que trabaja.

Puede esperar entre U$S 200 y U$S 500 por hora, según el trabajo y el tipo de trabajo, mientras que el salario promedio de un piloto de drones en la industria cinematográfica es de U$S 69,000.

Sin embargo, los salarios pueden variar según el trabajo específico de piloto de drones que esté buscando.

Por ejemplo, los operadores de VANT que trabajan como autónomos pueden tener el potencial de ganar más dinero que aquellos que están empleados por una empresa o estudio específico.

Además, los operadores de drones que tienen más experiencia o que están trabajando en proyectos más grandes también pueden tener el potencial de ganar más. Otra cosa a tener en cuenta es que los operadores de drones pueden incluir una "tarifa de alquiler" en su contrato como otra fuente de ingresos. Esta es una tarifa que se cobra a la productora por el uso del equipo del piloto.

Si está interesado en seguir una carrera como piloto de drones en la industria cinematográfica, es importante que investigue los salarios promedio de los pilotos de drones para que pueda establecer expectativas realistas para sus ganancias.

5. Trabajos de operador de drones en seguridad pública

Los drones se han convertido en una herramienta cada vez más valiosa para los funcionarios de seguridad pública, ya que pueden usarse para una variedad de propósitos, como operaciones de búsqueda y rescate, extinción de incendios, logística de socorro en casos de desastre y mucho más.

Para ser un piloto de drones exitoso en seguridad pública, necesita fuertes habilidades de comunicación y debe estar familiarizado con las últimas tecnologías y regulaciones relacionadas con los drones. También debe equiparse con procedimientos de seguridad para volar drones en situaciones de alto riesgo.

Algunos posibles títulos de trabajo de VANT para operadores de drones en seguridad pública incluyen operadores de drones de búsqueda y rescate, pilotos de drones de socorro en casos de desastre o pilotos de drones de conservación de vida silvestre. Muchos de estos son a tiempo parcial dependiendo de cuándo surja la necesidad, pero pueden ser gratificantes tanto financiera como emocionalmente.

Las fuerzas del orden también han utilizado drones para crear mapas en 3D de ubicaciones de alto tráfico, que pueden utilizarse para ayudar con la evacuación durante una crisis, como un escenario de tirador activo.

Tanto los departamentos de policía como los de bomberos utilizan drones después de desastres naturales, como inundaciones o huracanes, para ubicar a las personas que necesitan asistencia y comprender el alcance del daño para que puedan dirigir mejor sus recursos a las áreas que más los necesitan.

Los bomberos usan drones para mejorar su conocimiento de la

situación durante los incendios. También utilizan drones para crear mapas ortomosaicos de escuelas locales y otros edificios/ instalaciones donde podría producirse un incendio, lo que les permite ver dónde están todos los puntos de salida en caso de incendio.

La capacidad de usar drones en seguridad pública puede variar considerablemente según el propósito.

Para comenzar en este campo, es posible que deba completar programas de capacitación o certificación especializados. Desea aprender las habilidades y la información necesarias para trabajar con drones en seguridad pública. Es útil tener algo de experiencia en una industria relacionada.

Hay muchos tipos diferentes de software disponibles para los pilotos de VANT, según sus necesidades específicas.

Si está interesado en el trabajo de seguridad pública, hay algunos programas de software que pueden ser particularmente útiles, como DJI Terra, Pix4D Mapper, DJI GS Pro, Agisoft y DroneDeploy, etc.

DroneDeploy es ideal para aplicaciones de seguridad pública e incluye funciones como mapeo y capacidades de modelado 3D.

Con el software adecuado, puede administrar y analizar de manera efectiva los datos de su dron, asegurándose de tener la información que necesita para tomar decisiones informadas en situaciones de alta presión.

¿Cuánto dinero puedes ganar como piloto de drones en seguridad pública?

Existe un gran potencial para que los operadores de VANT en el campo de la seguridad pública obtengan buenos ingresos.

Si bien los salarios variarán según su función y responsabilidades específicas, normalmente puede esperar ganar un salario anual de U$S 40,000- U$S 100,000 por año como piloto de drones de seguridad pública.

Hay una variedad de diferentes tipos de misiones que los operadores de VANT en seguridad pública suelen volar. Algunos de los tipos de misiones más comunes incluyen:

Mapeo de la escena del crimen
Operaciones de búsqueda y rescate
Investigación de accidentes y gestión del tráfico.
Las secuelas de un desastre
Servicios de emergencia

Los drones en la industria de la seguridad pública generalmente se usan en varias misiones, que incluyen:

Operaciones de búsqueda y rescate:

Uno de los tipos más comunes de misiones que realizan los pilotos de vehículos aéreos no tripulados de seguridad pública son las operaciones de búsqueda y rescate. En estas situaciones, los drones se pueden utilizar para localizar de forma rápida y eficaz a personas desaparecidas en zonas de difícil acceso.

Los drones equipados con cámaras termográficas permiten a los pilotos de vehículos aéreos no tripulados localizar a las personas desaparecidas incluso en condiciones de oscuridad, niebla o cualquier otra dificultad.

Logística de socorro en casos de desastre:

Otro tipo de misión común para los operadores de VANT de seguridad pública es la logística de socorro en casos de desastre. En estas situaciones, los drones pueden usarse para transportar suministros y equipos a áreas que han sido afectadas por un desastre natural.

Esto puede ser particularmente valioso en situaciones donde las carreteras y otras infraestructuras han sido dañadas o destruidas, haciendo que los métodos tradicionales de transporte sean inaccesibles.

Conservación de vida salvaje:

Además de las operaciones de búsqueda y rescate y la logística de socorro en casos de desastre, otro tipo común de misión que realizan los operadores de VANT de seguridad pública es la conservación de la vida silvestre.

Los drones se pueden usar para hacer mapas detallados de hábitats naturales, rastrear poblaciones de animales, identificar actividades ilegales de caza furtiva y más.

6. Empleos de Operador de Drones en Seguros

Las compañías de seguros utilizan cada vez más los drones de muchas maneras diferentes.
Por ejemplo, las compañías de seguros están utilizando drones para crear mapas de propiedades en 3D. Esto les ayuda a evaluar el riesgo y calcular las primas con mayor precisión.

Las compañías de seguros suelen recibir varios reclamos de seguros por daños en el techo después de un clima severo en un lugar específico.

Para evaluar estos reclamos, las compañías de seguros generalmente han tenido que enviar a un inspector o ajustador de seguros que va físicamente al lugar, sube una escalera y fotografía cada techo por el cual se ha presentado un reclamo.

Un piloto de drones puede tomar fotografías de un techo dañado en 20 a 30 minutos y obtener todas las imágenes necesarias para evaluar un reclamo de seguro después de volar un patrón previamente planificado sobre él con un VANT.

Este tipo de trabajo es simple y de gran demanda, ya que es una alternativa rápida y rentable a las inspecciones manuales.

El uso de drones en la industria de seguros aún se encuentra en sus primeras etapas. Sin embargo, se espera que el uso de los servicios de drones continúe aumentando en los próximos años, brindando muchos beneficios tanto para las compañías de seguros como para los clientes.

Se puede utilizar una variedad de herramientas y plataformas de software para ayudar a los operadores de VANT a trabajar de manera más eficiente y efectiva en la industria de seguros.

Las mejores opciones incluyen Pix4D y DroneDeploy.

Pix4D es una poderosa herramienta de software de mapas que permite a los usuarios crear mapas y modelos 3D de alta calidad.

DroneDeploy es un popular software de mapeo de drones que ofrece una interfaz fácil de usar y funciones avanzadas que ayudan a los usuarios a crear mapas detallados y modelos 3D.

¿Cuánto dinero puedes ganar como piloto de drones en el campo de los seguros?

En general, los pilotos VANT que recién comienzan pueden esperar ganar un salario promedio por hora de entre U$S 60 y U$S 200, según sus habilidades y experiencia.

Sin embargo, los pilotos de VANT experimentados con habilidades especializadas pueden ganar salarios significativamente más altos y también pueden ser elegibles para incentivos o bonificaciones basados en el desempeño.

Hay muchos tipos diferentes de misiones que los operadores de VANT suelen volar en la industria de seguros.

Algunos de los tipos más comunes de misiones incluyen la evaluación de daños, la inspección de propiedades con el fin de documentar el riesgo y/o un activo, el mapeo e incluso algunos levantamientos.

Las misiones de evaluación de daños implican volar drones sobre un área que ha sido dañada por un desastre natural o un accidente, como un incendio forestal, un huracán o una tormenta severa.

Las misiones de inspección de propiedades implican volar drones sobre edificios, casas y otros tipos de propiedades para evaluar los daños y crear informes detallados para las compañías de seguros.

Las misiones de mapeo implican el uso de software de imágenes de drones especializado para crear mapas de alta calidad y modelos 3D que las compañías de seguros pueden usar para evaluar el riesgo y el valor de las propiedades.

Las misiones topográficas implican volar drones sobre grandes áreas para recopilar datos que se pueden utilizar para actividades topográficas y de planificación de terrenos.

En general, los pilotos de VANT desempeñan un papel importante en la industria de seguros al ayudar a las empresas a evaluar daños, inspeccionar propiedades y recopilar datos valiosos en una variedad de áreas diferentes.

7. Trabajos de operador de drones en periodismo

Los drones se utilizan en el periodismo para brindar otra perspectiva sobre una historia, ya que las imágenes fijas aéreas y las secuencias de video pueden agregar más detalles y dramatismo a la cobertura de noticias.

Las imágenes de drones pueden ofrecer una perspectiva única que los métodos tradicionales de fotografía y videografía no pueden. Se puede utilizar para capturar imágenes y secuencias que de otro modo serían inaccesibles.

Los drones se han convertido en una herramienta frecuente en el periodismo.

Las tomas aéreas tomadas por drones nos permiten comprender las noticias a un nivel completamente nuevo, como cómo una inundación ha dañado un área o el tamaño de una multitud o la amplitud de un incendio forestal.

Una cosa a tener en cuenta sobre el uso de drones para el periodismo es que existe una amplia gama de aplicaciones y grados de calidad requeridos. Tener la cámara más avanzada disponible puede no ser tan crucial para las últimas noticias o la cobertura de desastres como tener las imágenes en primer lugar.

Por otro lado, si está tratando de capturar una imagen fija artística para una narración más larga basada en video que ayudará a cubrir, es posible que desee un dron más costoso con una carga útil personalizable. De esa manera, puede conectar su propia cámara de gama alta y obtener las mejores tomas posibles.

Los drones se han convertido rápidamente en una herramienta importante para los periodistas, proporcionando una nueva forma de capturar eventos e historias de interés periodístico. Las habilidades requeridas para operar drones en el periodismo también varían según el escenario específico. Si eres un realizador de documentales, es posible que necesites una experiencia considerable en fotografía y videografía, por ejemplo.

¿Cuánto dinero puedes ganar como piloto de drones en periodismo?

Los salarios iniciales de los estudiantes de periodismo son de unos 35.000 dólares al año en promedio.

Por supuesto, la cantidad que ganará en periodismo está determinada por una variedad de factores, incluido el lugar donde vive y su nivel de experiencia. Una ciudad grande generalmente pagará más que una más pequeña.

En general, los pilotos de VANT en la industria del periodismo pueden esperar ganar un salario anual de U$S 53,000 con una experiencia mínima de 2 a 3 años.

Por supuesto, los salarios variarán según su experiencia, habilidades y la industria específica en la que esté trabajando.

Para maximizar sus ganancias como piloto de drones, es importante adquirir la mayor experiencia posible y actualizar continuamente sus habilidades.

También es importante establecer contactos con otros profesionales en su industria, ya que esto puede ayudar a abrir nuevas oportunidades de trabajo como piloto de drones y aumentar su potencial de ingresos.

Con trabajo duro y dedicación, puedes convertirte en un exitoso piloto de drones en el campo del periodismo y ganar un salario altamente competitivo.

Tipos de trabajos periodísticos para los que se utilizan los drones
Hay una variedad de diferentes tipos de misiones que los pilotos de VANT pueden volar en la industria del periodismo. Algunos de los tipos más comunes de misiones incluyen:

Filmar desastres: incendios, inundaciones, tormentas, huracanes, tornados y otras calamidades.
Responsabilidades de vigilancia
Soporte de mapeo
Informes EN VIVO de tiroteos, tomas de rehenes, edificios derrumbados y otros eventos en vivo. Estos escenarios pueden ser de naturaleza bastante delicada y requieren que el piloto tenga cuidado y posiblemente discreción al filmar en estos entornos.
Informes de tráfico
Fotoperiodismo: capturar imágenes fijas y videos de alta calidad con el fin de contar una historia visual.

8. Trabajos de operador de drones en agricultura

Según la Asociación Internacional de Sistemas de Vehículos

No Tripulados (AUVSI), se espera que la industria agrícola sea el mercado más grande para las aplicaciones de drones en los próximos años.

Como piloto de drones en la industria agrícola, deberá estar familiarizado con las diversas herramientas y recursos de software utilizados para el análisis y la gestión de datos. También necesitará sólidas habilidades técnicas, así como buen juicio y capacidad para tomar decisiones cuando se trata de identificar posibles problemas o peligros en los cultivos.

Un mapa de índice de vegetación de diferencia normalizada, a menudo conocido como mapa NDVI, es uno de los resultados más comunes que un piloto de dron proporciona a un agricultor. Estos mapas se pueden usar para identificar qué planta está creciendo en qué lugar de una propiedad y también qué tan bien le está yendo a cada una.

Si está interesado en trabajar en la industria agrícola, hay una variedad de trabajos de piloto de drones disponibles para usted.

Puede trabajar como operador de drones para una granja o rancho, o puede brindar servicios de consultoría a empresas agrícolas.

También podría iniciar su propio negocio basado en drones, ofreciendo servicios como mapeo de cultivos, exploración o monitoreo.

La industria agrícola es uno de los mercados más prometedores para los operadores de VANT, y hay muchas oportunidades disponibles para aquellos con las habilidades y la capacitación adecuadas.

¿Cuánto dinero puedes ganar como piloto de drones en la industria agrícola?

El salario de los pilotos de vehículos aéreos no tripulados

que trabajan en la industria agrícola variará según una serie de factores, incluido su nivel de experiencia y capacitación, el tamaño y el tipo de empresa para la que trabaja y sus responsabilidades laborales específicas.

Puede esperar una tarifa promedio por hora de U$S 160 / hr en la industria agrícola.

Si desea hacer una carrera lucrativa como piloto de drones, entonces no hay mejor campo que la agricultura. Con las habilidades y la capacitación adecuadas, puede disfrutar de una carrera exitosa y gratificante en esta industria en crecimiento.

Tipos de trabajos agrícolas para los que se utilizan los drones
Hay una serie de diferentes tipos de misiones que los operadores de VANT suelen realizar en la industria agrícola, incluida la exploración de cultivos, el mapeo de cultivos y el monitoreo de ganado.

La exploración de cultivos implica volar sobre los campos para identificar posibles problemas o peligros, como infestaciones de plagas o enfermedades, deficiencias de nutrientes, estrés de las plantas u otras preocupaciones.
El mapeo de cultivos implica el uso de imágenes de drones para crear mapas detallados de la salud y el rendimiento de los cultivos, lo que puede ayudar a optimizar la gestión de la tierra y mejorar los rendimientos.
El monitoreo del ganado implica el uso de drones para realizar un seguimiento de la actividad y el comportamiento del ganado, como los patrones de pastoreo o el estrés por calor en los animales.
Monitoreo del riego: los drones con cámaras térmicas instaladas pueden ayudar a identificar problemas de riego o áreas que reciben muy poca o demasiada agua.
Análisis de suelo y campo: es factible detectar la calidad del suelo, el manejo de nutrientes y las zonas muertas del suelo

usando mapas 3D de los suelos existentes.

Estos datos se pueden utilizar para calcular los patrones de plantación, el uso del agua y la gestión de nutrientes más efectivos.

9. Trabajos de operador de drones en energía

Los drones son una tecnología innovadora en el campo de las inspecciones de líneas eléctricas y paneles solares para empresas de energía.

Para los profesionales de la energía que buscan utilizar sistemas de drones en su trabajo, hay muchas oportunidades disponibles. Los operadores de VANT pueden ser empleados por empresas de la industria energética para realizar una variedad de tareas, como fotografías y videografías aéreas, topografía y mapeo, monitoreo de tuberías, logística de limpieza de derrames de petróleo y más.

Para realizar este tipo de trabajo como piloto de drones, necesitará experiencia técnica en líneas eléctricas, paneles solares y otras inspecciones de infraestructura relacionadas con la energía. En general, estas inspecciones se realizan para identificar las regiones que requieren mantenimiento, de modo que las dificultades puedan detectarse a tiempo y abordarse, pero nuevamente, a medida que avanza el software, este conocimiento puede volverse menos vital.

Para las inspecciones de líneas eléctricas, se requiere conocimiento de termografía aérea. La interferencia magnética generada por las líneas eléctricas también puede afectar su controlador de vuelo y dificultar el vuelo. Al realizar inspecciones aéreas, se debe mantener una distancia segura de al menos 30 metros de cualquier línea eléctrica y, si es posible, se debe evitar volar entre líneas eléctricas.

Para tener éxito como piloto de drones en la industria energética, necesitará sólidas habilidades técnicas y un alto nivel de competencia con la tecnología VANT. Además, es posible que también necesite certificaciones o capacitación especializada según el tipo de trabajo que esté realizando.

Independientemente de las herramientas o el software específicos que elija, invertir en sistemas de drones de alta calidad puede ayudarlo a lograr el éxito como piloto de drones en la industria energética.

¿Cuánto dinero puedes ganar como piloto de drones en la industria energética?

El rango de salario para los pilotos de VANT que trabajan en la industria energética varía según una serie de factores, incluido su nivel de experiencia, funciones laborales específicas y más.

Sin embargo, la mayoría de los pilotos de VANT pueden esperar ganar entre U$S 70,000 y U$S 100,000 por año o más, según sus habilidades, experiencia y ubicación.

Tipos trabajo con drones en el sector energético:

Hay muchos tipos diferentes de trabajo que los pilotos de VANT pueden hacer en la industria energética.
Para tener éxito en las misiones de drones relacionadas con la energía, es importante estar orientado a los detalles, ser eficiente y consciente de la seguridad. Algunos ejemplos de trabajos relacionados con drones incluyen:

Inspecciones de paneles solares: búsqueda de fallas o daños en los paneles solares mediante termografía aérea.
Aerogeneradores: uso de datos aéreos para evaluar el estado de los aerogeneradores.
Líneas eléctricas: búsqueda de líneas eléctricas cortadas o dañadas utilizando datos aéreos.
Tuberías—Encontrar fugas o grietas en tuberías utilizando datos aéreos.
Inspeccionar estaciones, vigas de apoyo y otra infraestructura asociada a los elementos antes mencionados utilizando datos

aéreos.

10. Empleos de Operador de Drones en Telecomunicaciones

En el sector de las telecomunicaciones, los operadores de drones están revolucionando los procedimientos de inspección al realizar estudios e inspecciones de torres en una fracción del tiempo que se tarda en enviar a una persona a una torre, lo que hace que el proceso sea más rentable y seguro.

El uso de drones en la industria de las telecomunicaciones está creciendo rápidamente. Los drones se utilizan para una variedad de tareas, como la inspección de torres celulares, el mantenimiento de redes y la instalación de equipos.

AT&T ha estado empleando drones para inspecciones de torres de telefonía celular desde hace un tiempo, y Verizon ve mucho potencial en el sector de drones que compraron Skyward, una empresa de drones, en 2017.

Es vital comprender qué verificar al realizar estas inspecciones y encuestas de torres.

La radiación electromagnética emitida por las torres de comunicación puede hacer que su dron se estrelle si vuela demasiado cerca (es decir, a menos de 30 metros). Es importante ser un piloto altamente competente y poder tomar fotos desde una gran distancia (usando el zoom) para poder trabajar como operador de drones de telecomunicaciones.

Una de las principales ventajas del uso de drones para telecomunicaciones es que permite a los trabajadores acceder a zonas de difícil acceso sin ponerse en peligro. Por ejemplo, en lugar de escalar una torre celular para inspeccionarla en busca de daños, se puede usar un dron para hacer el mismo trabajo de manera rápida y segura.

Además, los drones se pueden usar para transportar piezas y equipos pequeños a ubicaciones remotas, lo que ahorra tiempo y dinero.

A medida que el uso de drones en la industria de las telecomunicaciones siga creciendo, habrá una creciente demanda de operadores de drones calificados.

Con la combinación correcta de experiencia técnica y habilidades de comunicación, puede construir una carrera exitosa como piloto de drones en la industria de las telecomunicaciones.

Ya sea que esté interesado en la gestión de muelles, los servicios de emergencia o la protección de los recursos ambientales, hay muchas oportunidades interesantes disponibles para los pilotos de VANT como usted en la industria de las telecomunicaciones.

11. Campo educativo para operadores de drones

Como piloto de drones, tienes la oportunidad única de utilizar tus habilidades y conocimientos para tener un impacto positivo en la educación. Ya sea que esté apoyando el aprendizaje en el aula con nueva tecnología o realizando investigaciones que mejoren nuestra comprensión de las prácticas y tendencias educativas, los pilotos de vehículos aéreos no tripulados pueden contribuir a esta industria de muchas maneras.

Los vehículos aéreos no tripulados se pueden utilizar de diversas maneras y se pueden utilizar para abordar una amplia gama de temas de instrucción que se adaptan a los intereses del instructor y de los estudiantes. Se pueden instalar varios sensores en un VANT para estudiar muchas disciplinas.

En los campos de ciencia, tecnología, ingeniería y matemáticas (CTIM), ha crecido el uso de vehículos aéreos no tripulados (VANT). Esto implica que la formación en VANT debería incorporarse a la educación CTIM a un ritmo mayor.

Algunas funciones comunes para los operadores de drones en este campo incluyen brindar apoyo para la instrucción en el aula, realizar investigaciones sobre prácticas educativas y desarrollar nuevas aplicaciones para la tecnología VANT en esta industria.

Al seleccionar un dron para usar en este campo, es importante tener en cuenta las necesidades específicas de sus estudiantes y educadores. Algunos factores a tener en cuenta incluyen la edad de sus alumnos, el nivel de instrucción que brinda y el tipo de actividad educativa para la que utilizará el dron.

Hay una variedad de aplicaciones y recursos curriculares disponibles para los pilotos de drones que buscan usar sus habilidades.

¿Cuánto dinero puedes ganar como piloto de drones en educación?

No hay una respuesta única a esta pregunta, ya que las ganancias de los pilotos de drones en este campo pueden variar según una serie de factores.

Algunas consideraciones clave incluyen su experiencia y nivel de habilidad, el tipo de trabajo que realiza y el tamaño y las necesidades de la organización o institución en la que trabaja.

Dicho esto, muchos pilotos de drones pueden ganar un salario cómodo y disfrutar de la satisfacción de saber que su trabajo está marcando la diferencia en la vida de los demás.

Dependiendo de cuánto tiempo haya estado en su trabajo de operador de drones y dónde resida, un maestro de escuela secundaria puede ganar alrededor de U$S 40,000 por año. Podría ser más del doble si eres profesor universitario en una institución de élite.

Si está interesado en seguir una carrera como piloto de drones en esta industria, asegúrese de investigar las expectativas salariales para su nicho y ubicación en particular.

13. Construir su propio negocio de drones

Primero, deberá obtener las licencias y los permisos necesarios para operar comercialmente.

También deberá crear un plan de negocios, incluidos los objetivos, las estrategias de marketing y las proyecciones financieras. Una vez que tenga todo el papeleo necesario en orden, puede comenzar a anunciar sus servicios de drones a clientes potenciales.

Con la preparación y la planificación adecuadas, iniciar su propio negocio de drones puede ser una excelente manera de ingresar al apasionante mundo del pilotaje de drones. Investigue un poco y explore las diferentes opciones disponibles para encontrar el mejor camino para usted.

Hay una serie de pasos que puede seguir para comenzar su viaje para convertirse en piloto de drones.

Los pilotos de drones empleados por sí mismos pueden ganar entre U$S 25 y U$S 250 o más por hora, según sus habilidades, su base de clientes, la calidad del trabajo y qué tan conocida es su reputación en su industria.

Aquí hay un vistazo a siete cosas que puede hacer para comenzar con su propia empresa de servicios de drones:

1. Conozca los estándares de la ANAC para pilotos comerciales de vehículos aéreos no tripulados.

La ANAC considera que todo trabajo realizado con un dron en Argentina por cualquier tipo de compensación es comercial. Para realizar funciones de drones comerciales en Argentina, deberá obtener un Certificado de explotador de vehículo aéreo no tripulado (CE-VANT), lo que implica aprobar la Prueba de conocimientos aeronáuticos de la ANAC.

2. Conéctese con otros pilotos de drones a través de una

comunidad de drones: Estos pueden ser en línea o incluso en persona y locales dependiendo de dónde viva y vuele.

3. Conozca las muchas variedades de drones disponibles, desde modelos económicos para principiantes hasta drones de video y drones profesionales de alta gama.

4. Lea acerca de los principales negocios de drones y considere dónde sugieren sus intereses y las relaciones existentes que debe comenzar.

5. Vuela, vuela y vuela un poco más. En última instancia, cuanto mejor estés en los palos, más oportunidades tendrás.

6. Considere los diversos elementos de su negocio que deben abordarse. Todo, desde la selección de la entidad hasta las consideraciones de seguros, debe evaluarse y decidirse.

7. Identifique el nicho en el que desea trabajar, piense en cómo se verían las ventas y el marketing para su negocio de drones, y haga una planificación preliminar de la empresa, incluida la elaboración de un presupuesto inicial y la determinación de los segmentos de mercado a los que querrá dirigirse. .

Unirse a una red de pilotos de VANT es un enfoque para obtener trabajo independiente como operador de VANT.

Unirse a una red puede ser un excelente enfoque para aumentar su cartera y conocimiento: en lugar de hacer tomas gratuitas para un amigo para obtener muestras para clientes potenciales, en realidad puede recibir una compensación por hacer tomas. Este tipo de trabajo también puede ofrecerle experiencia trabajando en investigación del espacio aéreo, así como desarrollar su profesionalismo en el trabajo.

Las 7 mejores ideas y
oportunidades comerciales
nicas de drones

En este capítulo, vamos a compartir contigo las mejores ideas de negocio de drones. Si está buscando oportunidades increíbles de negocios con drones, vale la pena pensar seriamente en los drones.

Los drones o vehículos aéreos no tripulados (VANT) se están convirtiendo cada vez más en una alternativa popular en muchas industrias y verticales diferentes. A medida que surgen más y más casos de uso de drones, hay una increíble cantidad de potencial comercial esperando ser descubierto.

Aquí hay algunas ideas de negocios de drones cuidadosamente seleccionadas para considerar.

1. Negocio de fotografía de eventos con drones

La fotografía con drones se está volviendo popular con el tiempo y no hay duda de que se ha convertido en una forma popular de tomar fotos y videos en eventos.

Si es un fotógrafo creativo, puede ganar dinero agregando un negocio de fotografía de eventos basado en drones con sus ofertas.

La fotografía de eventos es una de las industrias más lucrativas para iniciar un negocio de drones. Los drones te permiten capturar eventos desde una perspectiva única. Puede obtener algunas fotos y videos sorprendentes de los eventos que no son fáciles de capturar de otra manera.

La fotografía de eventos iniciales puede ser una de las ideas comerciales de drones de inversión de bajo riesgo y alto rendimiento.

Puede comenzar tomando fotografías en bodas, festivales y

otros eventos. Puede capturar la energía y la emoción de los eventos a vista de pájaro y obtener tomas verdaderamente únicas para hacer felices a sus clientes.

2. Negocios de cursos en línea de drones

Si le apasionan los drones y operar drones, puede iniciar un negocio enseñando a otros a volar el dron. Hay muchos cursos en línea disponibles, pero siempre hay espacio para más. Simplemente porque volar drones implica muchas complejidades y desafíos.

Proporcionar un curso de enseñanza sobre cómo volar drones puede ser una de las mejores ideas de negocios de drones. O puede ayudar a los aspirantes a pilotos de drones a aprender los conceptos básicos. Incluso puedes convertirte en un entrenador de drones y ayudar a los aspirantes a pilotos a llevar sus habilidades de vuelo al siguiente nivel.

Sin lugar a dudas, personas de muchas industrias diferentes han comenzado a darse cuenta de la utilidad de los drones en sus negocios.

Crear y vender un curso en línea para educar a los aspirantes a pilotos comerciales de drones sobre todo lo que necesitan saber puede ser una forma fantástica de generar ingresos pasivos.

3. Ideas de negocio de alquiler de drones

Para muchas personas y organizaciones, comprar y administrar el inventario de drones es un dolor de cabeza. Puedes solucionar este problema con el alquiler de drones.

Alquilar drones puede ser una excelente manera de mantener abiertas sus opciones y también puede obtener un ingreso decente con ellos.

Las empresas locales a menudo buscan tecnología de drones para ayudar en sus negocios. Además de alquilar, también puede ofrecerles una oferta de un día para probar drones antes de que lleguen a un acuerdo con usted.

Puede comenzar una pequeña empresa alquilando los drones a operadores que buscan fotografiar eventos, o simplemente por diversión por una única razón.

Los drones también se alquilan a pedido con el fin de evaluar los daños causados por incidentes como robos, inundaciones y desastres naturales.

Esta es una excelente manera de ganar dinero con sus drones sin tener que usarlos todo el tiempo.

4. Negocio de fotografía de archivo

Si tiene una habilidad especial para tomar excelentes fotos, puede iniciar un negocio de fotografía de archivo utilizando drones. Esto implica vender sus fotos a empresas y marcas que las necesitan para publicidad, marketing y otros fines.

Es una excelente manera de ganar dinero con tu pasión y puede ser muy lucrativo si tienes una gran cartera de fotos de alta calidad.

Esta puede ser una excelente opción para usted si es un nómada o si con frecuencia hace caminatas, visitas turísticas e incluso pasea por el parque. Estas actividades pueden resultar en dinero decente en su bolsillo.

El video y la fotografía aérea pueden brindar infinitas posibilidades porque la mayoría de las empresas necesitan fotos para ayudar a construir su marca y administrar su material digital de manera innovadora.

¿Todavía no está seguro de cómo iniciar un negocio de drones y quiere saber si la fotografía de archivo es el mejor negocio adecuado para usted entre las otras ideas de negocios de drones?

Hay varios sitios web populares de videos de archivo

como Shutterstock, Pixabay, Pexels, etc. Todos estos son muy populares para obtener gráficos de alta calidad. Los compradores también están dispuestos a pagar cientos de dólares por videos que duran solo unos segundos. Las imágenes naturales y de paisajes urbanos siempre están en demanda, las secuencias de video, así como las imágenes que representan y corresponden a lo que está de moda.

5. Consultoría de licencias y seguros de drones

Si está familiarizado con la industria de los drones, puede ofrecer consultas sobre seguros y licencias a empresas y personas que deseen operar drones. Esta es una excelente manera de ayudar a las personas a cumplir con las regulaciones estatales y federales y evitar cualquier responsabilidad asociada con sus operaciones con drones.

En todos los países, necesita licencias y permisos especiales para usar drones. Existe la necesidad de establecer una empresa de consultoría en esta área. Debe tener pleno conocimiento de las reglamentaciones locales, provinciales y nacionales relacionadas con la operación de drones.

Casi el 17% de los drones comerciales se utilizan para servicios de seguros. La clave del éxito en la gestión de un negocio en este campo es establecer relaciones con las empresas de seguros y ajustadores locales.

Los ajustadores con frecuencia se encuentran luchando en tiempos de crisis, con recursos humanos insuficientes para manejar cada reclamo de manera rápida, segura y correcta.

Los operadores de drones pueden desplegar sus herramientas para tomar fotografías de los daños y generar informes en cuestión de minutos, lo que permite que los reclamos se manejen y paguen con mayor eficiencia.

Asegúrese de comprender los parámetros y estándares que se aplican a este tipo de negocios y siga las precauciones de seguridad recomendadas.

6. Negocio de servicio de entrega de drones

Puede iniciar un servicio de entrega de drones con su pájaro. Esto implica usar su dron para entregar artículos como alimentos, documentos o paquetes a personas o empresas. Es una excelente manera de ganar dinero con el dron y puede ser muy conveniente para sus clientes.

Las pequeñas empresas pueden beneficiarse considerablemente de los drones cuando operan dentro de los parámetros de las normas y reglamentos locales. Los drones pueden transportar bienes, materiales, productos básicos y servicios al mismo tiempo que asumen funciones simples que pueden ayudar a las pequeñas empresas a ahorrar dinero.

Entrega de comida rápida

Si vive en un área densamente poblada, puede iniciar un servicio de entrega de comida rápida con un dron. Esta es una excelente manera de generar ingresos usando su dron.

Entrega de paquetes

Si no está interesado en entregar alimentos, puede iniciar un servicio de entrega de paquetes. Hay muchas ideas y oportunidades comerciales de drones disponibles, pero esta también puede ser una forma increíble de ganar dinero con drones.

7. Negocio de servicio de reparación de drones

Los drones, como cualquier otro producto, requieren mantenimiento y reparación para funcionar de manera efectiva. Los drones deben ser reparados o reemplazados cuando se dañen como resultado de un accidente o desgaste.

Tener un taller de reparación de drones puede cumplir con este requisito del mercado.

Si usted es alguien que tiene curiosidad acerca de cómo funcionan las cosas, puede encontrar atractiva esta oportunidad de negocio de drones.

La reparación de drones puede no parecer la oportunidad comercial de drones más emocionante del mundo, pero puede ser una forma fantástica de expandir su presencia en el mercado.

¿Qué oportunidad de negocio de drones es mejor para usted?

Entre estas siete mejores ideas de negocios de drones, elegir el negocio de drones adecuado depende totalmente de sus intereses y habilidades.

Si tiene curiosidad acerca de cómo funcionan las cosas, es posible que encuentre atractivo el negocio de reparación de drones. O, si eres creativo y te gusta tomar fotografías, la fotografía de eventos puede ser una buena opción.

Sea cual sea la oportunidad de negocio de drones que elija, comprenda los parámetros y estándares que se aplican y siga las precauciones de seguridad recomendadas.

Con un poco de creatividad, puedes empezar a ganar dinero con tu dron en poco tiempo.

AUDIOVISUAL

Puede ser fácil perder de vista el hecho de que la experiencia como piloto es solo una parte como propietario de un negocio de drones. Si desea ganar dinero, querrá comprender los entresijos de la licencia de imágenes de drones.

Comprender sus derechos como creador no solo le ahorrará dolores de cabeza si surgen disputas, sino que también puede ayudarlo a ganar más dinero.

Las siguientes consideraciones son cruciales para el proceso de licencia de metraje de drones. Los describimos a continuación con la esperanza de que puedan ayudarlo a maximizar las ganancias y mitigar cualquier conflicto que pueda ocurrir durante su búsqueda..

Conoce tus derechos

El Derecho del fotógrafo es esencialmente un artículo que detalla sus derechos como fotógrafo. Esta información lo ayudará a evitar confrontaciones con aquellos que quizás no entiendan su capacidad para fotografiar o grabar a ciertas personas y propiedades.

Sin embargo, las circunstancias se vuelven un poco más complejas cuando se trata de imágenes comerciales de drones. Por esta razón, las legalidades de modelos y propiedades son herramientas importantes para llevar con usted cuando graba imágenes con fines comerciales.

Usted es dueño de su trabajo

La conclusión es esta: cuando filma o fotografía a alguien o algo como operador de VANT, usted posee los derechos de ese medio. Si no ha firmado una exención, tiene derecho a alterar, distribuir e incluso cobrar lo que quiera por ese metraje.

Esto significa que, siempre que sea titular de un certificado de piloto remoto de la entidad aeronáutica que regule las actividades aéreas en su país, puede vender sus imágenes tantas veces como desee. Muchos pilotos mantienen este derecho para hacer que los derechos exclusivos sean más valiosos.

Con eso en mente...

Coloca una prima por exclusividad y crudo

Debido a que las imágenes en bruto pueden traducirse en un flujo de ingresos prácticamente infinito para el creador, es recomendable cobrar una prima por renunciar a todos los derechos sobre las imágenes.

¿La simple razón? La persona o entidad que retiene los derechos puede redistribuir su creación con fines de lucro.

Del mismo modo, las imágenes en bruto pueden alterarse y convertirse en un producto viable que genere ganancias para el nuevo propietario. Comprender esto puede ayudarlo a determinar el precio de su metraje.

Entender las opciones de reventa

Las licencias limitadas y las licencias exclusivas son los dos productos que deberá comprender para maximizar las ganancias. Una práctica recomendada es crear su estructura de precios con una licencia y cobrar una tarifa por cada uso adicional (es decir, uno para Facebook, YouTube, un sitio web de negocios, impresión, etc.)

El metraje de drones con licencia exclusiva, como se indicó anteriormente, es exponencialmente más valioso que el que está limitado en su licencia y debe tratarse como tal. Una buena regla general es ponerle un precio como si no quisiera venderlo, pero se vería obligado a aceptar el trato si se le ofrece.

Utilice metadatos a su ventaja

Finalmente, los metadatos deben usarse de una manera que funcione para su ventaja como creador, propietario de negocios y comercializador. Los metadatos son esencialmente códigos incrustados en un medio que ayuda al espectador a identificar de dónde vino y quién es el propietario.

Por ejemplo, el seguimiento a través de Metadatos de fotos IPTC permite a los propietarios determinar dónde las personas u organizaciones están utilizando imágenes o fotos para garantizar el cumplimiento de un acuerdo.

Otra ventaja comercial es que estos datos pueden vincularse a un sitio web, donde los vínculos de retroceso saludables pueden ayudar a optimizar su sitio web para los motores de búsqueda. Básicamente, esto significa que los buenos metadatos pueden ayudar a que su sitio web aparezca en las búsquedas de Google y permitir que los clientes potenciales encuentren fácilmente sus servicios.

La fotografía de drones inmobiliarios y la videografía de bienes raíces han atraído a los pilotos principiantes de drones en masa. ¿Cómo se diferencia en este mercado intensamente competitivo?

¿Cuál es el secreto de una excelente fotografía de drones inmobiliarios? ¿Necesita usar algún equipo adicional mientras filma interiores de bienes raíces? También discutimos la postproducción y los precios. Siga leyendo para encontrar algunas ideas prácticas excelentes que lo ayudarán a entregar excelentes imágenes de bienes raíces.

Cómo convertirse en un fotógrafo y camarógrafo de bienes raíces (Lo básico)

El amanecer y el atardecer son momentos deseables para la fotografía y videografía de drones inmobiliarios. Puede capturar los tonos dorados del sol en una sesión de la mañana. Mientras que puedes capturar más profundidad y calidez si grabas un video inmobiliario al atardecer. También puedes tomar algunas impresionantes imágenes nocturnas. También puede optar por hacer un esfuerzo adicional y utilizar una solución de iluminación portátil para pintar con luz el exterior de una propiedad.

Asegúrese de capturar los elementos destacados de la propiedad. Las medidas de sentido común, como limpiar los escombros de la construcción y encender las luces, sintonizarán el atractivo de su fotografía y videografía de drones inmobiliarios. Es importante capturar la relación de su casa con la comunidad del vecindario. Puede resaltar servicios como la playa cercana, por ejemplo. Pero recuerda no exagerar con esto. Todas las tomas no deben ser de 90 metros hacia arriba.

Recuerde, tener mucha sacudida en sus movimientos resultará en una pobre videografía de bienes raíces. Cualquier buen piloto de drones siempre debe apuntar a ofrecer imágenes suaves y sutiles. Mover el dron de forma natural en lugar de hacerlo contra el viento puede ayudarte a eliminar el tirón. Una velocidad de fotogramas más alta le permitirá ralentizar las tomas de video sin comprometer la suavidad del video.

Además, los pilotos de drones pueden recurrir a diversas maniobras para aumentar la calidad de su videografía inmobiliaria. Por ejemplo, siempre es una buena idea comenzar con el super paisaje y avanzar lentamente por la puerta principal. También puede optar por una toma revelando la casa con algún movimiento. Como su nombre lo indica, comience cuando la propiedad del sujeto no esté a la vista y luego avance para "revelar" el sujeto.

Uso de drones para filmar fotografía y videografía de bienes raíces interiores

Usar drones para tomar fotografías y videos de bienes raíces en el interior ciertamente tiene sus beneficios. Sin embargo, es un error usar el dron con la mano y no hacerlo volar adentro. Se necesita de mucha práctica y confianza, eso sin dudarlo, pero no quiere decir que deba ser un impedimento para que usted realice un trabajo profesional, seguro y legal, lo que se necesita para preparar tomas aéreas de drones es tener en cuenta las corrientes de aire internas y las que generará el mismo equipo. Esto dará como resultado menos trabajo de postproducción también, puesto que tendrá todas las tomas con la misma fluidez y tipos de movimiento, así como también misma resolución y calidad ya que estará grabando con la misma cámara siempre. Posicionarse en una esquina de una habitación capturará toda la longitud y amplitud de la habitación. Esto hará que la habitación parezca más grande de lo que realmente es.

Grabar al interior de una propiedad viene con su propio conjunto de problemas. La interferencia WiFi y ferromagnética dificultará su vuelo. Recurrir a trucos como encender luces y ventiladores y enfocarse en aspectos destacados como la chimenea mejorará aún más la calidad del video.

Consejos de fotografía de drones inmobiliarios: pasos para corregir la exposición

Puede seguir las 16 reglas soleadas si tiene control de apertura ajustable. Las 16 reglas soleadas pueden ayudarlo a estimar las exposiciones correctas a la luz del día sin un fotómetro. Esta regla establece que en un día soleado y brillante, debe usar la apertura f16. La velocidad de obturación debe ser recíproca del valor ISO. Entonces, si su valor ISO es 100, configure la velocidad de obturación en 1/100. No se recomienda jugar con el ISO en el Phantom o el Inspire. Esto tiende a elevar sustancialmente los niveles de ruido. En días nublados, se recomienda la apertura f8. Además, se debe evitar el uso del filtro ND en días nublados. Si no tiene control de apertura ajustable, le ayudará establecer el balance de blancos y el nivel de Kelvin. También puede ajustar el valor de exposición a través del control remoto de su dron.

Además, recuerda que tener videos un poco más oscuros está perfectamente bien. Puede ajustar los tonos de las sombras por separado de los tonos medios y los reflejos en Final Cut Pro. Sin embargo, si sus blancos están demasiado expuestos, no puede salvarlos.

Edición de videografía de bienes raíces: cómo entregar contenido fantástico a agentes de bienes raíces

Si eres nuevo, podrías terminar pasando 5 horas en postproducción con Final Cut o Premier Pro. Un editor experimentado puede completar la postproducción en 90 minutos. También puede considerar externalizar todo su trabajo de edición y postproducción. Usando una de las diversas plataformas de subcontratación, puede encontrar fácilmente un contratista/empleado virtual por alrededor de U$S 15/hora. Sin embargo, sea claro con sus requisitos de edición de video o de lo contrario el producto final estará por debajo del estándar de calidad. Su video final no debe durar más de 3-5 minutos.

Proporcionar algunas ventas adicionales estratégicas puede resultar en un mayor valor agregado para el cliente y más ganancias para usted. Si bien confiar únicamente en la fotografía aérea no es una buena idea, puede incluir fotos como una venta adicional. También puede proporcionar imágenes 4K como una venta adicional. Otro truco que puede emplear es grabar en 4K y proporcionar imágenes de 1080. El producto final se verá con más detalle que sus competidores. Si bien puede considerar ofrecer un video gratuito para construir su clientela, tenga muy claro que no proporcionará ningún otro servicio gratuito.

Ofrezca a los agentes inmobiliarios la opción de obtener una vista previa del producto pero no descargarlo. Por ejemplo, poner el video en YouTube no es una gran idea ya que el agente inmobiliario puede descargar el video. Sin embargo, el uso de una herramienta como Frame.io le permite exhibir su trabajo sin darle al agente inmobiliario la opción de descargarlo.

Precios de fotografía de Dron Real Estate

Al negociar con el agente inmobiliario, es una buena idea ofrecer múltiples opciones: una opción de gama baja, una opción intermedia y una opción de gama alta. Ofrecer múltiples opciones es una estrategia de negociación inteligente que puede funcionar a su favor. No muchos agentes inmobiliarios optarán por la opción de gama baja. Es probable que la opción intermedia sea la más popular. En la opción de gama alta, puede proporcionar ventas adicionales como cámara lenta y metraje 4K.

Intentar comercializar solo fotos aéreas a agentes inmobiliarios no es aconsejable en absoluto. La barrera de entrada es realmente baja y la competencia es feroz. Organizaciones de páginas web están tratando de capturar el mercado ofreciendo fotos aéreas por tan solo U$S 130. Sin embargo, puede proporcionar fotos aéreas como una venta adicional.

Entonces, ¿cuánto puede cobrar por una casa? Debería poder cobrar U$S 650 por una casa de menos de U$S 500,000 en un lugar de densidad poblacional media. Sin embargo, si está filmando en capitales y alrededores, por ejemplo, puede cobrar fácilmente U$S 1,000 por una casa que cae en este rango de precios. En ciudades extremadamente pequeñas, es posible que deba reducir su precio a U$S 500 por casa.

Grabar propiedades de lujo es sin duda una opción más lucrativa. U$S 1,500 por una casa de un millón de dólares no es raro en absoluto. Para propiedades lujosas, los agentes tienen comisiones más gordas y, por lo tanto, presupuestos de marketing más grandes. Es probable que las propiedades comercializadas en todo el país también tengan un requisito de mayor calidad. Por ejemplo, es probable que una sesión de estancia o rancho de gama alta le genere U$S 3,500 y más

Conclusión

También es importante que los pilotos de drones se concentren no solo en la producción, sino también en la producción posterior y en los resultados del cliente. Proporcionar un paquete completo de servicios también dará como resultado un mayor valor agregado y crear un nicho en un mercado competitivo.

Algunos excelentes trucos
que ayudarán a los agentes
inmobiliarios a interesarse
en sus servicios de drones

¿Eres un piloto novato de vehículos aéreos no tripulados que aún no ha descubierto los entresijos del negocio de los drones? Lo más probable es que comience a grabar bienes raíces. Grabar bienes raíces es más fácil debido a su naturaleza estática. Además, grabar bienes raíces no requiere una gran inversión inicial. Pero debido a que la barrera de entrada es baja, la competencia es intensa.

En este capítulo, presentamos algunos consejos y trucos que lo ayudarán a forjar su propio nicho en este espacio competitivo.

¿Queres adelantarte a la competencia? Entonces compra el equipo adecuado ...

Una vez que haya adquirido todas sus licencias aeronatucias, es hora de comprar su equipo, es decir, el dron, la cámara y los accesorios. Muchas personas comienzan con un dron de nivel de entrada como la línea de DJI Mavic. Sin embargo, si puede permitirse invertir una mayor cantidad en su negocio de drones, le recomendamos comenzar con un equipo de mayor calidad. La línea DJI Inspire es una buena alternativa. Para empezar, optar por un dron más grande de gama alta te dará más días de vuelo en un año.

Además, los bienes raíces pueden ser vistos como el trampolín para proyectos más lucrativos. Si posee un Inspire y una cámara de dron de alta gama, puede realizar trabajos de mapeo de VANT o trabajos de inspección de líneas eléctricas cuando haya dominado su oficio.

Recuerde: si bien su equipo es importante, su oficio y habilidades son mucho más importantes.

Consejo profesional: algunas de las cámaras de drones de gama alta vienen con bracketing de exposición automática o AEB. Con AEB, puede unir varias fotos juntas. Esto hará que los colores de la imagen realmente resalten y, por lo tanto, sus imágenes realmente se destaquen.

Cómo comercializar su negocio de drones para lograr visibilidad y generar leads

Usar una combinación de las estrategias de redes tradicionales y las más recientes es su mejor apuesta para lograr la máxima visibilidad y llegar a los clientes potenciales.

Comience sus esfuerzos de marketing creando primero un sitio web. Un sitio web básico servirá. Puedes construir un sitio web ordenado usando Squarespace o Wix en un par de horas. Destaque los diversos servicios que está ofreciendo. Cargar un portfolio de demostración bien editado en su sitio le dará a los agentes inmobiliarios una buena idea de qué esperar una vez que lo contraten. Imprima algunas tarjetas de presentación bien diseñadas. Y resalte el hecho de que tiene las certificaciones aeronauticas en su sitio web, así como en sus tarjetas de visita.

Una vez que esto esté fuera del camino, puede comenzar a ponerse en contacto con las perspectivas. las estrategias de redes tradicionales incluyen llamadas en frío o ponerse en contacto con agentes a través de un conocido común. También puede considerar unirse a una organización de redes para conectarse con agentes inmobiliarios.

Recuerde: los agentes inmobiliarios aún prefieren un enfoque personalizado. Muchas organizaciones han intentado comercializar servicios de drones en los que los agentes inmobiliarios pueden contratar pilotos de VANT por tan solo U$S 150 a través de sitios web. Sin embargo, este enfoque impersonal ha fracasado miserablemente.

Los 5 mejores lugares dentro de una casa para filmar tus imágenes de drones

Una comprensión básica del mercado inmobiliario y la psique del comprador es esencial. ¿Qué áreas de la casa tienen el máximo atractivo para un comprador de vivienda? ¿Cuáles son algunas características únicas de la casa que está tratando de vender? Hable con el agente de bienes raíces y el propietario de la casa para obtener un conocimiento íntimo de la casa que está tratando de vender.

La cocina es el primer lugar que debes destacar. Si el vendedor eligió una remodelación de cocina reciente, esto definitivamente lo ayudará a vender la casa más rápido. Según el indicador principal de la actividad de remodelación, tiene una buena posibilidad de recuperar aproximadamente el 80% del costo de la remodelación de su cocina al momento de la venta.

El dormitorio principal es otra área que es de gran interés para el comprador de la vivienda. Si la habitación ofrece una buena vista, asegúrate de mostrar esto en el metraje de tu dron. Entonces, por ejemplo, si puede ver las montañas desde el dormitorio principal, volar su dron a través del balcón de la habitación para capturar las montañas en toda su magnificencia lo ayudará a mejorar el atractivo de sus imágenes de drones.

Una sala de estar cómoda donde toda la familia puede relajarse o socializar es otro gran punto de venta. Si la sala de estar tiene una chimenea, asegúrese de encender un fuego mientras graba su video. Encender las luces y los ventiladores también ayudará a captar y mantener la atención del espectador.

Un patio trasero bien ajardinado y acogedor con un patio y/o parrilla también es una gran ventaja. Si el vendedor se ha ocupado diligentemente de su patio trasero, muestre sus esfuerzos a través de sus imágenes de drones

Por último, una habitación infantil bien hecha y bien diseñada es una clara ventaja. Si el dormitorio principal y el dormitorio de los niños están en el mismo piso, este es un factor de venta seguro para parejas con niños pequeños.

Si eres como la mayoría de los empresarios que entran en el negocio de los drones, es probable que trabajes con agentes de bienes raíces al principio de tu carrera.

Al igual que cualquier otro profesional, un agente de bienes raíces es un experto en su campo. Son buenos en lo que hacen. Al elegir trabajar con un piloto de drones como tú, han dado un paso significativo para cambiar sus listados y hacer una venta más rápida.

Muchas veces, sin embargo, nuestros amigos en bienes raíces no entienden lo que significa trabajar con un piloto de drones.

Estas son algunas de las mejores prácticas a tener en cuenta al comenzar a trabajar en el negocio inmobiliario:

Ser firme con los precios

Muchas veces, los agentes inmobiliarios tienen que gastar su propio dinero para invertir en la comercialización de sus propiedades. Como resultado, ser consciente del presupuesto es importante para su rentabilidad.

La sensibilidad al precio es invariablemente algo que cualquier piloto de drones tratará con los clientes, y el segmento inmobiliario no es una excepción. Sea respetuoso, pero siempre respete sus armas cuando fije el precio de un trabajo.

Establecer el alcance del trabajo en el contrato

Muchas disputas cuando se trata de proyectos creativos ocurren cuando las dos partes involucradas no entienden las expectativas del otro. Esto hace que un acuerdo de trabajo sea vital.

Al colocar las expectativas del proyecto por escrito y hacer que ambas entidades firmen, el nivel de ambigüedad se reduce drásticamente.

Buenas impresiones

Ser profesional en todos los aspectos es importante en cualquier negocio. Sin embargo, cuando se trabaja con agentes de bienes raíces, las primeras impresiones pueden ser de gran ayuda para aumentar su credibilidad como piloto de drones.

Presentarse con un atuendo limpio de pies a cabeza lo pondrá de la mejor manera posible y le dará la primera impresión que necesita para mostrarle a todos los involucrados que usted se toma en serio brindar un servicio viable.

Ser receptivo

Otro aspecto de la profesionalidad del servicio es estar disponible. A veces, la disponibilidad es una habilidad tan buena como la que cualquiera tiene en la caja de herramientas de uno. Como piloto de drones y proveedor de productos creativos, le corresponde responder.

Los agentes inmobiliarios tienen que trabajar en horarios poco habituales para trabajar incluso días festivos, fines de semana y otros momentos de poca actividad cuando otros están pasando un buen rato.

Ahí es donde estar disponible y responder de manera oportuna está directamente relacionado con su rentabilidad futura.

Saber vender

Otro elemento clave de la rentabilidad es la capacidad de vender productos que sus clientes no planeaban comprar.

¿Contratado para una simple toma de fotos exteriores? ¿Por qué no tomar un panorama de 360 grados y ofrecérselo a su cliente? Hay posibilidades de que vean el valor y estén dispuestos a pagar por ello. Solo recuerde el consejo Nº 1 en el proceso.

Consejos de expertos para
obtener los mejores resultados
de fotograf a aérea al
amanecer y al atardecer

¿Por qué es el amanecer y el atardecer el mejor momento para la fotografía aérea?

Sabemos que las horas doradas nos dan la oportunidad de capturar algunas de nuestras mejores fotos.

Un fenómeno científico llamado dispersión de Rayleigh es responsable de los hermosos cielos que se ven al amanecer y al atardecer. Cuando el sol está directamente sobre nosotros, los rayos tienen que viajar una distancia más corta y, por lo tanto, atravesar menos volumen de aire para llegar a nosotros. Sin embargo, al amanecer y al atardecer, aumenta la distancia entre el sol y la tierra. Esto significa que los rayos solares deben recorrer una distancia mayor y atravesar más volumen de aire. Debido a esto, los rayos del sol al amanecer y al atardecer se dispersan mucho más.

Ahora, los colores como el violeta y el azul tienen una longitud de onda más corta. Y tienden a dispersarse mucho más. Entonces, cuando los rayos del sol alcanzan la superficie de la tierra, estos colores con longitudes de onda más cortas ya se han dispersado. Lo que nos permite experimentar los magníficos amarillos, rojos y naranjas al amanecer y al atardecer.

En términos generales, la luz en las horas doradas es más suave. Esto da como resultado un mayor contraste, sombras más largas y más profundidad. Grabar cuando el sol está directamente encima dará como resultado sombras más duras.

Consejo profesional: si desea saber la hora exacta del amanecer o el atardecer, simplemente pregunte a Siri o a su asistente virtual de preferencia.

¿Qué es mejor para la fotografía aérea: amanecer o atardecer?

Algunas personas señalan que los colores al atardecer son "más rojos" y "más cálidos" que los del atardecer. Y, atribuyen esto a los contaminantes en el aire. Según esta teoría, los contaminantes contienen aerosoles que contribuyen al enrojecimiento del cielo. Sin embargo, si esto fuera correcto, veríamos algunas de las puestas de sol más magníficas de Buenos Aires o Rosario. En todo caso, demasiados contaminantes artificiales tienden a estropear su experiencia al atardecer. Ahora los aerosoles naturales son otro asunto completamente diferente. Las erupciones volcánicas contienen aerosoles naturales que dan como resultado los tonos rojizos más magníficos, y algunas oportunidades fotográficas increíbles.

Una ventaja de grabar por la mañana es la oportunidad de capturar niebla y neblina. La niebla se disipa a medida que sale el sol y hace que las temperaturas se disparen.

Grabar al amanecer también te ofrece un adicional. En caso de que arruines tus tomas matutinas, siempre puedes salir al atardecer y volver a grabar.

<u>La mejor época del año para fotografía aérea</u>

Grabar en invierno es el mejor momento para la fotografía aérea. Una caída en la temperatura reduce el ruido de la imagen, lo que resulta en una mayor claridad de la imagen. El ruido de la imagen se define como la "variación aleatoria de brillo o variación de color". Más ruido da como resultado una apariencia granulada que no es nada agradable de ver.

<u>Consejo profesional</u>: asegúrese de mantener sus baterías calientes si planea volar en clima frío

La venta de automóviles es un negocio feroz donde el cliente tiene una amplia variedad de opciones. En este entorno empresarial difícil, el embalaje inteligente y el marketing innovador pueden ayudar a un concesionario de automóviles a destacarse de la competencia. Pero esto es más fácil decirlo que hacerlo. Los concesionarios han progresado gradualmente de las técnicas de marketing tradicionales a medios digitales como los anuncios en línea y el marketing por correo electrónico. El uso de drones es otra técnica creativa de marketing que puede ayudar a los concesionarios de automóviles a conectarse con un cliente potencial. Entonces, ¿cómo consigue un piloto de drones hacer negocios en un concesionario de automóviles?

Cómo comercializar su negocio de drones a un concesionario de automóviles

Antes de considerar volar en un concesionario de automóviles, recuerde que este no es un trabajo fácil. Debido a que necesita maniobrar a través de espacios reducidos, debe considerar estos trabajos después de tener cierta experiencia de vuelo en su haber. Recomendamos una experiencia de vuelo de al menos un año.

Comience con un poco de investigación básica. ¿Quién es responsable de tomar decisiones de marketing en el concesionario de automóviles? Puede buscar fácilmente esta información en el sitio web del concesionario o en un directorio en línea. Siempre es mejor llamar a la persona interesada directamente para que las cosas se muevan rápidamente.

Cuando haga su presentación de ventas, resalte su trabajo anterior. ¿Ha filmado imágenes para otros concesionarios en el pasado? Si es así, tiene una gran ventaja. Compartir su metraje de drones es la mejor manera de convertir un "No" en un "Sí".

Si no, no te desesperes. Si es un recién llegado sin experiencia en concesionarios de automóviles, puede considerar ofrecer trabajo gratuito a cambio de los derechos de uso de las imágenes.

Si el concesionario de automóviles ya está utilizando imágenes de drones, intente ver las imágenes antes de hacer su presentación. ¿Cómo puede mejorar este metraje actual? ¿Tienes un mejor dron y una cámara que te ayudarán a crear un producto final más agradable? ¿Tienes mejores habilidades? Si las respuestas a estas preguntas son "Sí", es muy probable que termines obteniendo el trabajo. Recuerda: no desprecie a la competencia en un intento por demostrar que es mejor. Esto no funciona bien con la mayoría de los clientes.

Cómo mejorar la calidad de las imágenes de drones y ampliar su negocio de drones

El factor más importante que afecta la calidad de su metraje de dron es el momento de su grabación. Para determinar el mejor momento para grabar, visite el concesionario en diferentes momentos del día. ¿Cuándo la entrada principal y el cartel frontal se ven más atractivos? ¿Puedes obtener mejores imágenes filmando al amanecer o al atardecer? Una vez que descubra el mejor momento para grabar, tendrá que averiguar la configuración y los accesorios correctos de la cámara. ¿Necesitas un filtro ND? En caso afirmativo, ¿qué filtro ND le dará los mejores resultados?

Debe encender todas las luces del concesionario de automóviles antes de comenzar su rodaje; esto aumentará el atractivo de su metraje. Encender los faros de todos los autos en el concesionario también es una buena idea. También recomendamos adquirir algunas imágenes de autos en movimiento. Grabar a un automóvil en movimiento traerá autenticidad y variación a su metraje de dron. Nuestro curso de seguimiento de materias analiza cómo puede superar los diversos desafíos de grabar un objeto en movimiento.

También puede pedirle a un par de personas (que parecen posibles clientes) que caminen por la entrada principal. Incluir esto ayudará al concesionario a establecer una conexión emocional con todos los prospectos que ingresen al concesionario. Asegúrese de que el estacionamiento esté limpio y ordenado. Y todos los autos están correctamente alineados. Si los autos están espaciados de manera desigual, esto será visible en su metraje final.

Finalmente, muestre al concesionario con tantos movimientos cinematográficos como sea posible. Obtener una buena variedad de tomas de los alrededores asegurará que también obtenga datos basados en la ubicación. Mostrar el vecindario tiene un doble propósito: puede resaltar la ubicación del concesionario y aumentar el atractivo de su metraje.

Consejo profesional: recuerde limpiar la lente de la cámara antes de grabar para obtener mejores resultados

Desafíos de volar en un concesionario de automóviles

Volar en un concesionario de automóviles es muy similar a volar en bienes raíces: ambos son trabajos cargados de obstáculos. Necesitarás buenas habilidades para volar tu dron sobre vehículos y entre vehículos. A menudo tendrá que volar apenas unos centímetros por encima de un vehículo de U$S 100,000. Mientras que los vehículos de mayor nivel tienen antenas más cortas, los automóviles de menor nivel aún tienen antenas más largas. Tenga mucho cuidado de no terminar volando en ninguna de estas antenas más largas. En caso de que te topes con un obstáculo y dañes tu accesorio, asegúrate de reemplazarlo de inmediato.

Por esta razón, recomendamos usar la línea Mavic cuando vuele en un concesionario de automóviles. Si posee un Inspire, maniobrar su dron a través de espacios reducidos será un desafío mayor. Y no vuele sin seguro, o usted será personalmente responsable de los daños.

Para asegurarse de que no termine volando sobre las personas, tendrá que deshacerse en las instalaciones del concesionario de todas las personas durante todo el rodaje (1–2 horas). Tener un OBSERVADOR ayudará a garantizar que ninguna persona se acerque al dron durante una grabación. Recomendamos usar conos para acordonar las áreas.

Y nuestra última sugerencia: si hay líneas de alta tensión de KV cerca, asegúrese de verificar si hay interferencia con un espectrómetro de RF. Y recuerde mantenerse al menos a 15 metros de distancia de estas líneas eléctricas.

¿Te preguntas cómo filmar con drones legalmente una protesta? Aprenda la fórmula para mantenerse seguro y legal para filmar protestas desde arriba.

Los pilotos de drones ofrecen un valor significativo para la sociedad, los periodistas e incluso los propietarios de pequeñas empresas a medida que las protestas se desatan en todo el país. Como muchos periodistas quieren mostrar la imagen completa, los drones ahora se usan comúnmente para filmar una protesta desde el cielo. Los drones pueden mostrar el alcance de una protesta, o cuando la protesta se volvió fea. Esto podría ayudar a la sociedad a identificar verdaderamente a los muchos jugadores en el trabajo durante las protestas.

¿Cómo pueden los pilotos de drones filmar legalmente durante las protestas? Bueno, por favor, comprenda que su derecho a grabar lo que sucede en la vía publica no se aplica a tomar vuelo en el espacio aéreo. Esta capa adicional indica que hay reglas a seguir para acceder al espacio aéreo nacional. Al realizar una protesta con un avión no tripulado, los pilotos deben asegurarse de seguir las reglas para evitar arrestos erróneos. Si te encuentras volando una protesta, asegúrate de recordar que no solo tienes la responsabilidad de mantener a todos a salvo, sino que también tienes la responsabilidad de representar a los pilotos de drones.

Analicemos una lista típica de reglas que deben seguirse al realizar una protesta.

1. No vueles en un TFR. (restricción de vuelo temporal) (Delito federal)
　　2. No vueles sobre personas
　　3. Necesita un certificado de la entidad aeronáutica de tu país
　　4. No vuele sobre vehículos en movimiento.

5. No vueles de manera "descuidada o imprudente" (esta es la regla de las entidades aeronáuticas para todos)
6. Al volar en espacio aéreo controlado. Obtenga una autorización del regulador del espacio aéreo.
7. No vueles más de 120 mts
8. No transporte objetos peligrosos
9. No entregue ni deje caer objetos

Analicemos estos pasos y analicemos qué es realmente necesario para volar aviones no tripulados durante las protestas.

¿Pueden los pilotos de drones volar un dron sobre una protesta durante un TFR? No...

TFR: los pilotos de drones son conscientes de las restricciones temporales de vuelo, ya que son la forma más segura de meterse en problemas como piloto. Por lo general, algunas fuerzas del orden público han estado solicitando TFR de los reguladores aéreos para inhibir el vuelo. Puede solicitar una exención de TFR.

¿Cómo saber si hay una restricción de vuelo temporal?

Hay numerosas formas de ver dónde se encuentran los TFR. Recomendamos el sitio web de la entidad aeronáutica nacional, aunque está bastante desactualizado. Recomendamos esta ruta porque algunas aplicaciones de vuelo demoran mucho tiempo en llenar las TFR. Incluso el la aplicación de DJI simplemente permitirá que las personas despeguen en un TFR si el TFR aún no ha llegado al sistema.

Volar un dron dentro de un TFR es la acción más atroz que un piloto de drones puede tomar. Al volar en estas áreas, los pilotos enfrentan consecuencias mucho más serias. Debido a las leyes de defensa nacional que rodean a los TFR, los pilotos de aviones no tripulados se enfrentan a delitos federales de la policía federal. Como piloto de drones, esta es una regla que tiene serias consecuencias que no quieres enfrentar.

No sobrevolar a las personas.

No sobrevolar a las personas. Ya sea que esté volando un dron como aficionado o como piloto comercial, no puede sobrevolar a las personas. Lo que nos lleva a nuestro siguiente punto sobre los drones voladores como piloto certificado en lugar de como un aficionado.

Volar un dron no es como comprar una cámara online. No solo lo compra ... y lo vuela. Hay muchas reglas para acceder al espacio aéreo. Francamente, las reglas son mucho más restrictivas si eres aficionado o vuelas con fines recreativos. Si bien la historia fue más favorable para los aficionados, los reguladores aéreos ha tomado medidas enérgicas contra los pilotos recreativos.

Los pilotos certificados tienen más libertad para volar aeronaves no tripuladas en las protestas.

Seamos honestos, esta es una operación comercial, incluso si vendes tus imágenes a las noticias, adivina lo que acabas de vender a las noticias ... Ya sea que estés filmando imágenes para subir a YouTube o estás vendiendo imágenes de las noticias ... Esa es una operación comercial.

Francamente, es obligatorio y necesario volar de forma certificada. Con el aumento de la libertad y la legitimidad de la aplicación de la ley, querrá un Certificado de Piloto Remoto.

Esta certificación sirve para activar una autorización, al instante, para volar en espacio aéreo controlado. Si hay protestas en una gran ciudad, lo más probable es que estés en un espacio aéreo controlado.

Al observar las protestas en Buenos Aires (Argentina), la mayor parte del espacio aéreo está en un espacio aéreo controlado. Las entidades aeronáuticas también han implementado TFR hasta "nuevo aviso". Entonces, siguiendo estas pautas, si usted fuera un piloto certificado, podría volar en Buenos Aires, pero no en el TFR.

Ser un piloto certificado también le ofrece la oportunidad de adquirir exenciones. Exenciones que le permiten volar sobre personas o sobre automóviles en movimiento.

Como puede imaginar, no poder sobrevolar a las personas hará que las protestas sean muy difíciles.

Debido al hecho de que no puede volar un avión no tripulado sobre las personas, nuestra área de vuelo es limitada. Con un área de vuelo tan limitada, recomiendo a los pilotos que elijan volar sobre los techos. Puede capturar imágenes realmente impresionantes cuando vuele con seguridad sobre los techos. Francamente, siempre que tenga un certificado, no sobrevuele a las personas y no esté en una TFR … La policía tiene todo a su favor para arrestarlo.

¿Qué tipo de dron es el mejor para filmar una protesta?

Mavic Zoom o Mavic con zoom digital: El Mavic Zoom o los Mavic con zoom digital son pequeños y poderosos drones. Tranquilos y clandestinos, estos drones no se pueden escuchar a unos 20 metros de distancia. El dron es pequeño, compacto y puede viajar bien. El dron también ofrece un zoom excepcional, incluso un zoom de hasta 6x en video de 1080p.

Mavic Enterprise: todos los beneficios presentados anteriormente mejoran con la línea enterprise. El dron es literalmente idéntico al Mavic Zoom, excepto que el dron tiene accesorios. Envíe mensajes a los manifestantes a través de un orador, o demuestre que es un piloto seguro al tener una baliza sobre su dron de noche y tenerlo siempre a la vista en vuelo nocturno. También nos encanta el Mavic Enterprise porque tiene incorporado el modo de actitud (ATTI). Comprenda, es muy extraño que compren este dron … por lo que es posible que tenga que pedir el dron empresarial a un distribuidor ya que no lo tendrán en stock.

No vuele sobre vehículos en movimiento.

Sí, es tan tonto como parece, y francamente no he visto a las entidades aeronáuticas hacer cumplir esta regla ni una sola vez. Si está volando sobre un vehículo estacionario, es técnicamente legal. Sin embargo, volar sobre un vehículo en movimiento es otra cosa. Esta regla es honestamente cuestionable en el mejor de los casos, debido al hecho de que las entidades aeronauticas permiten este tipo de operación a las personas "transversales" para toda la seguridad pública. Esto es divertido porque la seguridad pública tiene la menor cantidad de entrenamiento en drones, estadísticamente hablando.

No vueles de manera descuidada o imprudente.

Esta regla es la clave para los inspectores de aviación. ¿Qué es descuidado e imprudente? Bueno, tu interpretación subjetiva es bastante común. Pregúntese al volar, ¿podría evitar causar lesiones y daños al estrellarse? Mientras vuela, piense en dónde puede tirar el dron en caso de emergencia.

Además, si le preocupa tratar con la policía cuando vuela, siga las reglas aeronáuticas y certifiques para poder operar de forma legal, segura y profesional.

No vueles más de 120 mts

Al volar una protesta, no vuele más de 120 mts. Se le permite volar 120 mts sobre el suelo. Tenga en cuenta que la regla de 120 mts sobre no se aplica si está en un espacio aéreo controlado.

No transporte materiales peligrosos ni deje caer objetos desde el dron.

Es vital comprender que la entrega de drones solo puede tener lugar bajo ciertas circunstancias. Los drones no pueden transportar material peligroso, por lo tanto, no lleve nada.

<u>Dar paso a aviones tripulados.</u>

Si un helicóptero se presenta a una protesta, comprenda que el helicóptero tiene el derecho de paso. Un helicóptero puede volar a cualquier altitud que permita un aterrizaje seguro. Lo que esencialmente significa una conclusión subjetiva sobre la capacidad de aterrizar con seguridad la aeronave.

Como pilotos de drones, debemos ceder el paso a todos los demás aviones. Desglosándolo, si un helicóptero de noticias despega en el mismo espacio aéreo que usted ocupa ... debe aterrizar o salir del camino. Personalmente prefiero aterrizar, porque hay demasiadas incógnitas desconocidas cuando los helicópteros y aviones no tripulados vuelan muy cerca.

Si bien hemos visto incidentes cuestionables de vuelo de helicópteros durante las protestas, esto no justifica su mal comportamiento como piloto. Aunque, como pilotos de drones, ustedes son los responsables finales de su avión. No podes hundirte al nivel de ningún otro piloto. No importa cuán atroces sean las maniobras de vuelo de alguien. Debes elevarte por encima.

<u>Cómo ayudar a la protesta, las pequeñas empresas o la policía con su dron.</u>

Antes de analizar cómo podemos proteger a las pequeñas empresas, analicemos estos otros puntos y luego hablemos acerca de cómo las pequeñas empresas pueden usar pilotos de drones para protegerse a sí mismas y proporcionar un registro permanente de seguros para acelerar el proceso de reclamos.

¿Cómo pueden los pilotos de drones proteger a las pequeñas empresas? Bueno, desde verificar una alarma hasta proporcionar un registro permanente de daños. Los pilotos de drones también pueden ayudar proporcionando sistemas de vigilancia de persistencia. Los drones podrían ser una de las herramientas más valiosas para ayudar a proteger a las pequeñas empresas en la actualidad.

Uno de mis amigos trabaja en una compañía que ha creado un sistema de vigilancia persistente. Este sistema ayudará a las compañías de alarmas a verificar las llamadas. Una llamada de alarma verificada desplegará oficiales en un tiempo mucho más rápido. Las falsas alarmas representan el 95% de las llamadas, por lo que la verificación es tan importante para mejorar el tiempo de respuesta de la policía. Dronear el negocio podría significar la diferencia entre las ventanas reventadas y toda una tienda saqueada. Cómo, debido al tiempo de respuesta. Los drones mejoran los tiempos de respuesta por parte de la policía al proporcionar una notificación de alarma verificada.

Los pilotos de aviones no tripulados tienen la oportunidad de ayudar a protestas pacíficas y documentar cuándo se ponen feas. Los pilotos de drones también podrían mostrar las hermosas acciones de los seres humanos. Al mostrar el verdadero valor de la igualdad que muestra la policía y las personas que trabajan juntas.

Los pilotos de drones tienen la oportunidad de mostrar un hermoso mensaje, pero también causan mucho daño a la protesta en sí. Por lo tanto, usted tiene una gran responsabilidad como piloto que graba una protesta.

Si decides grabar una protesta ... vuela seguro. No solo estás representando un mensaje o una protesta. También estás representando a otros pilotos de drones, así que recuerda que eres el último responsable ... pase lo que pase. Se inteligente.

En todas las industrias, el uso de drones va en aumento. Esto se debe a que un dron puede brindar una nueva perspectiva, ayudando a empresas e individuos a ver las cosas desde nuevos ángulos.

En construcción, esto significa crear modelos 3D de edificios en construcción. En seguridad pública, implica la búsqueda de personas desaparecidas mediante imágenes térmicas. Y en el sector inmobiliario, los pilotos de drones y los fotógrafos están creando contenido inmersivo que mostrará propiedades de formas que antes hubieran sido imposibles.

La fotografía de drones de bienes raíces puede dar una ventaja a una lista de bienes raíces sobre las descripciones de propiedades similares, con fotos y videos que muestran casas desde una amplia variedad de ángulos y despiertan la imaginación de los compradores potenciales.

La fotografía con drones se está poniendo de moda y los agentes inmobiliarios lo saben.

La fotografía con drones de bienes raíces es un campo especialmente emocionante para los autónomos que están considerando convertirse en pilotos de drones. Esta rama de la fotografía y la videografía puede proporcionar un flujo constante de trabajo por contrato, ya que los agentes inmobiliarios que busquen fotografías con drones de las propiedades que están vendiendo necesitarán un especialista para capturar esas vistas.

¿Cuál es el concepto detrás de la fotografía de drones de bienes raíces?

La fotografía con drones es un tipo poderoso de creación de contenido para los agentes inmobiliarios comerciales y residenciales porque les brinda una forma accesible y económica de capturar nuevas vistas de las propiedades. Antes de la disponibilidad comercial de los drones, capturar fotografías aéreas de una propiedad significaba pagar un costoso vuelo en helicóptero o avión. Ahora, un autónomo con un dron puede recopilar las fotos necesarias de forma rápida y segura.

El objetivo de un agente de bienes raíces al crear una lista es demostrar el atractivo único de la propiedad a través de una combinación de contenido de texto, fotografía y video. No importa cuán increíble se vea una casa o un edificio comercial en persona, es posible que los compradores potenciales nunca investiguen más si la lista está repleta de fotos poco claras o poco atractivas.

La fotografía con drones en bienes raíces tampoco se trata estrictamente de fotos fijas o tomas exteriores. Con un dron compacto y liviano, un operador puede capturar secuencias de video de recorrido completo del interior de una propiedad. Un video de recorrido virtual filmado en un dron puede mostrar cada parte de una casa u otra estructura. Incluso un gran edificio comercial es fácil de filmar con un dron de fotografía de movimiento rápido.

Este video es especialmente útil cuando los compradores potenciales desean obtener más información sobre una propiedad antes de visitarla. Durante las restricciones de viaje de COVID-19, esta capacidad de visualización remota fue indispensable y es universalmente útil para las personas en las primeras etapas de la búsqueda de una propiedad o para aquellos que están considerando comprar una propiedad lejos de su ubicación actual. El video de drones puede hacer que los compradores se sientan como si estuvieran realmente en una propiedad, incluso cuando están al otro lado del mundo.

¿Cómo utilizan los agentes inmobiliarios la fotografía con drones?

Los drones fotográficos de hoy en día están equipados con una variedad de herramientas que aumentan su potencial para la fotografía aérea inmobiliaria. Esto abarca cámaras de video 4K y cámaras fijas de alta resolución, así como funciones de estabilización y detección de colisiones que permiten un rendimiento de vuelo fluido al capturar videos o imágenes.

Fotografía aérea exterior: una fotografía aérea puede hacer más que capturar una casa desde un ángulo interesante. Los fotógrafos también pueden asegurarse de que sus imágenes incluyan servicios cercanos, como playas o piscinas. Una foto de un dron puede poner una casa en contexto: ¿en cuánto terreno se asienta? ¿Qué tan cerca está de las carreteras o del resto de su vecindario? Para que estas fotos se vean lo mejor posible, la propiedad debe estar desierta, sin personas en el patio ni automóviles en la entrada, y con botes de basura y limpiadores de piscinas guardados fuera de la vista. Los agentes inmobiliarios que alguna vez encontraron inaccesible la fotografía aérea debido al costo de alquilar un avión o un helicóptero, ahora pueden invertir en fotografía con drones, obteniendo excelentes resultados a un precio razonable.

Recorridos habitación por habitación y video interno: un dron con una cámara de video de alta definición puede hacer que los compradores potenciales sientan que han estado dentro de una propiedad cuando simplemente están navegando por los listados. Un recorrido en video habitación por habitación puede brindar detalles que una serie de fotografías estándar no puede porque demuestra cómo cada habitación está conectada y cómo los visitantes se mueven a través de la propiedad. No importa cuán grande o pequeña sea una propiedad, un video de dron puede capturar la naturaleza del espacio, y un dron puede incluso volar a través de un edificio en proceso de renovación que está cerrado al tráfico peatonal.

Modelado 3D y captura avanzada de datos: los drones se

utilizan a menudo para crear modelos 3D detallados en la industria de la construcción. Logran esta hazaña mediante el uso de técnicas avanzadas como la fotogrametría o la detección y medición de luz de última generación (LiDAR). Los mapas 3D podrían convertirse en parte de una lista de bienes raíces: los compradores potenciales pueden familiarizarse con el diseño y las dimensiones de la propiedad antes de mudarse. Si bien este nivel de detalle puede no ser importante para vender una pequeña propiedad residencial, podría resultar ser un punto de venta para un gran lote comercial.

La aplicación de estos tipos de fotos y videos a los listados de bienes raíces que cubren el espectro, desde apartamentos compactos hasta extensos terrenos para desarrollo comercial, es una forma de elevar el oficio de un agente de bienes raíces. Con la ayuda de los drones, las empresas inmobiliarias pueden utilizar imágenes de formas que habrían sido imposibles hace solo unos años.

Por supuesto, para desbloquear estas nuevas capacidades, los agentes inmobiliarios deben trabajar con pilotos de drones con licencia que estén equipados con la última y mejor tecnología de drones. Si bien es posible que ellos mismos puedan solicitar licencias de piloto de drones, los agentes también pueden encontrar valor en asociaciones con operadores de drones independientes.

Mejores prácticas de fotografía de drones inmobiliarios

¿Cómo se aseguran los agentes inmobiliarios de que sus incursiones en la fotografía aérea y el vídeo con drones tengan éxito? Si bien los drones y la fotografía profesional son una fuerte combinación natural, hay algunos elementos que se deben marcar cuando se adopta el uso de drones por primera vez para garantizar que todo se desarrolle sin problemas:

Encuentre un piloto con el hardware de dron adecuado: los drones de fotografía modernos son capaces de capturar contenido de fotos y videos de alta calidad; los agentes inmobiliarios deben asegurarse de que los pilotos de drones elegidos estén equipados con estos VANT avanzados. De hecho, las listas de trabajos de fotografía de drones de bienes raíces muestran los tipos de estándares que buscan las empresas (fotos y videos RAW con una resolución de hasta 4K y 60 fps).

Utilice siempre un piloto con licencia: al igual que con cualquier tipo de operación comercial de drones, los pilotos de drones deben tener una licencia según las regulaciones de la ANAC. Contar con un CE-VANT, que requiere conocimientos de vuelo específicos. La necesidad de pilotos con licencia crea un mercado potencial para que los autónomos se inicien en la fotografía con drones.

Siga las reglas aplicables del espacio aéreo: simplemente tener una licencia no siempre es suficiente para recibir la aprobación de vuelo para el espacio aéreo seleccionado. Existen restricciones en algunos tipos de espacio aéreo, como las áreas alrededor de los aeropuertos. Además, los operadores de drones siempre deben poder ver sus drones y no se les permite trabajar desde vehículos en movimiento u otras aeronaves. Existen exenciones de la ANAC que permiten a los pilotos recibir excepciones a algunas de estas reglas.

El quid de una buena fotografía con drones en bienes raíces es la combinación de tecnología de alta calidad con personal que se ha tomado el tiempo para capacitarse con su equipo y estar certificado por la ANAC. Teniendo en cuenta la naturaleza legalmente vinculante de las reglas de la ANAC, realmente no hay forma de tomar atajos en la fotografía con drones.

INDUSTRIAL

¿Pueden los drones ayudar a su negocio de topograf a?

A medida que la tecnología de drones se vuelve cada vez más ágil y accesible, una variedad de industrias están adoptando drones en sus flujos de trabajo para aumentar drásticamente la eficiencia. En pocas palabras, los drones están cambiando la forma en que operan las empresas al reducir costos, ahorrar tiempo, mejorar la seguridad y proporcionar un ROI directo.

En particular, la topografía y la cartografía se han visto revolucionadas por las soluciones de drones. Si bien los métodos topográficos tradicionales pueden producir resultados en una escala de días o semanas, los drones pueden hacer el trabajo en una escala de tiempo.

Dependiendo de los requisitos de su proyecto y de su cliente, estos son los mejores drones para topografía y mapeo:

MAVIC 3E
MAVIC 3T
MAVIC 3M
Matrice 300 RTK + P1
Matrice 300 RTK + L1

Mapeo frente a topografía

Primero, aclaremos las diferencias entre una encuesta y un mapa. Un mapa es una representación visual de un área que se utiliza para ilustrar la geografía y las características. Una encuesta, aunque también un mapa, también se utiliza para medir las posiciones y distancias entre puntos bidimensionales y tridimensionales. Los mapas y las encuestas, aunque están muy relacionados, tienen diferentes casos de uso y valor.

Velocidad frente a precisión

Un punto importante de venta de las soluciones de topografía con drones es que pueden hacer el trabajo rápidamente. Un vuelo rápido sobre su área objetivo puede producir rápidamente datos precisos y procesables.

Sin embargo, cuando se trata de elegir una solución de drones para sus necesidades topográficas y cartográficas, es importante reconocer la compensación inherente entre velocidad y precisión. Dentro de la topografía y el mapeo, algunas técnicas y equipos pueden producir datos con un mayor grado de precisión, mientras que otros pueden proporcionar resultados procesables bajo presión de tiempo.

Distancia de la muestra de tierra

¿Qué significa exactamente la precisión cuando se habla de topografía y mapeo? Una forma de decirlo es la precisión con la que su producto final refleja la realidad de su sitio de topografía. La forma principal en que esto se describe en fotogrametría es la distancia de muestra del suelo, o GSD. GSD se define como la longitud (en pulgadas, centímetros o milímetros) entre los centros de dos píxeles consecutivos en su mapa.

Alternativamente, se puede pensar en GSD como la longitud de un píxel en su mapa. Por ejemplo, si un dron alcanza un GSD de 5 cm / px, entonces podemos entender que un píxel en este mapa digital corresponde a 5 cm en realidad. Un mapa con un GSD "más pequeño" tiene mayor resolución y mayor precisión.

Al realizar misiones fotogramétricas con drones, los principales factores que pueden afectar su GSD son la calidad de su cámara (distancia focal, resolución de la cámara) y la altitud de vuelo. Por ejemplo, volar su dron a mayor altitud le permitiría cubrir más área en un tiempo más corto, pero capturar sus datos a una resolución más baja.

Puntos de control terrestre y cinemática en tiempo real

Los puntos de control de tierra (GCP) son puntos fijos en el suelo con una posición conocida que se utilizan para calibrar su levantamiento y aumentar su precisión. La mayoría de las encuestas emplean múltiples GCP. Este es un ejemplo sorprendente de la compensación entre la velocidad y la precisión de la encuesta porque puede llevar mucho tiempo preparar y medir sus GCP.

Una alternativa popular al uso de GCP es la cinemática en tiempo real (RTK), que utiliza el posicionamiento por satélite y una estación terrestre con una referencia de posición secundaria conocida para entregar datos más precisos.

Aquí hay un desglose de sus opciones cuando se trata de topografía y mapeo con un dron:

	GCP solo	Dron sin RTK	Dron con RTK	Dron con RTK + GCP
Precisión	Alta	Baja	Alta	Más alta
Velocidad	Baja	Alta	Alta	Alta
Costo	Alto	Bajo	Bajo	Bajo

Elija sus sensores de datos

Al elegir su solución topográfica y cartográfica, también debe tener en cuenta qué tipo de datos necesitan usted o sus clientes. Los diferentes proyectos pueden requerir diferentes tipos de datos, por lo que ofrecemos diferentes soluciones para estas demandas.

Fotogrametría

La mayoría de los levantamientos aéreos típicos requieren

fotogrametría o la creación de modelos 2D o 3D de alta resolución de su sitio de levantamiento mediante una combinación de muchas fotos digitales. Cada uno de nuestros drones topográficos y cartográficos está equipado con una potente cámara digital capaz de capturar fotografías digitales de alta resolución. Algunas soluciones pueden equiparse con una cámara oblicua que puede recopilar las imágenes necesarias para el modelado 3D con menos sobrevuelos. A continuación, sus fotos se pueden unir usando un software de fotogrametría, como DJI Terra, y los modelos resultantes se pueden usar para identificar y medir características como distancia, área, volumen y más.

Detección y alcance de imágenes de luz o LiDAR

Esta tecnología vuela sobre un sitio de topografía donde utiliza un láser para iluminar un objetivo y mide la luz reflejada con un sensor. Este proceso se repite miles de veces para producir una nube de puntos que pueda representar su sitio con un mayor grado de precisión que la fotogrametría. LiDAR y la fotogrametría tienen cada uno sus usos, por lo que es importante considerarlo cuidadosamente antes de seleccionar su carga útil.

Multiespectral e hiperespectral

Estas cámaras especiales pueden capturar longitudes de onda de luz visibles e invisibles. Para los clientes agrícolas o las encuestas realizadas para medir el crecimiento de los cultivos o el cumplimiento ambiental, los datos multiespectrales son especialmente útiles para proporcionar información crítica y procesable.

Con las soluciones de drones, tiene una amplia selección de técnicas topográficas y cartográficas, y depende de usted elegir qué métodos satisfacen mejor sus requisitos.

¿Es la fotogrametr a con drones una alternativa a las técnicas clásicas de topograf a terrestre?

La investigación encuentra que los drones pueden competir de manera precisa, confiable y económica con los métodos tradicionales de mapeo terrestre

Si parece que la tecnología de drones ha avanzado mucho en los últimos años, es porque lo ha hecho. Los drones geoespaciales, que alguna vez se pensaron más como un dispositivo que como un equipo especializado, ahora están cambiando el juego de la topografía, utilizando métodos fotogramétricos para crear mapas en un tiempo récord.

¿Qué es la fotogrametría aérea?

¿Está intentando decidir si un dron de fotogrametría es la inversión adecuada para su negocio de topografía? Siga leyendo para descubrir cómo esta tecnología puede ayudarlo a ahorrar tiempo, esfuerzo y, en última instancia, dinero, sin sacrificar la precisión.

Para comprender cómo se pueden utilizar los drones en la topografía, permítanos recordarle rápidamente sobre la fotogrametría aérea. Implica tomar múltiples imágenes aéreas de una característica y usarlas para crear modelos 2D o 3D de alta resolución digitalizados a partir de los cuales se pueden deducir mediciones precisas. Esto se puede completar con un software de mapeo especializado que busca características comunes en las imágenes y las usa para unir sus fotos de una manera que ofrece una representación precisa de un espacio. Aunque normalmente es un punto de coordenadas, la característica común exacta puede variar según el tipo de fotogrametría que esté utilizando (más sobre esto más adelante). Dependiendo del alcance del proyecto, un modelo hecho con fotogrametría puede requerir desde un par de cientos hasta varios miles de imágenes separadas.

En particular, una sola fotografía aérea no se puede utilizar como mapa fotogramétrico porque no se han abordado cuestiones como la perspectiva y la distorsión. Si bien las imágenes aéreas son excelentes para fines fotográficos y cinematográficos, necesita imágenes fijas desde múltiples ángulos para garantizar la precisión.

Por lo general, la forma más rentable de capturar todas estas imágenes aéreas que necesita es mediante el uso de un vehículo aéreo no tripulado (VANT) como un dron. Si bien se pueden usar aviones y helicópteros, estas opciones tienden a tener un costo mucho más prohibitivo.

Una de las ventajas clave de las fotografías aéreas fotogramétricas es que se pueden utilizar para crear varios tipos de mapas. Dependiendo del tipo de software de fotogrametría que tenga, es posible crear una variedad de resultados, como mapas de ortomosaicos, modelos de nubes de puntos 3D, modelos de superficies digitales y más. Sin embargo, otros tipos de mapeo, como LiDAR, que usa pulsos de luz para medir la topografía, requerirán una carga útil separada.

Tipos de fotogrametría aérea

La fotogrametría se puede dividir a grandes rasgos en dos categorías:

Fotogrametría métrica: este método utiliza puntos de coordenadas en entidades para visualizar un objeto con medidas casi exactas. Luego, los mapas se pueden construir en función de la ubicación de las coordenadas entre sí. Por lo general, estas coordenadas se establecen físicamente con lo que se denominan puntos de control terrestre.

Fotogrametría interpretativa: en lugar de coordenadas específicas, la fotogrametría interpretativa toma una fotografía y agrega topografía al observar indicadores como las formas, sombras y patrones presentados en una imagen, en lugar de coordenadas.

Cada estilo de fotogrametría se puede utilizar para levantamientos topográficos, según las características específicas del trabajo y la atención a los detalles necesarios. Sin embargo, en general, la fotogrametría métrica es la más precisa de las dos y se recomienda para trabajos topográficos que necesitan una precisión centimétrica. Ambos estilos dependen de un software de mapeo especializado para unir imágenes en un mapa fotogramétrico.

Fotogrametría con drones versus topografía terrestre clásica

A pesar de los avances en la tecnología, la prospección terrestre aún puede ser desafiante y compleja. Tradicionalmente, los profesionales de la topografía se han basado en herramientas como estaciones totales, receptores GPS y escáneres láser terrestres para adquirir datos espaciales de alta resolución sobre la topografía de la superficie terrestre. Esto puede requerir una gran cantidad de tiempo y mano de obra, lo que agrega costos a los proyectos de topografía y desvía a los trabajadores de otras tareas. En algunos casos, la topografía terrestre puede incluso ser peligrosa para los empleados, especialmente cuando se trabaja en sitios con terreno empinado o remoto al que es difícil llegar a pie.

El mapeo fotogramétrico de drones, sin embargo, permite a los agrimensores lograr más en menos tiempo. Los trabajos de topografía que normalmente tardarían semanas en completarse se pueden terminar en cuestión de días con drones. Como tal, el uso de drones puede resultar significativamente más económico para muchos proyectos.

Debido a que los drones se pueden desplegar rápidamente, en casi cualquier lugar, su uso elimina la necesidad de enviar al equipo de topografía a áreas peligrosas, como techos, repisas, carreteras, suelo inestable y terraplenes empinados. Incluso las características inaccesibles, como las torres de telefonía celular y las copas de los árboles, pueden mapearse fácilmente mediante el uso de drones.

Demostrando el valor de la fotogrametría con drones

Si bien cada una de las ventajas enumeradas anteriormente se relaciona con la capacidad de un dron para reducir el tiempo, el peligro y el costo del proyecto, hay un factor más muy importante a considerar: ¿Son los drones tan precisos como los métodos terrestres tradicionales? Durante muchos años, las precisiones informadas de los drones comúnmente no han alcanzado su potencial teórico. Sin embargo, esto ha comenzado a cambiar.

Según un estudio reciente del Journal of Unmanned Vehicle Systems, un dron con las capacidades adecuadas, como hardware no tripulado de vanguardia y procesamiento de datos concienzudo, es lo suficientemente preciso como para complementar o reemplazar los métodos de levantamiento terrestre para muchas aplicaciones, sostuvieron los investigadores.

Para apoyar su hipótesis, estos investigadores triangularon siete veces un sitio de una iglesia de 4 acres, utilizando un dron DJI Inspire 2 equipado con un sistema PPK GNSS de alta precisión y una cámara Zenmuse X4S. El sitio contenía tanto superficies lisas que se sabe que los datos de drones modelan bien (estacionamientos, campos y tejados), así como características que no se espera que funcionen bien con fotogrametría aérea (paredes, cables aéreos y el suelo debajo de la vegetación). Los investigadores utilizaron datos de pares de imágenes estéreo para completar las características perdidas o distorsionadas.

Y aunque el sistema de posicionamiento de alta gama del dron significaba que la precisión dependía poco del control terrestre, el equipo recopiló 23 puntos de control bien distribuidos para calcular la transformación de redundancia y proporcionar suficientes datos para estadísticas significativas.

La recolección de datos aéreos se completó en medio día de trabajo de campo, con otro día y medio de trabajo de procesamiento. Mientras tanto, la topografía convencional y el procesamiento de datos tardaron tres días.

Con solo 2 cm de error cuadrático medio vertical (RMSE), el mapeo con drones resultó ser consistente y suficientemente preciso para ser utilizado en muchas aplicaciones típicas de la topografía terrestre. Los investigadores también observaron que la precisión mejoraba cuando el dron volaba a menor altitud (aunque con rendimientos decrecientes). Si este hubiera sido un proyecto típico de topografía terrestre, el uso de drones habría generado un 33% de ahorro de tiempo y un 58% de ahorro de costes.

Los investigadores estudiaron más a fondo la viabilidad económica del mapeo con drones mediante la realización de un estudio en la terraza para la instalación de un panel solar. El equipo recopiló datos aéreos en los tejados de tres tiendas de abarrotes, que oscilan entre 3 y 7 acres, en un solo día. Sin poner ningún trabajador en el techo, todas las características se extrajeron en estéreo, incluidas las líneas de gas, los respiraderos del techo, las unidades de HVAC, los tragaluces y los paneles eléctricos. Si bien la prospección terrestre convencional habría tardado 12 días desde el inicio del proyecto hasta la entrega final, el "vuelo hasta la entrega" tomó solo 7 días, lo que supuso un ahorro de costes del 41% y un ahorro de tiempo del 58%.

En otro ejemplo, el equipo recopiló datos aéreos para un levantamiento topográfico-planimétrico completo de un campo de golf de 260 acres en un día. Si se hubieran implementado métodos clásicos, tres equipos de campo habrían tardado 30 días en recopilar estos datos, lo que habría provocado un tiempo de inactividad significativo para el curso. De hecho, algunas áreas con mucha vegetación en el campo requirieron un levantamiento convencional, pero el dron pudo mapear muchas ubicaciones semi-oscurecidas a través de la compilación estéreo seleccionando un modelo estéreo adecuado. Efectivamente, todo el sitio fue mapeado en 15 días, con un ahorro de costos del 75% y un ahorro de tiempo del 50%.

Entonces, ¿se puede llamar a los drones herramientas precisas y efectivas para la topografía? La respuesta es un rotundo si. No solo eso, el estudio de Journal of Unmanned Vehicle Systems demuestra claramente el potencial de ahorro de tiempo y costos de la tecnología, una consideración que los topógrafos nunca deben perder.

Otras aplicaciones de la fotogrametría con drones

En este punto, hemos establecido que los drones pueden tener un impacto descomunal en los proyectos de topografía, lo que podría reducir días enteros de trabajo. Sin embargo, la agrimensura no es el único campo donde la fotogrametría de VANT está teniendo un impacto transformador. Otros sectores incluyen:

Construcción: la topografía con fotogrametría puede revelar información sobre el terreno en el que se está construyendo. Además, el modelado aéreo con drones puede ayudar en BIM y en la gestión general del proyecto de construcción.
Bienes raíces: los agentes inmobiliarios están utilizando drones para hacer modelos 3D precisos de casas en venta y ofrecer recorridos virtuales. Esta técnica ha despegado como resultado de la pandemia COVID-19.
Ingeniería: los ingenieros pueden usar imágenes fotogramétricas para construir un modelo 3D de edificios y equipos.

Energía: las compañías de petróleo y gas usan drones para monitorear las áreas alrededor de las tuberías en busca de cambios ambientales a lo largo del tiempo. La agrimensura también se implementa comúnmente en este sector.

En casi cualquier industria que valore mediciones precisas, un VANT podría potencialmente usarse como un activo.

Drones topográficos frente a estaciones totales: ¿para qué tipo de proyectos topográficos son ideales los drones?

¿Por qué los drones se están convirtiendo en herramientas de referencia para los profesionales topógrafos y cuál es el dron perfecto para principiantes en topografía?

Debido a que la precisión y la confiabilidad son esenciales para los profesionales de la topografía, es comprensible que muchos hayan dudado en adoptar la tecnología de drones. Los métodos tradicionales funcionan y, como dice el viejo refrán, si no está roto, no lo arregles.

Pero hay conceptos erróneos que impulsan este escepticismo. Muchos proyectos topográficos se pueden completar con éxito con la precisión que brindan los drones. Y si bien hay una compensación de precisión en algunos casos, se pueden lograr enormes ahorros en costos, tiempo y seguridad al integrar drones en los flujos de trabajo tradicionales.

Los drones se han convertido en herramientas transformadoras en una variedad de industrias. La topografía no es diferente, pero los métodos tradicionales siempre tendrán un lugar. De hecho, en algunos casos, representan la única solución posible.

¿Por qué los topógrafos tradicionales están cambiando a drones?

El tiempo, el ahorro de costos y las mejoras de seguridad son los principales beneficios que los drones brindan a una gran cantidad de sectores. Los tres ya están impactando el trabajo de los topógrafos.

Tomemos el ejemplo de Altametris, una subsidiaria de recopilación y análisis de datos del gigante ferroviario francés

SNCF. Al comparar diferentes métodos durante la inspección de un tramo de vía férrea, el equipo descubrió que la carga útil DJI Matrice 300 RTK y Zenmuse P1 se combinaron para reducir el tiempo de preparación de la operación en dos horas. Esto se debe a que el módulo RTK incorporado y el sensor de cuadro completo de Zenmuse P1 entregaron suficientes metadatos para reducir de manera efectiva la cantidad de puntos de control de tierra (GCP) necesarios a cero.

Para Altametris, los levantamientos anteriores con una precisión de 3 cm requerirían 40 GCP por kilómetro cuadrado. También sería necesario implementar un tacómetro que requiere mucho tiempo.

Además de consumir horas valiosas, estos métodos implican el manejo físico de equipos en y cerca del ferrocarril. Es a la vez un lugar peligroso y complejo para trabajar. La introducción de drones en la ecuación significó menos horas en el sitio, más procesos automatizados y menos riesgos para los topógrafos, todo sin sacrificar la precisión requerida. De hecho, la Zenmuse P1 se destacó a pesar de las condiciones de poca luz.

Al reducir la cantidad de GCP necesarios para las misiones topográficas, los drones sofisticados pueden ahorrarles a los topógrafos una gran cantidad de tiempo. Pero podría decirse que es en áreas inaccesibles o peligrosas donde la tecnología entra en juego. Las vías del tren son solo un ejemplo de un entorno de trabajo que se adapta mucho mejor a las máquinas autónomas.

El último punto a tener en cuenta es la profundidad de los datos que es posible con los drones. A pesar de necesitar una fracción de la mano de obra, se puede lograr una nube de puntos con millones de puntos de datos y, en muchos casos, mayor detalle, en un tiempo de respuesta razonable. Obtener el mismo resultado con los métodos clásicos requeriría mucho más tiempo, instrumentos y costos.

¿Qué tipos de proyectos topográficos son ideales para drones y herramientas topográficas tradicionales?

A pesar de los beneficios que ofrecen los drones en comparación con los métodos topográficos tradicionales, hay situaciones en las que los viejos métodos siguen siendo una parte importante de la ecuación.

Lo primero a considerar es el grado y tipo de precisión que requiere su proyecto.

Es aquí donde la diferencia entre precisión relativa y precisión absoluta es importante. Para muchas aplicaciones, la precisión relativa, la precisión de dónde se encuentran los objetos entre sí, es todo lo que importa. El resultado de estos proyectos pueden ser modelos reconstruidos como nubes de puntos 3D o mapas ortomosaicos. Cuando las posiciones reales de los objetos en la Tierra son un factor importante en la ecuación, es necesario un proceso topográfico que proporcione una precisión absoluta.

Adoptar un enfoque relativo es una forma sencilla de evaluar con precisión volúmenes, distancias y variaciones de altura. Pero si esos datos van a combinarse con más capas de información, o si espera desarrollar documentación topográfica fotogramétrica profesional, esas mediciones deberán estar orientadas geográficamente utilizando puntos de control terrestres y/o respaldadas por VANT Real-Time Kinematic (RTK). RTK es una solución de corrección de GPS integrada en drones que funciona con una estación terrestre para geoetiquetar con precisión imágenes con información de GPS a medida que se capturan.

Como regla general, los proyectos que requieren una precisión de 2 cm deberán mejorarse con métodos tradicionales. Los drones logran constantemente una precisión de 5 cm y, según las cargas útiles y los parámetros de vuelo, una precisión de hasta ~ 1 cm. Si su proyecto exige una precisión de 2, 1 o incluso milímetros, las herramientas tradicionales siguen siendo la mejor opción.

Proyectos topográficos ideales para las herramientas topográficas tradicionales

Proyectos topográficos que están en interiores o subterráneos

Debido a la señal de GPS limitada y las condiciones de poca luz, los proyectos subterráneos y en el interior generalmente no son adecuados para los drones. En cambio, la exploración de la geometría de las cuevas y las estructuras internas se realiza mejor con métodos topográficos taquimétricos o, para obtener resultados de mayor velocidad y resolución, con tecnologías de escaneo láser terrestre (TLS).

Proyectos topográficos que impliquen obstruir objetos

Los estudios aéreos también pueden verse complicados por la presencia de edificios o un denso follaje de dosel. Estos problemas se agravan cuando las obstrucciones enmascaran los cambios de elevación. LiDAR puede funcionar a través del follaje ligero, pero los árboles densos bloquearán el suelo y reducirán la precisión del resultado final.

Proyectos que no tienen un plazo estricto

El tiempo es dinero. Y uno de los mayores beneficios de la topografía con drones es la reducción del tiempo que lleva completar el trabajo. Sin embargo, no todos los proyectos deben completarse ayer, y no todas las encuestas requieren que se encuentre un equilibrio entre la precisión y el tiempo de la misión.

Los drones cubren terreno más rápido que las personas y el hardware adecuado puede reducir drásticamente la cantidad de GCP necesarios. Pero si está feliz de pasar el tiempo adicional necesario para una mayor precisión, puede continuar con los métodos tradicionales.

Proyectos topográficos donde brillan los drones

Zonas inaccesibles

Algunos entornos e infraestructuras están literalmente más allá del alcance de las técnicas topográficas tradicionales. Pero cuando es necesario recopilar datos, especialmente a escala, los drones son la solución ideal. Las torres de telefonía celular, las granjas solares y las copas de los árboles son solo algunos ejemplos de áreas que se pueden mapear fácilmente con drones.

Terreno peligroso

El hecho de que un área esté al alcance de las técnicas topográficas terrestres no significa que sea prudente o seguro hacerlo. Los lugares peligrosos, incluidos los tejados, las cornisas, las carreteras, el suelo inestable, los terraplenes empinados y, como se mencionó anteriormente, las vías férreas, son todos lugares peligrosos para trabajar. Las soluciones innovadoras de drones pueden llevar a cabo tareas topográficas sin poner en riesgo a los equipos sobre el terreno.

Cuando la profundidad de los datos importa

Un beneficio significativo de la topografía aérea es la profundidad y variedad de resultados potenciales disponibles. Si está realizando una encuesta agrícola, los sensores multiespectrales y las cámaras de alta definición pueden recopilar los datos que necesita para evaluar la salud de los cultivos y comprender la situación en detalle. Si está realizando un levantamiento topológico antes de un proyecto de construcción, LiDAR y la fotogrametría permiten nubes de puntos 3D, mapas ortomosaicos y modelos digitales de terreno de alta densidad para obtener una visión general completa. Si está estimando las existencias y buscando mediciones de volumen precisas que no se vean obstaculizadas por errores humanos, unos pocos clics de la cámara de un dron pueden recopilar la información que necesita sin poner en peligro al personal.

El impacto de la tecnología de drones en la construcción

Tener acceso a la tecnología de drones puede cambiar la forma en que los contratistas administran sus sitios de trabajo, actuando como un pilar central de un enfoque nuevo y más digital para el trabajo de construcción. Hacer un uso efectivo de los últimos modelos de drones puede transformar los flujos de trabajo y ayudar a los empleados a lograr sus objetivos.

Los efectos de la adopción de drones pueden comprender:

Planificación mejorada: la creación de un plan adecuado para un proyecto de construcción comienza con un estudio detallado del lugar de trabajo. Llevar a cabo el trabajo a pie puede llevar mucho tiempo, mucha mano de obra e incluso ser físicamente peligroso, según el tamaño y el terreno del área en cuestión. El levantamiento topográfico con drones es seguro y eficiente, y brinda información precisa que puede informar un proyecto completo.

Gestión detallada del proyecto: los datos recopilados por drones no necesitan limitarse a levantamientos topográficos iniciales. Mediante el uso de vehículos aéreos no tripulados para recopilar información en tiempo real durante el transcurso de un trabajo, los líderes pueden crear un registro preciso y actualizado del proyecto y luego compartir los datos del dron con todos los departamentos para evitar que se desarrollen silos de comunicación.

Riesgo reducido para el personal: en los años anteriores al desarrollo de los drones, los empleados de la construcción seguían recopilando los datos topográficos necesarios e inspeccionaban los lugares de trabajo en busca de peligros, pero lo hacían a pie. En lugar de hacer que los trabajadores asciendan a puntos altos o naveguen por terrenos difíciles, los contratistas pueden volar drones de manera segura sobre el área en cuestión, manteniendo a sus trabajadores fuera de peligro.

Uno de los aspectos más emocionantes de la integración de drones en los flujos de trabajo de la construcción es que constantemente surgen nuevos casos de uso. A medida que las nuevas cargas útiles de los sensores estén disponibles, las empresas de construcción pueden volverse más ambiciosas con los tipos de funciones en las que utilizan sus drones, desde la supervisión del sitio de trabajo en tiempo real hasta el escaneo térmico y más.

La última tecnología de drones en la construcción

¿Qué se necesita para crear un dron ideal para el sector de la construcción? Estos vehículos aéreos no tripulados profesionales están muy lejos de las embarcaciones más simples utilizadas por los consumidores aficionados. Con una variedad de características de tecnología avanzada que van desde herramientas de control y asistencia al operador hasta cargas útiles de sensores avanzados, los últimos modelos de drones pueden ofrecer un rendimiento sin igual en una variedad de funciones en el lugar de trabajo.

Las siguientes son solo algunas de las características tecnológicas que han convertido a los drones en la construcción en una valiosa adición a los flujos de trabajo de construcción:

Cinemática en tiempo real

Para crear estructuras e infraestructuras terminadas que resistirán la prueba del tiempo, el personal de construcción necesita una precisión de nivel centimétrico en sus mapas digitales de los sitios de trabajo. Los módulos de cinemática en tiempo real (RTK) les permiten lograr esta calidad de rendimiento topográfico. El método utiliza un módulo en un dron y una estación base de ubicación fija para obtener lecturas más precisas de lo que sería posible con un método basado únicamente en satélites.

El método triangula la posición de la estación base, el dron y los satélites, generando datos geoespaciales para importar al software de mapeo. RTK requiere menos puntos de tierra que otros métodos topográficos de drones, se basa en su única estación base y corrige automáticamente los errores mientras el vuelo aún está en curso. Los drones RTK también pueden equiparse con cinemática de posprocesamiento (PPK), una metodología alternativa que es especialmente útil en áreas obstruidas o donde las señales de los satélites son débiles.

Fotogrametría

La fotogrametría implica tomar múltiples imágenes de su objetivo y unirlas con software para crear mapas o modelos digitalizados en 2D o 3D de alta resolución a partir de los cuales se pueden deducir medidas precisas. Esto permite a los equipos crear de manera rápida y eficiente modelos topográficos de sus sitios de construcción y actualizarlos con el tiempo. Los drones de hoy pueden equiparse con módulos de fotogrametría tan sensibles que incluso es posible medir con precisión la cantidad de material que queda en una pila de almacenamiento en función de los puntos de datos que recopilan.

El empleo de drones para la medición precisa y actualizada de las existencias de materiales es una táctica de generación de eficiencia de última generación. Al escanear una pila de material desde el aire, es posible asegurarse de que tanto el personal de la oficina como el personal en tierra sepan cuánto inventario les queda. Con esta información en tiempo real, un capataz sabe de antemano cuándo pedir más materiales, y hacer el conteo a través de un dron significa menos trabajo manual.

LIDAR

En algunos casos, el modelado 3D del sitio de trabajo y la medición del volumen de las pilas de almacenamiento pueden llevarse a cabo con un módulo de detección y alcance de luz (LiDAR). LiDAR se basa en pulsos de luz, detectando la posición de puntos en el espacio directamente a través de estos pulsos en lugar de ensamblar modelos 3D basados en fotografías aéreas.

En comparación con la fotogrametría, LiDAR puede ofrecer un alto grado de detalle, útil para mapear objetos relativamente pequeños. Cabe señalar que los módulos LiDAR tienden a ser más pesados y complejos de usar, y tienen un mayor costo inicial. Sin embargo, a medida que se desarrolla la tecnología y entran nuevos modelos en el mercado de drones en la construcción, esta se está convirtiendo en una opción cada vez más atractiva.

...Y mucho más

Una carga completa de drones no solo incluye la última tecnología de mapeo, escaneo y sensores. Estos VANT también están equipados con funciones de automatización de vuelo e inteligencia aérea para ayudar a los operadores y garantizar que los vuelos sean seguros y estables. La tecnología de las baterías también ha avanzado en los últimos años, asegurando que los pilotos siempre sepan cuánto tiempo de vuelo seguro les queda.

Con capacidades tan avanzadas, la formación de usuarios se ha vuelto más rápida y sencilla en los últimos años. Sigue siendo esencial contar con empleados debidamente certificados y capacitados en el hardware que van a utilizar, y las organizaciones aún necesitan autorización para volar drones en el espacio aéreo sobre un lugar de trabajo. Sin embargo, la barrera de entrada al uso de drones nunca ha sido tan baja.

Funciones de los drones en la construcción en el lugar de

trabajo:

Al analizar los trabajos que los contratistas pueden realizar con los drones en la construcción, es posible crear una imagen clara de cuán versátiles y valiosos son estos VANT. Independientemente del tamaño o las necesidades específicas de una organización, es probable que haya alguna aplicación para un dron dentro de sus flujos de trabajo. Estos usos potenciales incluyen:

Topografía del sitio y modelado 3D: desde el inicio de un trabajo, es posible que los equipos de construcción construyan mapas 3D precisos basados en encuestas aéreas con drones. Actualizar estos mapas con frecuencia y compartir los datos de drones con todas las partes interesadas mantiene a los departamentos en sintonía. Tener este registro integral del progreso de la construcción permite a las cuadrillas detectar peligros potenciales, al mismo tiempo que realiza un seguimiento del resultado del proyecto frente a las proyecciones y realiza ajustes si es necesario.

Cálculos volumétricos: calcular el volumen de una pila permite una planificación más precisa al determinar cómo administrar el inventario en un sitio de trabajo. Ya sea que use fotogrametría o LiDAR, esta es una forma de aumentar la eficiencia de un flujo de trabajo clave en el lugar de trabajo. Comprender cuánto queda de un material (y dónde se encuentra) es una ayuda para la logística.

Monitoreo de activos: además de rastrear el volumen de las existencias de materiales, los equipos de construcción pueden usar fotografías y modelos aéreos para rastrear el movimiento de grandes activos en un sitio de trabajo expansivo. Conocer la posición de los activos día a día es una forma útil de mantener seguros a los trabajadores en el sitio y asegurarse de que el equipo en sí esté seguro.

Gemelos digitales: Construir un gemelo digital de un edificio en progreso o un entorno completo es el proceso de generar un modelo 3D que recibirá actualizaciones periódicas a medida que avanza el trabajo. Con este modelo, las cuadrillas pueden asegurarse de que sus diseños cumplan con los códigos locales y determinar dónde vigilar los posibles puntos de falla. La planificación se vuelve más fácil con este modelo para trabajar.

Monitoreo de información de construcción (BIM): BIM es el proceso de diseño digital que continúa junto con el trabajo de construcción física. Los contratistas pueden asegurarse de que sus proyectos van por buen camino capturando datos geoespaciales del mundo real de drones y comparándolos con sus diseños BIM previsualizados. Incluso es posible utilizar drones LiDAR para recopilar información sobre el interior de las estructuras en construcción y agregar estos datos a los sistemas BIM.

Inspecciones: realizar una inspección a través de drones permite a los contratistas recopilar información de sus sitios de construcción sin poner a los trabajadores en riesgo potencial al hacerlos ingresar a áreas peligrosas. Mediante el uso de funciones avanzadas de drones como "AI Spot Check", que permite el etiquetado de objetos dentro de un sitio, los operadores pueden reducir el riesgo de perder algo debido a un error humano.

Planificación y organización general: no todo lo que un dron puede lograr cae en una categoría ordenada, que es una de las cosas más emocionantes del uso de esta tecnología en un lugar de trabajo. Cada vez que los contratistas necesitan un par de ojos adicionales en una parte de un trabajo en curso, pueden enviar un dron de construcción avanzado para obtener una nueva perspectiva. Esta flexibilidad ayuda a mantener un trabajo en movimiento de manera eficiente.

Drones en la construcci n: c mo pueden ayudarlo a administrar el tiempo y el costo

Cómo el uso de drones para monitorear sitios de construcción puede facilitar una mejor comunicación

Se estima que la industria de la construcción pierde U $S 3 mil millones anualmente. Los cambios de diseño, los errores de programación y las malas prácticas de gestión de la construcción pueden atribuirse a esta sorprendente cifra. Los proyectos de construcción involucran a numerosas partes interesadas: propietario, contratista, gerente de proyecto, arquitectos, supervisor del sitio, ingeniero estructural y más. El éxito de un proyecto de construcción depende de la capacidad de todas estas partes interesadas para comunicarse sin problemas datos precisos entre sí.

Sí, la fotografía se puede usar para monitorear el progreso de la construcción. Y con la llegada de los teléfonos inteligentes, esto se ha vuelto más frecuente. Sin embargo, el problema surge cuando los gerentes de proyecto no tienen un protocolo para preservar esta evidencia. Entonces, esto es, en el mejor de los casos, un proceso improvisado.

Los drones pueden abordar este problema mediante la adquisición de datos precisos en tiempo real. Los drones se pueden usar para llegar a áreas difíciles de alcanzar también. Esto sería particularmente ventajoso mientras se perfora un campo petrolero, por ejemplo. El gerente del proyecto puede ver cómodamente el progreso de la construcción de forma remota desde la comodidad de la oficina de su sitio. Usando drones podemos simplificar el proceso de recopilación de datos y también producir informes de progreso de construcción más precisos.

Uso de drones para estimaciones precisas de volumen en sitios

<u>de construcción</u>

Exploremos un caso de uso para estimar cantidades y costos en la construcción. Digamos que usted es un contratista que planea realizar una excavación + trabajo de nivelación fina para un sitio grande de 4 hectáreas. ¿Cuales son tus opciones? Por supuesto, puede optar por un enfoque tradicional mediante la contratación de un equipo de topografía tripulado. Una vez que obtenga estos datos, puede digitalizarlos y calcular los volúmenes utilizando uno de los muchos software disponibles en el mercado. El uso de un equipo de topografía tripulado se está convirtiendo rápidamente en un concepto desactualizado: toman una cantidad increíblemente alta de tiempo para obtener y procesar los datos.

Debería considerar usar drones en la construcción para estimar volúmenes. Si contrata a un piloto de drones experimentado que tiene el equipo adecuado para respaldarlo, puede obtener datos de calificación de la medición rápidamente y sin romper su caja de ahorro. Sin embargo, llegar al cliente adecuado puede ser un desafío. A menudo, los clientes desean realizar sus propias mediciones. Para hacerlo, deberá crear una nube de puntos 3D con una superposición de malla. Y necesitará habilidades avanzadas de mapeo para hacerlo. Puede usar Auto Cad para ver esta superposición de malla. Esto depende de qué herramienta esté usando el cliente.

Algunas de las compañías mineras más grandes del mundo pudieron estimar sus inventarios de materiales con un 2-5% de precisión.

<u>Consejo de marketing: graba un gran lapso de construcción con tu dron</u>

Grabar un hyperlapse de construcción puede ser una ventaja para usted. Realmente no estás haciendo ningún esfuerzo extra ya que estás aprovechando el tiempo que tienes en el sitio. Un hyperlapse bien editado es de gran valor para el cliente: ayuda mucho a comercializar la propiedad.

Editar un lapso de tiempo es complicado. Ten en cuenta que cada día de tu sesión será diferente. Debido a que la luz del sol es diferente en cada imagen, los valores de exposición son diferentes. Si intenta unir imágenes con una exposición variable, terminará con un producto de mala calidad. Para contrarrestar esto, puede considerar grabar en días ligeramente nublados.

<u>Factores que inhiben el uso de drones en la construcción.</u>

Tenga en cuenta que es posible que necesite permisos si está filmando un proyecto de infraestructura. Si no tiene en cuenta el costo de los permisos y el costo de oportunidad (el tiempo necesario para obtener los permisos puede ser significativo), podría terminar perdiendo dinero.

Las altas tasas de rechazo para las exenciones y dispensas aeronáuticas es otro factor que disuade el uso de drones en la construcción. Esto dificulta el monitoreo de grandes obras de construcción. Levantar la restricción de la línea de visión, por ejemplo, hará que las operaciones de VANT sean más baratas: se negará la necesidad de reposicionar el equipo.

Otro factor que inhibe el uso de drones es el costo altamente prohibitivo de LiDAR. El uso de fotogrametría no es aconsejable para el mapeo topográfico de un tramo de tierra cubierto de vegetación densa. Necesitas un dron equipado con LiDAR para esto. El uso de LiDAR le permite cortar la densa vegetación y darle una descripción precisa de la línea de la tierra.

<u>Conclusión</u>

Los drones pueden ser una forma rentable y precisa de prevenir la reprogramación y el exceso de costos para proyectos de construcción. Las fugas anuales estimadas en U$S 3 mil millones y niveles extremadamente bajos de digitalización significan que la industria de la construcción está lista para la rápida adopción de la tecnología VANT. La mejora en las reglas de aviones no tripulados de las entidades aeronáuticas y una tecnología más asequible contribuirán en gran medida a aumentar el uso de aviones no tripulados en la construcción.

CONSEJOS PARA PILOTOS DE DRONES EN OBTENER TRABAJOS DE CONSTRUCCIÓN

Al tratar de hacerse un nombre como piloto de drones, muchos propietarios de negocios buscan ofrecer sus servicios a la industria de la construcción. Después de todo, no es ningún secreto que el mundo de los edificios y propiedades tiene muchos usos para los drones, mapas y fotografías aéreas. La necesidad de aviones no tripulados se ha vuelto tan grande que muchas compañías de construcción han comenzado a contratar pilotos de aviones no tripulados internos y asalariados para manejar todos sus servicios de cartografía aérea y cinematografía.

Sin embargo, a menudo recibimos preguntas de los pilotos sobre los drones en la industria de la construcción. Quieren saber qué servicios deberían ofrecer a sus clientes y cómo deberían comercializar su negocio de drones.

Como con cualquier industria, no hay límites para lo que puede ofrecer a una empresa. Cada empresa de construcción tiene diferentes necesidades y cuanto más creativo sea, más probabilidades tendrá de hacer negocios. Sin embargo, hemos esbozado algunos trabajos de drones comunes en la industria de la construcción para ayudarlo a comenzar.

ENCUESTAS DE PROPIEDAD

La mayoría de los trabajos de construcción a gran escala requieren que el contratista mapee o "inspeccione" el edificio o la propiedad antes de trabajar. Esencialmente, este proceso implica que el contratista eche un vistazo al lugar de trabajo antes de darle a su cliente potencial una estimación de cuánto costará el trabajo. En el pasado, las compañías tenían que gastar enormes cantidades de dinero contratando agrimensores profesionales para mapear las propiedades que estaban buscando comprar. Sin embargo, muchas empresas de construcción se han dado cuenta en los últimos años de que los drones tienen la capacidad de revolucionar el proceso de vigilancia terrestre.

Si bien los topógrafos aún son necesarios en muchos casos (¡no se preocupe por dejarlos sin trabajo, les está yendo bien!), Los drones ofrecen una forma mucho menos costosa de mapear la tierra. Debido a que los drones pueden moverse tan fácilmente sobre un área de tierra, nos lleva mucho menos tiempo mapear un espacio que un topógrafo tradicional. Ya no es necesario contar con grandes equipos y voluminosos para proporcionar a los contratistas imágenes de alta calidad de sus propiedades.

MAPAS DE PROGRESIÓN

Muchos contratistas han expresado que sus inversores, si bien son generosos con el dinero, pueden ser una molestia en el lugar de trabajo. Estos inversores, ansiosos por ver cómo se gasta su dinero, quieren recorrer el sitio de construcción y ver cómo van las cosas. En lugar de golpearse la cabeza con un casco y caminar por el lugar de trabajo como lo hubieran hecho en el pasado, las empresas de construcción han estado utilizando drones para mantener a sus clientes felices desde la distancia. Si bien el inversor inevitablemente tendrá que estar presente en la propiedad, las imágenes de drones pueden ser una forma para que los clientes vean el progreso del trabajo de construcción sin tener que interponerse en el camino de los trabajadores.

Los mapas de progresión a menudo toman la forma de una serie de fotografías, tomadas específicamente para actualizar a los inversores sobre el progreso de un trabajo. Sin embargo, el mapeo de progresión de alta gama a veces implica mediciones volumétricas que pueden dar al inversor una idea de la cantidad de material físico que se ha utilizado durante el proceso de construcción. Cuanta más capacitación de drones tenga, más podrá ofrecer a estas compañías cuando se acerque a ellas.

MARKETING Y PUBLICIDAD

Al igual que cualquier otro negocio, las empresas de construcción deben anunciarse para obtener clientes. Los drones ofrecen un servicio particularmente relevante para las empresas de construcción, en el sentido de que son capaces de capturar magníficas fotografías aéreas desde la distancia. Debido a que las empresas de construcción manejan estructuras a gran escala, no hay mejor manera de capturar su trabajo que con un dron. Por esta razón, las empresas de construcción tienden a amar el metraje de drones simplemente porque les ayuda a comercializar a los inversores y atraer nuevos clientes. Muestre a una empresa de construcción que puede hacer que su producto se vea mejor que nunca y que tendrá un trabajo con ellos en poco tiempo.

Cómo se usan los drones en todo el ciclo de vida del proyecto de construcción

Hablamos un poco sobre el uso de drones en la construcción. La construcción es una de las industrias menos digitalizadas. La dependencia de las herramientas de planificación tradicionales ha llevado a un uso ineficiente de los recursos. Tal vez esa sea la razón por la cual los litigios de construcción son tan comunes en la misma (más aún para proyectos grandes y complicados con numerosas partes interesadas)

Nos sumergimos más en este tema y exploramos varios usos de drones en todo el ciclo de vida del proyecto de construcción. He dividido el ciclo de vida del proyecto de construcción en 5 etapas:

1. Planificación y diseño
2. Contratos/licitaciones
3. Adquisiciones
4. Construcción
5. Cerrar

Comencemos discutiendo los usos de los drones en la etapa de planificación y diseño de la construcción.

1. <u>Planificación y diseño: lapso de tiempo, topografía del sitio, evaluación del sitio</u>

Es importante reconocer la interrelación entre planificación y construcción. Los mejores datos en la etapa preliminar del ciclo de construcción lo ayudan a preparar una hoja de ruta más precisa. Y los datos más rápidos lo ayudan a mantener los costos de su proyecto bajo control. Puedes usar un dron para una medición preliminar del sitio. Usando fotogrametría puedes crear hermosos modelos realistas. Y puede obtener datos de grado de medición altamente precisos utilizando fotogrametría. Si usa una cámara de alto zoom, como algunas de la línea DJI Zenmuse, también puede capturar detalles minuciosos del sitio.

En la etapa de planificación y diseño, puede comenzar a tomar imágenes que eventualmente puede usar para la creación de un video de lapso de tiempo, una herramienta de marketing extremadamente efectiva. Sin embargo, tenga en cuenta que la producción y la postproducción para un video de lapso de tiempo es un proceso complicado. Le recomendamos filmar en días ligeramente nublados. Las sombras pueden dar como resultado un producto final de mala calidad.

2. Contratos / Licitaciones - Estimación de cantidades y análisis de riesgos del proyecto

Los drones pueden ayudarlo a presentar ofertas más precisas y competitivas para proyectos de construcción. La creación de un modelo de dron 3D le permitirá evaluar con precisión la cantidad de tierra que necesita ser excavada. Incluso puede realizar sus propias mediciones utilizando una nube de puntos 3D con una superposición de malla. Normalmente, un piloto de VAnt hace su entrega utilizando AutoCad.

3. Adquisiciones - Seguro del sitio

El uso de un dron puede ayudarlo a controlar si las prácticas de salud y seguridad se implementan correctamente. Además, tener imágenes en tiempo real lo ayudará a optimizar aún más su práctica de salud y seguridad. Y posteriormente reducir el riesgo del sitio.

¿Los empleados usan el equipo de seguridad necesario? ¿Están sus excavaciones apuntaladas correctamente? Tener un ojo en el cielo y obtener datos en tiempo real es una excelente manera de mitigar el riesgo del sitio y garantizar la seguridad. Esto puede ayudarlo a reducir los costos de seguro de su sitio también.

4. Construcción: seguridad del sitio, informes de progreso, mejor comunicación

Puede ser realmente innovador con las aplicaciones de drones en la fase de construcción real. Exploremos uno de estos usos: cómo los drones hacen que sea más seguro y fácil instalar cables de tensión posterior.

El uso de cables de tensión posterior en la construcción está ganando popularidad. Los cables de tensión posterior permiten verter losas de concreto más delgadas y largas que pueden reducir significativamente los costos de construcción. Sin embargo, el tendido real de los cables y el vertido de hormigón puede ser complicado. Como su nombre indica, los cables de tensión posterior, se tensan después de verter el hormigón.

Ahora, perforar después de que el concreto ha sido vertido es problemático. ¿Por qué? Debido a que los cables de tensión posterior tienden a desplazarse ligeramente cuando el hormigón se vierte sobre la losa. El contratista debe asegurarse de que estos cables no se golpeen durante la perforación, ya que esto puede comprometer la seguridad estructural.

Usando drones, los contratistas pueden tener una idea de la medida en que los cables tensión posterior han sido desplazados. Por lo tanto, pueden perforar de manera segura sin preocuparse de golpear un cable de forma segura. Puede recurrir al escaneo de hormigón, que puede llevarle hasta 14 días. ¡Un dron puede realizar esta tarea en 3 horas!

<u>Consejo profesional</u>: los drones equipados con sensores térmicos pueden detectar fácilmente la pérdida de calor debido a un aislamiento instalado incorrectamente o juntas eléctricas. Los drones son un enfoque mucho más sistémico para monitorear el progreso de la construcción. El uso de fotos es un método obsoleto que resulta en una comunicación menos que ideal entre las partes interesadas.

5. Liquidación: lapso de tiempo, documentación

Durante el cierre del proyecto, un piloto de VANT puede

proporcionarle un video de lapso de tiempo terminado de principio a fin. Esto puede proporcionar un gran impulso a sus esfuerzos de marketing.

Los drones también pueden proporcionar evidencia fotográfica para mostrar que el proyecto se ha completado. La facilidad de la recopilación de datos resulta en la precisión de facturación y esto facilitaría que el contratista reciba pagos en el cierre del proyecto.

Conclusión

La baja digitalización y el consiguiente desperdicio de recursos es un buen argumento para usar drones durante todo el ciclo de vida del proyecto de construcción. Los contratistas deben contratar a un buen piloto de vehículos aéreos no tripulados con una fuerte fotogrametría y habilidades de mapeo 3D, y alguien que comprenda la industria de la construcción y sus diversos puntos débiles.

Los contratistas civiles deberían considerar seriamente el uso de drones desde el inicio del proyecto. Tendrán mejores datos que conducirán a una mayor comprensión. Y decisiones comerciales MÁS INTELIGENTES.

Cómo ayudan los drones con la medición del volumen de los materiales

¿Necesita obtener una imagen completa de sus activos en el sitio y rápidamente? La medición del volumen de los materiales es un proceso clave en casi todos los sitios de trabajo de minería o construcción. Ya sea que usted y su equipo estén a cargo de extraer un material o de usarlo para crear un producto terminado, los números precisos suavizan las ineficiencias y hacen que cada parte de la cadena de suministro funcione mejor.

El problema es que, con las técnicas incorrectas, la medición del volumen de los materiales puede ser un proceso largo y exigente que mantiene a su equipo alejado de sus tareas principales. Afortunadamente, un dron puede obtener los datos que necesita de forma rápida y precisa.

Los beneficios de una medición precisa de los materiales

Pregúntele a cualquier gerente de mina o sitio de construcción: cuanto más precisos sean sus datos, mejores serán las decisiones que tome. Al realizar un seguimiento más preciso de la cantidad de material que ha almacenado, ya sea carbón o vigas de acero, puede optimizar su cadena de suministro, ahorrar dinero y comprender mejor cuánto trabajo le queda a su sitio en un proyecto.

Beneficios incluidos:

Mejor logística de la cadena de suministro

La gestión eficaz de la cadena de suministro se trata de tener suficiente inventario disponible para satisfacer la demanda en todo momento, mientras se mueven los materiales de la manera más eficiente posible. No importa dónde se encuentre su lugar de trabajo en la cadena de suministro, un informe de materiales es una pieza clave del rompecabezas. Tener un recuento preciso de los materiales que tiene disponibles significa que puede tomar decisiones informadas sobre cuánto necesita comprar o extraer.

De lo contrario, corre el riesgo de comprar en exceso o subestimar la cantidad de material que necesita.

Previsiones financieras detalladas

Una medición precisa de los materiales no se trata solo de saber lo que tiene actualmente, sino de lo que necesitará para seguir adelante. Estas medidas le permiten realizar un seguimiento de su inventario actual y determinar si está en camino de alcanzar su objetivo. Los datos almacenados también pueden ayudar a los responsables de la toma de decisiones a determinar los precios de los productos y las necesidades futuras de pedidos.

Reducir las cancelaciones

Es imposible valorar con precisión su producto si no sabe cuánto tiene. Las mediciones regulares del volumen de los materiales le permiten completar las órdenes de trabajo de manera precisa y eficiente. De esa manera, puede asegurarse de que su producción coincida con sus números, lo que le permitirá ahorrar dinero a largo plazo.

Drones vs.Técnicas de medición tradicionales

Si bien puede ser tentador optar por un enfoque probado y verdadero, la utilización de un VANT para su proceso de medición de materiales puede proporcionar resultados más precisos y ahorrar mucho tiempo y dinero a la vez. Algunos de los métodos más comunes de la "vieja escuela" incluyen el uso de una rueda, un balde o un camión para contar las cargas. En algunos casos, las empresas simplemente "echarán un vistazo" a una reserva, un enfoque plagado de inexactitudes que deben evitarse a toda costa.

Si bien estos enfoques de medición tradicionales pueden parecer económicos en comparación con el costo de comprar un dron, potencialmente podrían costar significativamente más en el futuro. Las estimaciones inexactas pueden crear ineficiencias en su flujo de trabajo y en toda su cadena de suministro. Además, el tiempo de medición adicional requerido por su equipo podría emplearse mejor en otra parte.

Quizás lo más importante, dependiendo de su sitio, medir las reservas a mano puede ser potencialmente peligroso. Si bien la lesión ocasional es una parte desafortunada de cualquier mina o sitio de construcción, mitigar el riesgo siempre que sea posible, es bueno tanto para sus trabajadores como para su negocio.

En esas mismas áreas donde las soluciones de medición impulsadas por el hombre son cortas, los drones sobresalen. Con un dron, puede comprender las dimensiones completas de una reserva con unos pocos clics de la cámara y el software apropiado. Si bien la eficiencia de la medición de drones se puede sentir en cualquier lugar de trabajo, es especialmente importante para las organizaciones con múltiples ubicaciones o una gran cantidad de existencias. Además de guardarlo tiempo, la medición de las reservas de drones toma las preocupaciones de seguridad completamente fuera de la ecuación: las mediciones se pueden tomar desde la distancia sin ningún levantamiento pesado.

Con estos beneficios adicionales, no es de extrañar que la medición de volumen de las reservas se está convirtiendo rápidamente en práctica estándar en lugares de trabajo en todo el mundo.

Cómo usar su dron para la medición de volumen de reservas

Para medir el volumen de existencias, los drones generalmente usan un proceso de modelado llamado fotogrametría para crear un mapa 3D de su sitio y encontrar las dimensiones de sus reservas. La fotogrametría VANT implica tomar varias imágenes de una característica de diferentes perspectivas o líneas de visión, y coserlas junto con el software de mapeo. Las mediciones precisas se pueden deducir de estos modelos. Si bien muchos trabajos de topografía tradicionales de drones requieren cientos o incluso miles de fotografías aéreas, es posible que solo necesite algunas imágenes para una sola reserva, dependiendo de su tamaño.

En algunos casos, los sitios de trabajo también pueden usar una técnica de modelado llamada detección de luz y rango, o LiDAR para corta. LiDAR utiliza pulsos de luz, en lugar de imágenes digitales, para evaluar su reserva. Tradicionalmente, el mayor costo y el peso más pesado de las cargas útiles de Lidar lo han hecho menos comunes para la medición de la reserva, pero esto podría estar cambiando con la liberación del Zenmuse L1, nuestra primera carga útil de LiDar.

Dicho esto, el proceso de medición de volumen típico se verá así:

Fotografiando una reserva

Para comenzar, deberá capturar imágenes aéreas del lugar de trabajo más grande antes de centrarse en las reservas. Estas imágenes dan un contexto para la reserva y ayudan a crear una escala precisa. Las imágenes deben coincidir con las coordenadas GPS para los mejores resultados.

Utilizando software de mapeo

Desde allí, todo lo que necesita hacer es cargar sus imágenes en el software de dron apropiado y crear modelos 3D. Para usar un modelo para calcular el volumen de almacenamiento preciso, primero deberá conectar el nivel de referencia del área. El nivel de referencia representa el suelo o el piso del sitio y es la línea de base desde donde se registra el volumen de la reserva. En algunos casos, su software podrá identificar automáticamente el nivel de referencia. Esto le dará una medición de volumen precisa y le permitirá ver fácilmente el crecimiento o el cambio en una reserva.

Cálculo de tonelaje

Por supuesto, simplemente conocer los volúmenes precisos de sus reservas que pueden no darle toda la información que está buscando, como el tonelaje. Afortunadamente, estas métricas pueden convertirse estrechamente con una calculadora en línea. Simplemente conecte el material que está midiendo y está en el camino correcto.

Cómo completar tu primer proyecto de mapeo de drones

Paso 1. Aprende a mapear con un dron

El mapeo de drones es un campo lucrativo pero complicado que requiere que domines la adquisición, el procesamiento y la entrega de datos. Para obtener experiencia y evolucionar verdaderamente en un mapeador profesional, aprender de los pilotos expertos con experiencia en el mundo real es el enfoque más efectivo. Es por eso que en **Hornero School** ofrecemos cursos sobre mapeo básico y de otras temáticas, para poder ayudar a educar y concientizar sobre esta forma de trabajo compleja.

Paso 2. Seleccione el mejor dron de mapeo

Una vez que haya invertido en su educación de drones, el siguiente paso es seleccionar un dron que satisfaga mejor sus requisitos.

Los drones se pueden dividir en dos categorías: multirotor y ala fija. Los drones de ala fija como el eBee se usan para volar grandes extensiones de tierra. Si está comenzando con un negocio de mapeo, es recomendable comprar un multirotor.

Global Shutter vs. Rolling Shutter

A continuación, debe comprender la diferencia entre un obturador global y un obturador "persiana". Un obturador global expone todos los píxeles al mismo tiempo. Mientras que, una persiana expone cada fila de píxeles, una a la vez. Entonces, cuando vuelas un dron con un obturador tipo persiana, la adquisición de imágenes será mucho más lenta.

Este retraso en la adquisición de imágenes puede dar lugar a una variación de distancia; que finalmente causa distorsión de la imagen. Drones de la línea Phantom e Inspire vienen con un obturador global. Mientras que la línea Mavic están equipados con un obturador estilo persiana.

Así que ahora ha reducido su búsqueda de drones a un multirotor con un obturador global. ¿Cómo procedes desde aquí? En términos simples, hay dos consideraciones PRINCIPALES para comprar el dron de mapeo correcto:

- Naturaleza del trabajo
- Ambiente de vuelo

<u>Naturaleza del trabajo</u>

Si solo planea realizar trabajos de mapeo, el Phantom es su mejor opción. Sin embargo, si desea realizar trabajos de mapeo e inspección, el Inspire es una mejor opción. Esto se debe a que el Phantom no viene con lentes intercambiables. Mientras que, el Inspire puede volar con una DJI Zenmuse, que viene con lentes intercambiables y también con posibilidad de cambiar a una cámara térmica.

La desventaja de usar la línea Inspire en lugar de la línea Phantom es que comerá tus márgenes de ganancia. Por el bien de la discusión, consideremos que está mapeando un estadio de futbol. Necesitará 4 baterías Phantom para completar esta tarea. Con cada batería Phantom que cuesta U$S 150, terminarás gastando U$S 600 después de cuatro baterías. Mientras que, terminará pagando casi el doble de esa cantidad en las baterías Inspire.

<u>Ambiente de vuelo</u>

Si planea volar en condiciones de viento o frío, es mejor que compre la línea Inspire.

En primer lugar, el Inspire es un pájaro más pesado. Además, debido a la distribución desigual del peso, el Inspire se encaja en un vuelo seguro más rápido que el Phantom. Por estas razones, el Inspire tiene una mayor capacidad de manejo del viento.

En segundo lugar, el Inspire viene con accesorios de gran altitud y baterías autocalentables. Eso significa que también puedes volar en climas fríos.

Una vez que logre una posición firme en la industria del mapeo, es posible que desee asumir trabajos de mapeo complejos y a gran escala. En este punto, es posible que sienta la necesidad de actualizar a un gran dron de nivel empresarial.

Paso 3. Seleccione la mejor aplicación de mapeo

Ahora que hemos hablado sobre hardware, hablemos sobre software de mapeo. El software de mapeo o las aplicaciones de mapeo se pueden dividir en tres categorías:

1. Software de adquisición: para adquisición de datos

Maps Made Easy, Pix4D Capture y UCGS

2. Software de procesamiento: se utiliza para crear nubes de puntos, mapas y orto mosaicos

Pix4D Mapper, Metashape Agisoft, Inpho

3. Software todo en uno: software basado en la nube

Skycatch y DroneDeploy

Pix4D vs. DroneDeploy

Puede personalizar sus mapas/modelos en mayor medida si está utilizando una aplicación de escritorio. Entonces, por ejemplo, agregar puntos de enlace manuales no es posible en una aplicación basada en la nube como DroneDeploy. Otra limitación del uso de aplicaciones basadas en la nube es la incapacidad para procesar datos voluminosos. Por las razones anteriores, le recomendamos encarecidamente que elija Pix4D como su aplicación de mapeo.

Además de DroneDeploy y Pix4D, otras aplicaciones de mapeo tienen algunos beneficios únicos. Por ejemplo, DJI GS Pro le permite volar en modo de órbita vertical. Entonces, si está mapeando estructuras verticales como torres de celdas, GS Pro es una excelente opción.

Maps Made Easy es otra excelente aplicación de mapas. Es la única aplicación de mapeo con una función de reconocimiento del terreno. Esta característica puede ser inmensamente útil si está mapeando un área con muchas variaciones de elevación.

Paso 4. Invierta en accesorios para drones

Además de invertir en una aplicación de drones y mapas, también necesitará acceso a un GPS confiable. Y no necesita gastar miles de dólares en un GPS de alta gama. Alquilar una unidad Leica o Trimble es un movimiento inteligente, especialmente en las etapas iniciales de su negocio de drones.

Además, mientras su dron está en el aire, necesitará baterías de respaldo y una forma de cargarlas.

Fabricaci n de ortomosaicos con drones: todo lo que necesita saber

La topografía con drones es mucho más complicada que tomar una fotografía aérea o dos y terminar el día. Debe asegurarse de que sus imágenes se puedan escalar correctamente entre sí y no estén distorsionadas. En un trabajo en el que estar fuera de lugar por solo unos centímetros puede tener un gran impacto en su trabajo, hacerlo bien es importante.

Una forma de garantizar la calidad de la imagen y eliminar muchos de los desafíos que conlleva la perspectiva de la imagen es tomando imágenes ortomosaicas de un sitio. Esta técnica se puede utilizar para hacer mapas increíblemente detallados. Sin embargo, dadas las limitaciones de costos, son realmente mejores solo para ciertos trabajos. Siga leyendo para descubrir cómo se puede usar el mapeo ortomosaico para ayudarlo a mejorar su juego de topografía con drones (u otro trabajo de VANT).

¿Qué es una imagen ortomosaica?

Una imagen ortomosaica, también conocida como ortoimagen, ortofoto u ortofotografía, es una imagen aérea de alta resolución tomada por un VANT. Cuando se unen con software especializado mediante un proceso llamado ortorrectificación, estas imágenes se pueden usar para crear un mapa altamente detallado y sin distorsiones, y mejorar la visibilidad de los detalles que pueden no ser visibles usando técnicas de fotogrametría más comunes. La ortorrectificación elimina la perspectiva de cada imagen individual para crear coherencia en todo el mapa manteniendo el mismo nivel de detalle de la imagen original.

Las imágenes ortorrectificadas se diferencian de las fotografías aéreas estándar en la forma en que visualizan la perspectiva. Las ortofotos se corrigen en función de la perspectiva, la inclinación de la cámara y la distorsión de la lente. Hacerlo significa que estas fotografías se pueden escalar con precisión de una imagen a otra, lo que permite realizar mediciones topográficas en las que puede confiar para distancias reales. Dicho esto, aún necesitará utilizar técnicas estándar de topografía terrestre con drones, como puntos de control terrestre y calcular la distancia de muestra del terreno.

Convertir imágenes ortomosaicas en mapas ortomosaicos

Es importante tener en cuenta que una sola imagen de ortofoto aparecerá distorsionada y no ofrecerá los tipos de beneficios que esperaría del producto terminado. Cada foto aérea se toma desde una perspectiva ligeramente diferente y no es valiosa por sí sola. Más bien, la colección de imágenes debe ser ortorrectificada en conjunto, con diferentes ángulos de cámara y cambios topográficos contabilizados y corregidos, para hacer un mapa consistente. Una de las formas más fáciles de garantizar esta coherencia es mediante el uso de software que automatice la trayectoria de vuelo de su dron y una carga útil que pueda tomar fotografías en los momentos y ángulos precisos.

Además de utilizar una ruta de vuelo automatizada, necesitará un software de mapeo de drones con capacidades de ortomosaico, como DJI Terra. Con Terra puede generar un ortomosaico 2D de un área determinada en tiempo real, lo que lo convierte en el software ideal para proyectos urgentes. El programa también realiza reconstrucciones 2D que son rápidas y precisas. Otras capacidades incluyen mapeo y reconstrucción 3D, procesamiento LiDAR y análisis de datos.

Imágenes ortomosaicas en topografía

Los mapas ortomosaicos ofrecen varias ventajas sobre las fotos aéreas normales; sin embargo, es posible que una imagen de muy alta calidad no sea necesaria para todos los trabajos de topografía, especialmente considerando el precio potencialmente más alto. Los mapas ortomosaicos son valiosos para los topógrafos porque carecen de distorsión y no se ven afectados por factores como la perspectiva. También son fáciles de convertir en activos 3D interactivos. Para los lugares de trabajo que requieren mapas escalables con detalles consistentes en todas partes, la opción de ortomosaico es simplemente incomparable.

El mapeo ortomosaico tiene sus inconvenientes. El estilo de modelado requiere imágenes mucho más cercanas, lo que requiere que vuele su dron más cerca del suelo. Esto puede llevar más tiempo que otros métodos. Además, el tipo de detalle de la imagen que es la marca registrada del mapeo ortomosaico a veces no es necesario. Por ejemplo, si solo está tratando de determinar el límite de un terreno o solo necesita imágenes detalladas de un área específica, un mapa ortomosaico probablemente ofrecerá muy poco.

Otros usos de los mapas ortomosaicos

La topografía no es el único sector que puede beneficiarse del uso de ortoimágenes. Algunos de los sectores más comunes que hacen uso de mapas ortográficos incluyen:

- Agricultura: la toma de múltiples ortoimágenes a lo largo del tiempo puede permitir a los agricultores detectar patrones en el crecimiento de sus cultivos a lo largo del tiempo. Esto es especialmente importante para monitorear la salud de los cultivos.
- Aplicación de la ley: los oficiales de policía y los bomberos utilizan el mapeo de vehículos aéreos no tripulados para trazar un mapa de las áreas concurridas y las escenas del crimen. Con su mayor nivel de detalle, un mapa ortográfico puede capturar detalles importantes que de otro modo se perderían.
- Bienes raíces: Los mapas ortomosaicos de propiedades se pueden convertir en recorridos virtuales interactivos. Esta característica fue especialmente importante durante el

apogeo de la pandemia de COVID-19 cuando los recorridos en persona por la propiedad eran limitados.

- Conservación ambiental: los conservacionistas pueden utilizar una foto ortomosaica para detectar animales en peligro de extinción en un parámetro terrestre establecido o capturar cambios a lo largo del tiempo.

Todo lo que necesita saber sobre la topograf a con drones

Una guía para topografía, entregables, precisión y flujos de trabajo con drones

Los drones están demostrando continuamente ser poderosas herramientas comerciales, al mismo tiempo que brindan a los adoptantes saltos en eficiencia y seguridad. La industria de la topografía y la cartografía no es una excepción.

Con su capacidad para capturar datos desde arriba, los drones se han integrado con éxito en los flujos de trabajo de topografía para realizar levantamientos terrestres, fotogrametría, mapeo 3D, levantamientos topográficos y más.

Ya sea que sea un topógrafo experimentado que busca expandir su kit de herramientas, o si es un entusiasta de los drones que desea conocer más formas de usar su dron, o simplemente está interesado en esta increíble aplicación de drones, lo hemos compilado en este capítulo para ayudarlo a aprender todo lo que necesita saber cuando se trata de comenzar con la topografía con drones.

¿Qué es un relevamiento con drones?

La topografía es la ciencia precisa para determinar las posiciones y las distancias entre puntos en el espacio 2D y 3D. Existe una gran diferencia entre la fotografía aérea y la topografía.

Los relevamientos brindan información crítica que permite la toma de decisiones informadas que van desde la planificación del sitio de construcción hasta el diseño y mantenimiento de la infraestructura, delineando los límites de las propiedades catastrales y más.

Un relevamiento con drones es simplemente una toma de imagenes realizada desde arriba con un dron.

¿Por qué el uso de drones para topografía es superior en comparación con los métodos tradicionales?

Los vehículos aéreos no tripulados, o VANT, se destacan en la adquisición rápida de datos desde puntos estratégicos inaccesibles para los humanos.

Al inspeccionar terrenos desafiantes, los drones hacen que ya no sea necesario que los operadores humanos accedan físicamente y midan puntos en ubicaciones peligrosas o de difícil acceso.

Además, si bien los métodos de topografía tradicionales requieren una medición, preparación y planificación meticulosas, los drones pueden capturar datos comparables en períodos de tiempo dramáticamente más cortos.

Por ejemplo, STRABAG, una empresa de construcción austriaca líder, estima que los drones les permiten realizar relevamientos con un 75% menos de tiempo de configuración de GCP.

En resumen, la topografía con drones produce resultados de calidad de forma rápida, rentable y segura.

¿Qué tipo de entregables puede lograr con la topografía con drones?

Dependiendo de su elección de sensores de datos y software de topografía, la topografía con drones puede producir una variedad de entregables con casos de uso en muchas industrias.

El software de topografía puede unir cientos o miles de fotos digitales capturadas por su dron y producir mapas ortomosaicos 2D de alta calidad

Se pueden compilar una gran cantidad de fotos digitales de su sitio de topografía en un mapa ortomosaico 3D y puede proporcionar datos topográficos procesables

Genere modelos 3D de objetivos en su sitio de topografía para una comparación rápida con BIM

Inspeccione con una cámara térmica e identifique rápidamente los objetivos con firmas de calor anormales

Equipe su dron con una cámara LiDAR para producir una nube de puntos de alta densidad.

Capture datos multiespectrales más allá del espectro de luz visible para brindar información sobre la agricultura y el manejo de cultivos.

Drones y BIM

En la construcción y la gestión de proyectos, la topografía con drones puede proporcionar datos críticos que van de la mano con el Modelado de información de construcción (BIM sus siglas en inglés).

En cada etapa del proceso de construcción, los modelos láser o fotogramétricos 3D de alta resolución capturados por drones se pueden superponer y comparar con objetos BIM planificados previamente. Esto permite identificar discrepancias entre planes y realidad.

La detección temprana de estos problemas puede reducir los errores, omisiones y reprocesos de construcción, y esta supervisión del proyecto ha convertido a los drones en una parte esencial de la construcción moderna.

¿Qué tan precisas son los relevamientos con drones?

Antes de adoptar drones en sus flujos de trabajo, muchos topógrafos preguntan sobre la precisión de las topografías aéreas. ¿Qué grado de precisión pueden lograr las técnicas de topografía con drones?

Las soluciones de drones topográficos pueden producir

estudios con diferentes grados de precisión, según los requisitos del proyecto.

En un estudio independiente de DroneDeploy, el DJI Phantom 4 RTK logró una precisión vertical relativa de 2 cm y una precisión horizontal relativa de 1,20 cm.

Para algunas aplicaciones, como comprobar el crecimiento de los cultivos o el progreso de la construcción, es suficiente una alta precisión relativa. Para otros trabajos que también requieren una alta precisión absoluta, existen drones equipados con posicionamiento en tiempo real (RTK) y posicionamiento de posprocesamiento (PPK). Cuando se combina con algunos GCP, se puede lograr una precisión a nivel de agrimensura.

Geoide vs Elipsoide: ¿Cuál es la diferencia y por qué es importante?

Lo que necesita saber sobre la forma de la tierra y cómo afecta la topografía con drones

¿Es la Tierra realmente redonda? Si bien la respuesta debería parecer obvia, en realidad no es tan simple como podría pensar. Para ser clasificado como una esfera perfecta, un objeto debe ser completamente redondo y simétrico, capaz de cortarse en cubitos por la mitad desde cualquier dirección y crear dos mitades iguales. La Tierra, con su forma irregular, altas mesetas y profundas grietas en el fondo del océano, es todo lo contrario.

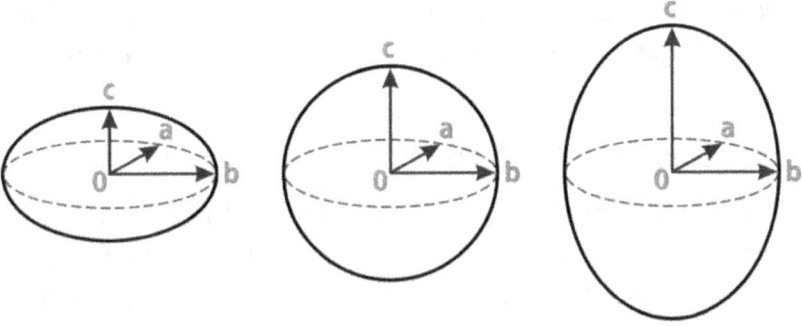

Entonces, ¿qué forma tiene la Tierra y cómo afecta su clasificación a los trabajos de topografía? Para responder a eso, deberá comprender la diferencia entre un geoide y un elipsoide, dos formas de modelado diseñadas para trazar un mapa de las imperfecciones de nuestro planeta.

Entonces, ¿qué es un elipsoide?

Un elipsoide es, en esencia, una esfera imperfecta. El nombre proviene de la palabra "elipse", que se usa para describir una alteración similar a un círculo.

A diferencia de las esferas, la longitud, el ancho y la altura de un elipsoide no tienen por qué ser idénticos. Sin embargo, cualquier plano de sección transversal de la forma debe ser una elipse o un círculo. Según la Enciclopedia Británica, esto se explica a través de una ecuación matemática que tiene en cuenta tres ejes perpendiculares diferentes que se cruzan en el centro de la forma:

x2 / a2 + y2 / b2 + z2 / c2 = 1

Si a, b y c son todos iguales, la forma es una esfera. Si dos de los tres valores son iguales, la forma es un esferoide, a veces también conocido como elipsoide de revolución, porque cualquier plano de sección transversal de la forma sería una elipse. Los esferoides se dividen en dos categorías. Si los dos valores iguales son mayores que el tercero, la forma es un esferoide achatado. Mientras tanto, si el valor único del esferoide es mayor que los dos iguales, la forma es un esferoide alargado.

Elipsoides y la forma de la Tierra

Los científicos y matemáticos utilizan el modelo elipsoide para definir con mayor precisión la forma de la Tierra y otros planetas. Un elipsoide que ofrece una aproximación cercana a un planeta se conoce como elipsoide de referencia, según el Consorcio Universitario NAVSTAR (UNAVCO). Las medidas específicas utilizadas para modelar la Tierra se conocen como elipsoide terrestre.

Si bien la Tierra puede parecer una esfera perfecta en las fotografías de satélite, este no es el caso. En cambio, el planeta es mucho más ancho en el ecuador y se aplana cuanto más cerca estás de cada polo, o tiene un solo eje más corto. En otras palabras, la Tierra es una aproximación cercana a un elipsoide esferoide achatado. Si bien no es perfecto, el elipsoide terrestre tiene muchos usos, incluido el trazado de coordenadas GPS y rutas de vuelo. En coordinación con los datos de un modelo geoide, también es esencial para los trabajos de topografía.

... ¿Y un geoide?

Si bien pensar en la Tierra como un elipsoide, en lugar de una esfera, ciertamente brinda una comprensión más precisa de la forma del planeta, todavía deja mucho que desear. La forma del elipsoide sigue siendo completamente lisa, sin tener en cuenta la topografía. Esta es la razón por la que los elipsoides de referencia se denominan típicamente como la "mejor aproximación" de un planeta. Para obtener una imagen más precisa, debe utilizar un modelo de geoide.

Los modelos geoides utilizan una medida llamada nivel medio del mar para dar una representación más completa de la forma en que la superficie de la Tierra varía en elevación. El nivel medio del mar es la elevación de la superficie del nivel del mar del planeta si el agua fuera completamente plana, o sin mareas ni corrientes. El nivel medio del mar es útil para los modelos porque el agua responde a la atracción gravitacional de la Tierra. Los lugares donde las fuerzas gravitacionales son más fuertes, y el nivel medio del mar más alto, indican más masa debajo de la superficie. Asimismo, un nivel medio del mar más bajo también indica caídas en la elevación en el fondo del océano. El mapeo de estas mediciones generalmente da como resultado ondulaciones graduales en todos los océanos y masas terrestres.

En particular, el modelado de geoides se realiza típicamente a un nivel más local que el modelo de elipsoide terrestre global.

¿Cómo afecta a la topografía la diferencia entre un elipsoide y un modelo geoide?

Como topógrafo, desea asegurarse de que está trabajando con datos precisos que se miden de manera uniforme en todo el sitio. Si bien la forma general del planeta puede parecer que tiene un impacto relativamente pequeño en un solo sitio de levantamiento, los datos disponibles de los modelos geoidales son esenciales.

En particular, los modelos elipsoides y geoides se utilizan para establecer el datum vertical de un sitio. En asociación con cálculos como la distancia de muestra del suelo, el datum vertical es fundamental para la fotogrametría aérea y la topografía en general. Esta unidad de medida representa el punto cero de elevación para el lugar donde esté trabajando, o el punto desde el que mapeará la topografía.

Si bien el levantamiento generalmente se realiza en base a datums geodésicos, que se calculan en base a un modelo geoide, en realidad hay dos tipos diferentes de datum verticales. Los otros, datums de mareas, se calculan midiendo los cambios en los niveles de la superficie del agua durante un período de tiempo. Dado que la mayoría de los levantamientos topográficos se realizan en tierra, esta forma de medición generalmente no es aplicable.

Uso de datos verticales para mantener la coherencia de los datos

Una gran parte de mantener la precisión durante un trabajo topográfico es asegurarse de que está utilizando el mismo datum vertical para cada parte del proyecto. Eso significa que cualquier parte del sitio que se encuentre en un datum diferente debe convertirse para que coincida. Afortunadamente, esto se puede hacer con una fórmula simple que usa información de los modelos geoide y elipsoide:

Altura del elipsoide - Altura del geoide = Altura ortométrica

La altura del elipsoide es la diferencia entre el elipsoide terrestre y la coordenada elegida en la superficie terrestre. Debido a que las coordenadas GPS se basan en un modelo elipsoide, no será necesario realizar cálculos adicionales para encontrar este número si está utilizando un receptor GPS. La altura del geoide, mientras tanto, es el valor de compensación entre el modelo de geoide al que hace referencia, como el NAVD88 o Posgar 94, y el elipsoide terrestre.

El resultado de insertar estos números en su fórmula es la altura ortométrica. Este es el número que debe mantenerse constante en todos sus datos.

Si usa un dron aéreo para inspeccionar la tierra, necesita saber acerca de la distancia de muestreo del suelo, o GSD para abreviar. Calcular GSD es esencial para determinar la escala de su proyecto de mapeo y garantizar resultados confiables. Sin él, corre el riesgo de recopilar datos inexactos o tener un mapa que no sea útil. Ya sea que lo contraten para determinar los límites exactos de un terreno, para mapear el flujo de un río o para crear un modelo 3-D de un nuevo desarrollo, GSD es una métrica que simplemente no puede prescindir.

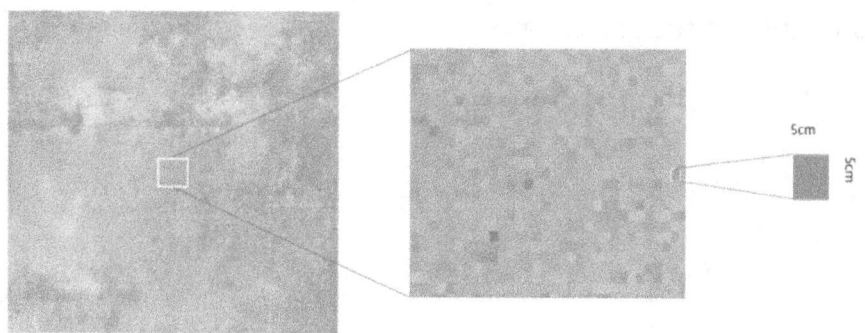

¿Qué es la distancia de muestreo del suelo?

Los mapas de drones, como cualquier imagen digital, son esencialmente combinaciones de pequeños cuadrados de un solo color, llamados muestras. En este caso, una muestra equivale a un solo píxel. El GSD describe la distancia entre dos centros de píxeles consecutivos. Image GSD es un cálculo importante tanto para fotografía aérea como para fotogrametría, que es una técnica comúnmente utilizada para crear mapas topográficos en 3D.

Comprender el tamaño de píxel en una imagen aérea mediante el cálculo del punto medio de píxeles consecutivos es necesario para comprender la escala completa de su mapa y tomar decisiones basadas en información clara. Obtener GSD correctamente es primordial. Un error de un centímetro o menos puede parecer menor. Sin embargo, si el error se extrapola a cientos de miles de píxeles, se creará un grave desajuste entre el mapa y la realidad, lo que hará que las mediciones sean casi imposibles. Para ir a lo seguro, los agrimensores siempre usan el valor más bajo posible al calcular GSD.

¿Para qué sirve GSD?

GSD es un factor para cualquier persona que utilice la topografía aérea para crear mapas y modelos precisos. Por supuesto, los topógrafos trabajan en una variedad de industrias y su trabajo es indispensable para muchas personas. En prácticamente cualquier sector donde los topógrafos deban entregar mediciones precisas, GSD es un cálculo importante.

Áreas donde GSD importa:

Construcción: los drones se utilizan para inspeccionar sitios de construcción completos a un precio reducido, así como para determinar las dimensiones de varios elementos de un proyecto.
Cartografía: no sorprende que los cartógrafos hayan adoptado rápidamente la tecnología de mapeo con drones.
Minería: los drones se utilizan para inspeccionar minas y canteras a cielo abierto de manera efectiva y segura de una manera que los humanos no pueden. También son útiles para medir los volúmenes de las pilas de almacenamiento.
Extinción de incendios: Los drones se están implantando en la lucha contra los incendios forestales, como por ejemplo para las quemas prescritas.
Arquitectura: similar a la construcción, los arquitectos utilizan el mapeo de drones para construir modelos tridimensionales precisos y planificar todos los entresijos de un lugar de trabajo.

Límites de la tierra: el mapeo aéreo se puede utilizar para determinar la propiedad de la tierra y resolver disputas.

Si bien todos estos trabajos topográficos requieren un cálculo GSD preciso, los detalles de la tarea afectarán el tipo de dron que utilice.

¿Qué nivel de precisión GSD necesita?

De manera un tanto inversa, los píxeles con un GSD más alto serán menos precisos, ya que eso significa que un solo píxel representa una mayor cantidad de tierra. El nivel de precisión de GSD necesario depende del tipo de trabajo que esté realizando y del tipo de detalles que necesite. Como regla general, los proyectos con una escala más grande permitirán un GSD más alto, mientras que los proyectos con detalles más pequeños requerirán un GSD más bajo.

Si, por ejemplo, estás trabajando en un proyecto de construcción y necesitas saber la distancia entre dos vigas, necesitarás un GSD que sea lo suficientemente pequeño como para poder identificar el tamaño de cada una y colocarlas. Sin embargo, si está tratando de marcar límites de propiedad en un terreno muy grande, probablemente querrá pilotar el dron a una altitud de vuelo más alta.

En última instancia, el GSD correcto será el que le permita capturar imágenes aéreas detalladas mientras vuela lo suficientemente alto como para evitar un recuento excesivo de fotografías aéreas. Un GSD demasiado alto y te quedarán imágenes borrosas que no te dicen nada. Vaya demasiado bajo y su encuesta ocupará GB adicionales y posiblemente tarde más de lo esperado en completarse, incluso con un software avanzado como DJI Terra, que está optimizado para procesar sus datos y transformarlos en modelos 3D y mapas utilizables.

Cómo calcular el GSD

Calcular la distancia de la muestra del suelo requiere solo

unos pocos puntos de datos y se completa a mano o con una herramienta de calculadora. Para calcular GSD usted mismo, necesitará conocer la altura y el ancho del sensor, y la altura y el ancho de la imagen en su dron, así como la distancia focal y la altura de vuelo. Cada una de estas estadísticas debería estar disponible en tu dron. Luego puede conectar cada número en dos fórmulas básicas, una para la altura de GSD y otra para el ancho de GSD.

GSDh= altura de vuelo x altura del sensor / distancia focal x altura de la imagen;
GSDw= altura de vuelo x ancho del sensor / distancia focal x ancho de la imagen
El número GSD relevante será el valor más bajo, para asegurarse de que está utilizando el peor de los casos.

Alternativamente, si las matemáticas no son su punto fuerte, puede usar una herramienta de calculadora en línea. Estas herramientas tendrán las especificaciones técnicas de un modelo de dron, como la imagen, la longitud y la altura del sensor, ya registradas; lo que significa que todo lo que tiene que hacer es seleccionar su dron e ingresar la altura de vuelo.

Ground Sample Distance (GSD: Distancia de la muestra de tierra): qué es, c mo se calcula y c mo afecta a sus datos de Dron

<u>Aprenda todo lo que necesita saber sobre GSD y por qué es importante para la topografía con drones</u>

Si utiliza un dron aéreo para estudiar la tierra, necesita saber acerca de la distancia de muestra del suelo, o GSD para abreviar. Calcular GSD es esencial para determinar la escala de su proyecto de mapeo y garantizar resultados confiables. Sin él, corre el riesgo de recopilar datos inexactos o tener un mapa que no es útil. Ya sea que lo contraten para determinar los límites exactos de un terreno, para mapear el flujo de un río o para crear un modelo 3D de un nuevo desarrollo, GSD es una métrica de la que simplemente no puede prescindir.

<u>¿Qué es la distancia de muestra del suelo?</u>

Los mapas de drones, como cualquier imagen digital, son esencialmente combinaciones de pequeños cuadrados de un solo color, llamados muestras. En este caso, una muestra equivale a un solo píxel. El GSD describe la distancia entre el punto central de dos píxeles consecutivos. GSD es un cálculo importante tanto para la fotografía aérea como para la fotogrametría, que es una técnica comúnmente utilizada para crear mapas topográficos 3D.

Es necesario comprender el tamaño de cada píxel para comprender la escala completa de su mapa y tomar decisiones basadas en información clara. Lograr que GSD sea correcto es primordial. Un error de un centímetro o menos puede parecer menor. Sin embargo, si el error se extrapola a cientos de miles de píxeles, se creará un desajuste grave entre su mapa y la realidad, haciendo que las mediciones sean casi imposibles. Para ir a lo seguro, los agrimensores siempre usan el valor más bajo posible al calcular el GSD.

¿Para qué se utiliza GSD?

GSD es un factor para cualquiera que utilice la topografía aérea para crear mapas y modelos precisos. Por supuesto, los topógrafos trabajan en una variedad de industrias y su trabajo es indispensable para muchas personas. En prácticamente cualquier sector donde los topógrafos se basan en mediciones precisas, GSD es un cálculo importante.

Áreas en las que GSD importa:

Construcción: los drones se utilizan para inspeccionar sitios de construcción completos a un precio reducido, así como para determinar las dimensiones de varios elementos de un proyecto.

Cartografía: no es de extrañar que los cartógrafos hayan adoptado rápidamente la tecnología de mapeo con drones.

Minería: los drones se utilizan para inspeccionar de forma eficaz y segura minas y canteras a cielo abierto de formas que los humanos no pueden. También son útiles para medir volúmenes de materiales.

Extinción de incendios: Se están implementando drones en la lucha contra los incendios forestales, como para las quemas prescritas.

Arquitectura: al igual que en la construcción, los arquitectos utilizan el mapeo con drones para construir modelos 3D precisos y planificar todos los entresijos de un lugar de trabajo.

Límites de la tierra: la cartografía aérea se puede utilizar para determinar la propiedad de la tierra y resolver disputas.

Si bien todos estos trabajos de topografía requieren un cálculo GSD preciso, los detalles de la tarea afectarán el tipo de dron que utilice.

¿Qué nivel de precisión GSD necesita?

Algo a la inversa, los píxeles con un GSD más alto serán menos precisos, ya que eso significa que un solo píxel representa una mayor cantidad de terreno. El nivel de precisión de GSD necesario depende del tipo de trabajo que esté haciendo y del tipo de detalles que necesite. Como regla general, los proyectos con una escala mayor permitirán un GSD más alto, mientras que los proyectos con detalles más pequeños requerirán un GSD más bajo.

Si, por ejemplo, está trabajando en un proyecto de construcción y necesita saber la distancia entre dos vigas, necesitaría un GSD que sea lo suficientemente pequeño para poder identificar el tamaño de cada una y colocarlas. Sin embargo, si está tratando de marcar límites de propiedad en un terreno muy grande, probablemente desee volar más alto.

En última instancia, el GSD correcto será el que le permita tomar imágenes detalladas mientras sigue volando lo suficientemente alto como para evitar un recuento excesivo de fotos. Un GSD demasiado alto y te quedarán imágenes borrosas que no te dicen nada. Vaya demasiado bajo, y su encuesta ocupará GB adicionales y posiblemente tardará más de lo esperado en completarse, incluso con software avanzado como DJI Terra, que está optimizado para procesar sus datos y transformarlos en modelos 3D y mapas utilizables.

Cómo calcular GSD

El cálculo de la distancia de la muestra del suelo requiere solo unos pocos puntos de datos y se completa a mano o con una herramienta de calculadora. Para calcular GSD usted mismo, necesitará conocer la altura y el ancho del sensor, y la altura y el ancho de la imagen en su dron, así como la longitud focal y la altura de vuelo. Cada una de estas estadísticas debería estar disponible en su dron. Luego, puede insertar cada número en dos fórmulas básicas, una para la altura del GSD y otra para el ancho del GSD.

GSDh = altura de vuelo x altura del sensor / longitud focal x altura de la imagen;
GSDw = altura de vuelo x ancho del sensor / longitud focal x ancho de imagen
El número GSD relevante será el valor que sea más bajo, para asegurarse de que está utilizando el peor de los casos.

Alternativamente, si las matemáticas no son su fuerte, puede usar una herramienta de calculadora en línea. Estas herramientas tendrán las especificaciones técnicas de un modelo de dron, como la imagen, la longitud y la altura del sensor, ya registradas; lo que significa que todo lo que tienes que hacer es seleccionar tu dron e ingresar la altura de vuelo.

Los fundamentos de la precisión de posicionamiento en la topografía aérea. Una mirada a las tecnologías RTK, PPK y Cloud PPK

Las soluciones de drones se implementan más ampliamente que nunca en la industria de la topografía y la cartografía, gracias a su accesibilidad y capacidad para ofrecer resultados de alta precisión rápidamente. Se deben considerar muchos factores al elegir la mejor solución para el trabajo. Dependiendo de la precisión de los resultados requeridos por la misión y las limitaciones de tiempo, los usuarios pueden mejorar la precisión de posicionamiento confiando en los puntos de control terrestre (GCP) y un dron que no sea RTK, o una solución de drones habilitada para RTK que permita el tiempo real y correcciones posteriores al proceso.

Tecnologías que mejoran la precisión de posicionamiento

Real-time Kinematics

La cinemática en tiempo real o RTK es una técnica avanzada de posicionamiento por satélite que utiliza una estación terrestre con una ubicación conocida como referencia de posición secundaria para entregar datos más precisos. Cuando se implementa un sistema RTK en un dron, se utiliza para combinar y contrastar los datos de posición capturados desde estaciones base virtuales y físicas, corrigiendo la ubicación de la cámara del dron en tiempo real. Si se implementan correctamente, los drones pueden producir datos de ubicación precisos a un centímetro que se incrustan en la imagen aérea durante el vuelo.

Las soluciones de drones RTK son especialmente buscadas ya que brindan resultados en tiempo real, pero la consistencia de la conexión requerida para cubrir la duración completa del vuelo podría ser poco realista para algunos, ya que los profesionales de topografía con drones no siempre tienen el lujo de volar sus misiones. en ubicaciones que cumplan con todos los requisitos para una transmisión de datos estable.

RTK necesita dos tipos de enlaces de datos durante el vuelo: uno entre el control remoto y la estación base RTK, y otro entre el control remoto y el dron. El enlace entre el controlador remoto y la estación base es susceptible a una conexión de red inestable, mientras que el enlace entre el controlador remoto y el dron puede verse afectado por obstrucciones cerca del lugar de despegue. Por lo tanto, para mitigar el riesgo de perder enlaces de datos, PPK es una excelente alternativa para misiones de topografía que se llevan a cabo en áreas remotas con mala recepción de señal de red y / o con obstrucciones como árboles, edificios o estructuras metálicas.

Post-process Kinematics

Con PPK, los datos se corrigen después del vuelo en lugar de durante. Los datos se almacenan a bordo del dron y los cálculos posteriores al vuelo combinan los datos de la aeronave y los datos de la estación base, produciendo resultados en un software PPK en una computadora. Esto brinda a los usuarios más flexibilidad y confiabilidad: incluso si los enlaces de datos en tiempo real se pierden durante el vuelo, la precisión de los resultados aún se puede mantener ya que los cálculos incorporan datos PPK. No es necesario que la ubicación del despegue sea perfecta, y el alcance desde la estación base se puede ampliar.

La conclusión es que las soluciones de drones RTK y PPK son capaces de producir datos precisos a un centímetro, pero:

Las soluciones RTK requieren una estación base y circunstancias más específicas para misiones de despegue y vuelo con el fin de procesar datos en tiempo real.

Las soluciones de PPK ofrecen más flexibilidad sobre cómo y

dónde se despliega el dron para la misión de vuelo y una mayor confiabilidad gracias a un mayor alcance.

Ground Control Points (Puntos de control de tierra)

Cuando se trata de topografía con drones, la ubicación efectiva del punto de control en tierra lo es todo. Los GCP ayudan a definir los límites de su sitio y escalan adecuadamente todo lo que se encuentra en el medio. Son un verdadero componente básico de cualquier trabajo topográfico y mejoran la precisión de su mapa.

Sin embargo, para obtener resultados óptimos de sus puntos de control terrestre, debe asegurarse de que estén colocados correctamente. Con muy pocos puntos totales, corre el riesgo de obtener mediciones inexactas. Sin embargo, si hay demasiados GCP cerca uno del otro, podría dañar las imágenes aéreas generales. A continuación, le mostramos cómo lograr el equilibrio adecuado y aprovechar al máximo este método topográfico comprobado.

¿Qué son los puntos de control terrestre?

Los GCP son puntos fijos en el suelo que tienen una ubicación geográfica conocida, o coordenadas de marcador que ya se han definido, generalmente utilizando un modelo de geoide y coordenadas GPS. Al tener coordenadas conocidas seleccionadas y marcadas antes de recopilar cualquier dato, los topógrafos pueden aumentar la precisión y tener un marco de referencia para todo su proyecto.

Materiales del punto de control terrestre

Un punto de control terrestre debe cumplir con dos criterios para ser útil en la topografía aérea. Cada punto debe hacerse con colores de alto contraste que se destaquen del terreno circundante; demasiado similar y el GCP será difícil de encontrar en las fotografías. Además, los puntos deben tener un centro claramente definido que se alinee con la coordenada conocida. Esto se puede hacer con dos líneas perpendiculares.

Los topógrafos suelen utilizar pintura en aerosol o almohadillas especiales con colores brillantes y un aspecto de "tablero de ajedrez" de cuatro cuadrados para crear el sistema de coordenadas. Si bien la pintura en aerosol puede ser la opción más conveniente y económica, también puede crear problemas de precisión. Como sabe, la diferencia de unos pocos centímetros puede tener un impacto enorme en un trabajo topográfico. El área de superficie más amplia de una línea de pintura en aerosol podría significar un rango de varios centímetros en la "diana" de su marca. Si bien la discrepancia es relativamente pequeña, hacer este tipo de conjeturas para cada uno de sus puntos podría ser desastroso. Si no tiene pads disponibles, es mejor marcar los GCP con una forma de "L", en lugar de la tradicional "X", con la esquina indicando una coordenada exacta.

GCPs vs. puntos de amarre manuales

En particular, los GCP son diferentes de los puntos de amarre manuales, otra ubicación del mundo real que usan los topógrafos. Un punto de enlace manual es una característica que se puede ver en múltiples fotografías aéreas. Los topógrafos identifican estos puntos en un software de mapeo aéreo como DJI Terra, que puede usarlos para unir las imágenes y hacer un mapa fotogramétrico completo. Si bien los puntos de control terrestre y los puntos de enlace manual son esenciales en la topografía, solo los GCP coinciden con los puntos de coordenadas reales.

¿Cómo mejoran los puntos de control terrestre la topografía con drones?

Ya sea que necesite una fotogrametría o un mapa LiDAR, los puntos de control terrestre ayudan a brindar un mapa aéreo lo más preciso posible. Estos puntos son importantes para los topógrafos porque se establecen con absoluta precisión. Esto significa que un punto se correlaciona con un valor real, como una coordenada GPS. Mientras tanto, la precisión relativa describe otros puntos que se pueden encontrar al escalar un mapa contra estas coordenadas absolutas. En otras palabras, al tener múltiples ubicaciones geográficas conocidas ya configuradas en el mundo real, es más fácil establecer la distancia entre puntos y la escala general de su mapa.

Por supuesto, los puntos de control en tierra son solo una parte del rompecabezas. La distancia de muestra del suelo, por ejemplo, es un cálculo que se utiliza para explicar cómo la escala del mundo real establecida por los GCP se traduce en un mapa. El GSD describe la distancia entre el punto central de dos píxeles consecutivos en una imagen digital. Sin un GSD preciso, es imposible que los topógrafos conviertan todos los datos de drones que recopilaron en mapas utilizables. Al igual que para los puntos de control en tierra, un cálculo de GSD que se desvíe por tan solo unos pocos centímetros puede tener implicaciones de gran alcance a lo largo de todo un proyecto.

Colocación de los puntos de control terrestre

El simple uso de algunos puntos de control terrestre en todo el sitio no es suficiente para garantizar mediciones precisas. Los GCP deben distribuirse lo más uniformemente posible, sin dejar de mostrar los límites y el rango topográfico. Si bien el aspecto depende de las características específicas de su sitio, hay algunas reglas generales a seguir:

Número de puntos

La cantidad de puntos necesarios para crear un mapa de drones preciso varía según el tamaño del sitio y el rango de terreno. Los expertos generalmente recomiendan usar al menos cinco GCP, pero a veces se usan hasta 20 o más. Sin embargo, es importante tener en cuenta que más puntos no necesariamente significan una mejor lectura. En una prueba realizada con DJI Phantom 4 Pro, descubrimos que los GCP adicionales ofrecían rendimientos decrecientes después de aproximadamente 10 puntos.

A medida que selecciona los puntos de control del suelo, intente concentrarse en establecer una ubicación uniforme. Si bien puede parecer intuitivo agrupar múltiples GCP alrededor del área más importante para su encuesta, hacerlo puede reducir la precisión. Si hay demasiados puntos cerca unos de otros mientras que el resto del sitio tiene una cobertura limitada, será difícil calibrar el mapa y comprender cómo encaja el grupo de coordenadas en el panorama general. En el peor de los casos, es posible que deba volver a volar todo el sitio.

Espaciado

Además de colocar los GCP a distancias relativamente similares, es importante pensar en la distancia total de esos intervalos. Si los puntos están demasiado separados entre sí, será un desafío para su software de modelado interpolar más puntos de datos entre ellos. Los GCP deben estar, como máximo, a unos 400 metros (~1312 pies) de distancia entre sí, aunque suele ser preferible estar más cerca. En última instancia, si bien desea evitar la sobresaturación de los GCP mencionados anteriormente, extender demasiado los puntos provocará brechas en la cobertura y también sesgará su modelo 3D.

Distribución

Es importante utilizar los puntos de control del terreno para definir los límites de su sitio. En un escenario ideal, podría colocar un GCP en cada una de las esquinas, con otro en el centro del sitio. Si bien los sitios rara vez son tan simples, sigue siendo una buena manera de pensar en la cobertura.

Una consideración final es capturar la gama completa de topografía en su sitio. Como mínimo, coloque un punto en las elevaciones más altas y más bajas en las que sea factible hacerlo. Dicho esto, es importante evitar la trampa de depender demasiado de los puntos "naturales" que pueden parecer un buen lugar para colocar un GCP pero que no complementan la distribución uniforme general de los puntos.

C mo establecer puntos de control de tierra para una mayor precisi n en el mapeo de VANT

¿Qué son los puntos de control de tierra? Y, su papel en el mapeo de VANT ...

Si usted es parte de la industria de mapeo de VANT, debe conocer los puntos de control de tierra (GCP). Los puntos de control de tierra pueden ayudarte a crear mapas de drones más precisos.

Hay diferentes tipos de GPS disponibles, cada uno con una precisión variable. Para crear puntos de control de tierra, debe usar RTK - GPS o PPK - GPS. RTK GPS o Real Time Kinematics pueden ayudarlo a crear mapas de drones con un nivel de precisión de 2 cm a 6 cm. Mientras que PPK GPS o Post Processing Kinematics es aún más preciso, y puede esperar una precisión de grado mm en el mapeo con VANT.

Recopilar buenos datos de GPS es realmente difícil. Y esto se debe a la superficie irregular de la tierra que se puede comparar con un trozo de papel arrugado. Esto hace que la recopilación de buenos datos de elevación sea particularmente difícil. Particularmente, si necesita un equipo de agrimensores para firmar su modelo de dron, no lo harán a menos que use los GCP.

¿El uso de Smart GCP lo ayudará a llegar a la precisión del grado de la medición en el mapeo de VANT?

Hay diferentes maneras a través de las cuales los pilotos de drones pueden establecer puntos de control en tierra. Una de las formas más populares es mediante el uso de "Smart GCP". Son cuadrados de 60 cm que se pueden encender con solo hacer clic en un botón. Estos GCP funcionarán con cualquier dron con GPS habilitado.

Para que los GCP funcionen, deben estar equipados con un sistema GPS más sofisticado en comparación con el dron.

Estos Smart GCP funcionan con aplicaciones populares de

mapeo de VANT como Pix4D y Metashape. Los datos se cargan automáticamente en la plataforma propia, y puede acceder a los datos procesados a través de la web en 24hs.

La principal desventaja de usar estos equipos es la gran inversión inicial. Debido a que estos GCP solo vienen en conjuntos de 10, optar por estos requerirá de U$S 6.000. Otro factor que vale la pena señalar es que solo puede aprovechar un año de procesamiento gratuito al comprar estos GCP. Después de un año, también tendrá que desembolsar un costo de procesamiento.

Por supuesto, para limitar su inversión, puede ponerse en contacto con sus amigos o pares y dividir el costo de estos GCP. Pero, ¿no necesitas múltiples GCP inteligentes para crear un mapa de drones? Realmente no. De hecho, solo necesita uno para determinar la ubicación exacta del GPS. Una vez que haya determinado la ubicación, puede reemplazar el Smart GCP por un "Fake GCP", creando así un punto de referencia. Un GCP falso no es más que un corte de madera contrachapada en blanco y negro que mide 60x60.

¿Existen mejores opciones para configurar los GCP para la asignación precisa de VANT? Discutimos Reach RS y Trimble

Reach RS es una buena alternativa a los Smart GCP. Reach RS es un receptor RTK GNSS que se puede controlar a través de una aplicación en su teléfono inteligente. El receptor Reach RS debe montarse en un trípode.

Entonces, ¿cómo se compara Reach RS con los Smart GCP? La primera ventaja de usar Reach RS para configurar GCP es la inversión inicial más baja. El Reach RS cuesta U$S 799, y puedes hacerlo con solo una unidad. Además, Reach RS viene con procesamiento ilimitado.

Debido a que la unidad Reach RS está montada en un trípode, habrá menos obstrucción de la señal, lo que resultará en una mayor precisión. El uso de Reach RS le dará una precisión horizontal de 7 mm y una precisión vertical de 13 mm. No olvide corregir la altura si está utilizando GCP falsos.

Trimble es otra opción, aunque costosa. El costo de una unidad Trimble es de U$S 15,000 o más. Las unidades Trimble RTK se utilizan normalmente en sitios de construcción para fines de topografía.

Cómo optimizar la colocación de sus puntos de control de tierra

Cuando se trata de topografía de drones, la colocación de puntos de control de tierra efectiva es todo. Los GCPS ayudan a definir los límites de su sitio y escalar correctamente todo lo que está en medio. Son un verdadero bloque de construcción de cualquier trabajo de inspección y mejora la precisión de su mapa.

Para obtener resultados óptimos de sus puntos de control de terreno, sin embargo, debe asegurarse de que se coloquen correctamente. Con muy pocos puntos totales, corre el riesgo de mediciones inexactas. Sin embargo, si hay demasiados GCPs cerca del otro, podría corromper la imagen general. Aquí es cómo lograr el equilibrio correcto, y aprovechar al máximo este método de encuesta probado.

¿Qué son los puntos de control de tierra?

Los GCS se establecen puntos en el suelo que tienen una ubicación geográfica conocida, o coordenadas que ya se han definido, típicamente usando un modelo geoideo y coordenadas GPS. Al haber conocido las coordenadas seleccionadas y marcadas antes de recopilar datos, los topógrafos pueden aumentar la precisión y tener un marco de referencia para todo su proyecto.

Materiales de punto de control de tierra

Un punto de control de tierra debe cumplir con dos criterios para ser útiles en el topografía aérea. Cada punto debe hacerse con colores de alto contraste que se destacen del terreno circundante, demasiado similar y el GCP será difícil de encontrar en las fotografías. Además, los puntos deben tener un centro claramente definido que se alinee con la coordenada establecida. Esto se puede hacer con dos líneas perpendiculares.

Los topógrafos típicamente usarán pintura en aerosol o almohadillas especiales con colores brillantes y un aspecto de cuatro al cuadrado. Si bien la pintura por pulverización puede ser la opción más conveniente y más barata, también puede crear problemas de precisión. Como usted sabe, la diferencia de unos pocos centímetros puede tener un impacto sobreditado en un trabajo de inspección. La superficie más amplia de una línea de pintura en aerosol podría significar un rango de varios centímetros en la "Bullseye" de su marca. Si bien la discrepancia es relativamente pequeña, hacer este tipo de conjeturas para cada uno de sus puntos podría ser desastroso. Si no tiene ninguna almohadilla disponible, es mejor marcar GCPS con una forma de "L", en lugar de la "X" tradicional con la esquina que indica una coordenada exacta.

GCPS v. Puntos manuales de cortes

En particular, los PCP son diferentes de los puntos de vínculo manual, otra colocación del mundo real que utilizan los agrimensores. Un punto de vínculo manual es una característica que se puede ver en múltiples fotografías aéreas. Los topógrafos identifican estos puntos en el software de mapeo como Dji Terra, que pueden usarlos para coser las imágenes y hacer un mapa fotogramétrico completo. Mientras que los puntos de control de tierra y los puntos de vinculación manual son esenciales en la mensura, solo los PCP coinciden con los puntos de coordenadas reales.

¿Cómo se realizan los puntos de control del suelo que realzan la topografía de drones?

Ya sea que necesite un mapa de fotogrametría o lidar, los puntos de control de terreno ayudan a entregar un mapa aéreo más preciso posible. Estos puntos son importantes para los topógrafos porque están establecidos con absoluta precisión. Esto significa que un punto se correlaciona con un valor real, como una coordenada GPS. Mientras tanto, la precisión relativa describe otros puntos que se pueden encontrar al escalar un mapa contra estas coordenadas absolutas. En otras palabras, al tener múltiples ubicaciones geográficas conocidas ya establecidas en el mundo real, es más fácil establecer la distancia entre los puntos y la escala general de su mapa.

Por supuesto, los puntos de control del suelo son solo una parte del rompecabezas. La distancia de la muestra de tierra, por ejemplo, es un cálculo utilizado para explicar cómo la escala del mundo real establecida por GCPS se traduce en un mapa. El GSD describe la distancia entre el punto central de dos píxeles consecutivos en una imagen digital. Sin un GSD preciso, es imposible que los topógrafos conviertan todos los datos que recopilaron en mapas utilizables. Al igual que para los puntos de control de terreno, un cálculo de GSD que está apagado por tan solo unos pocos centímetros puede tener implicaciones amplias en todo un proyecto.

Colocando tus puntos de control de tierra

Simplemente usando algunos puntos de control de tierra a lo largo de su sitio no es suficiente para garantizar mediciones precisas. Los GCP deben extenderse lo más uniformemente posible, mientras que sigue mostrando límites y rango topográfico. Si bien lo que parece que parece depende de los detalles de su sitio, hay algunas reglas de directrices para seguir:

Número de puntos

El número de puntos necesarios para crear un mapa de drone preciso varía según el tamaño de un sitio y el rango de terreno. Los expertos generalmente recomiendan usar al menos cinco GC. Sin embargo, es importante tener en cuenta que más puntos no significan necesariamente una mejor lectura. En un juicio realizado utilizando el DJI Phantom 4 Pro, el Departamento de Transporte de Nevada encontró que los GCPS adicionales ofrecían rendimientos decrecientes después de aproximadamente 10 puntos.

A medida que selecciona Puntos de control de tierra, intente concentrarse en establecer una colocación uniforme. Si bien puede parecer intuitivo agrupar GCPS múltiples alrededor del área, lo más importante para su encuesta, lo que lo hace puede reducir la precisión. Si hay demasiados puntos cerca, mientras que el resto del sitio ve una cobertura limitada, será un desafío para calibrar el mapa y comprender cómo encaja el grupo de coordenadas en la imagen más grande. En un escenario en el peor de los casos, es posible que tenga que responder a todo el sitio.

Espaciado

Además de colocar a las DISTANCIAS relativamente similares de GCP, es importante pensar en la distancia total de esos intervalos. Si los puntos están demasiado separados entre sí, será un desafío para que su software de modelado interpolara más puntos de datos entre ellos. Los GCP deben ser, a lo sumo, alrededor de 400 metros alejados entre sí, aunque más cerca suele ser preferible. En última instancia, mientras desea evitar la sobredimensión de GCPS mencionados anteriormente, difundir sus puntos demasiado alejados causará brechas en la cobertura y también sesga su modelo.

Distribución

Es importante usar sus puntos de control de tierra para definir los límites de su sitio. En un escenario ideal, podrías colocar un GCP en cada una de las esquinas, con otro en el centro del sitio. Mientras que los sitios rara vez son tan simples, sigue siendo una buena manera de pensar en la cobertura.

Una consideración final es capturar la gama completa de topografía en su sitio. Por lo menos, coloque un punto en las elevaciones más altas y más bajas en las que sea factible hacerlo. Dicho esto, es importante evitar la trampa de confiar demasiado en los puntos "naturalmente ocurridos" que pueden parecer un buen lugar para poner un GCP, pero no cumplen con la propagación general de los puntos.

Usar nubes de puntos

Siempre que necesite crear un modelo detallado de un área, para topografía, reconstrucción de accidentes o cualquier otro propósito, la creación de una nube de puntos puede ser la mejor manera de hacer el trabajo.

Un modelo de nube de puntos 3D preciso, detallado y de alta resolución es un elemento importante en la creación precisa de un modelo 3D. Si su organización está buscando una nueva forma de crear reconstrucciones digitales de estructuras o espacios físicos, los drones capaces de generar nubes de puntos pueden ser la herramienta perfecta para usted.

Al aprender más sobre las nubes de puntos, qué son, cómo las genera, diferentes enfoques y casos de uso, puede tomar una decisión informada sobre la integración de estas herramientas digitales en sus flujos de trabajo.

Nubes de puntos: se trata de perspectiva

¿Qué es exactamente una nube de puntos? Es una colección de puntos de datos mapeados en tres dimensiones. Cada punto tiene sus propios valores X, Y y Z según su ubicación en el espacio. Algunas nubes de puntos pueden tener una resolución excepcionalmente alta, en cientos de puntos individuales por metro cuadrado, para mostrar exactamente lo que hay en un espacio 3D.

Los puntos juntos denotan las superficies de los objetos y las características del terreno dentro de un área, lo que permite a los topógrafos o inspectores crear mapas y modelos 3D extremadamente precisos de esas áreas. Sin embargo, la nube en sí no es el mapa. Necesita otro conjunto de datos además de los puntos de datos de elevación para crear un modelo con más funciones.

Para generar estas nubes de puntos, necesita el equipo adecuado y una nueva perspectiva de su área objetivo: es decir, una vista aérea. Al volar un vehículo aéreo no tripulado (VANT) sobre el área de su elección, puede recopilar la información necesaria sobre elevación y topografía.

Los drones avanzados equipados con los últimos sensores de detección y rango de luz (LiDAR) pueden construir nubes de puntos en una sola pasada. Un dron que usa un sistema de cámara de fotogrametría puede ensamblar una nube de puntos como una de las salidas de la imagen tridimensional resultante. En cualquier caso, la nube resultante es una imagen detallada y precisa del área escaneada.

Cómo funcionan las nubes de puntos

¿Cómo funciona exactamente el proceso de creación de la nube de puntos? Si bien los detalles exactos dependen de si su dron está equipado con sensores LiDAR o equipo de fotogrametría, el procedimiento es el mismo.

Su VANT vuela sobre un área elegida, escaneando con su carga útil de sensores. Luego, la información de los puntos de datos se ensambla en una forma utilizable a través de un software de procesamiento de nubes de puntos, como DJI Terra.

Para llegar al resultado de una nube de puntos 3D, el software agregará contexto a una gran cantidad de puntos detectados por pulsos de láser o generará puntos basados en una colección de fotos tomadas desde múltiples ángulos. Esto depende de si prefiere LiDAR o fotogrametría, y eso a su vez lo decidirá el tipo de levantamiento o mapeo que esté realizando.

La diferencia entre las nubes de puntos LiDAR y las nubes de puntos de fotogrametría

Los dos métodos principales para crear una nube de puntos a partir de datos de VANT, LiDAR y fotogrametría, tienen cada uno sus casos de uso ideales. Puede terminar usando ambos en varios momentos.

Las empresas que con frecuencia mapean áreas complejas con vegetación pueden gravitar hacia LiDAR, mientras que las empresas que tienen líneas de visión claras y necesitan una solución de menor costo pueden comenzar con la fotogrametría, pero la decisión no se puede reducir a uno o dos problemas. Comparar las tecnologías una al lado de la otra es un ejercicio útil a la hora de decidir cómo equipar sus vehículos aéreos no tripulados.

LiDAR

El escaneo LiDAR implica frecuentes pulsos de láser que luego rebotan en el sensor. Al utilizar la medición inercial y los datos de posicionamiento por satélite, el sensor LiDAR del dron determina exactamente dónde se encuentra un punto en el espacio.

Los puntos recopilados se convierten en una nube de puntos LiDAR cuando se ensamblan mediante un software especializado en nubes de puntos. Este es un método de escaneo de alta precisión, aunque debe combinarse con otros datos para agregar más detalles a los mapas, incluido el color.

LiDAR es ideal para mapear elementos demasiado pequeños para ser detectados por otros métodos. Por ejemplo, si necesita mapear cables delgados o líneas eléctricas como parte de su nube de puntos, puede hacerlo mediante la recopilación de datos LiDAR. La tecnología también funciona en condiciones de poca luz y puede llegar al suelo a través de capas de follaje.

Además, debido a que las nubes de puntos LiDAR son mediciones directas, los tamaños de los archivos son relativamente más pequeños en comparación con las fotografías de alta resolución utilizadas para la fotogrametría. Esto significa que el posprocesamiento de datos LiDAR es más rápido que extraer nubes de puntos de modelos de fotogrametría, y esto puede ser un factor importante para los clientes que priorizan la eficiencia o que tienen misiones urgentes.

Dado que el software LiDAR basado en la nube es menos común que las herramientas de fotogrametría, el proceso real de compilar los datos sin procesar en una nube de puntos puede requerir un empleado en el sitio con capacitación técnica. Los costos también pueden ser más altos, incluida la necesidad de drones más potentes para transportar los sensores especializados.

Fotogrametría

La fotogrametría ensambla proyecciones de datos a partir de fotografías. Este es un enfoque sencillo y asequible para la topografía y el mapeo, y el software necesario para trabajar con datos de fotogrametría está disponible a través de un modelo simple basado en la nube.

El uso de la fotogrametría es flexible. Puede decidir qué tan rápido volar el dron, dependiendo del nivel de detalle necesario para los mapas o nubes de puntos 3D que está generando para el proyecto en cuestión.

Dependiendo del nivel de detalle que elija y del tamaño del área que está inspeccionando, la cámara del VANT tomará cientos o miles de fotografías. Estas imágenes tienen color y, además de convertirse en nubes de puntos 3D, pueden ensamblarse en un mapa o modelo 3D.

Dado que la fotogrametría se basa en la fotografía, necesita una fuente de luz para que funcione, ya sea natural o artificial. Dicho esto, la facilidad de uso general del método puede compensar el inconveniente de buscar las condiciones adecuadas. Las barreras de entrada relativamente bajas pueden hacer de este un excelente primer método para una empresa que recién comienza a crear nubes de puntos 3D u otros modelos de datos.

Usos del modelado de nubes de puntos

Una vez que haya generado nubes de puntos 3D, ¿para qué las usa? Los casos de uso diferirán según su industria, pero todos se centran en la necesidad de modelos 3D precisos.

Infraestructura de energía: la inspección de la nueva infraestructura de servicios públicos es más simple y rápida cuando los equipos tienen acceso a drones y pueden crear nubes de puntos en 3D de las áreas en cuestión. Esto puede ser especialmente útil para activos como líneas eléctricas construidas en áreas remotas donde los equipos tendrían problemas para navegar a pie.

Construcción de petróleo y gas: al igual que las empresas de servicios eléctricos, las refinerías de petróleo y gas a menudo requieren información 3D precisa sobre grandes áreas, potencialmente en ubicaciones remotas. Este es otro escenario en el que los drones pueden resultar más efectivos que los equipos de topografía en tierra.

Topografía terrestre: los clientes interesados en obtener rápidamente mapas topográficos detallados de áreas pueden beneficiarse de las nubes de puntos 3D generadas mediante el uso de drones. La combinación de topografía rápida para áreas extensas y precisión de alto nivel es ideal para topografía.

Silvicultura: LiDAR puede penetrar el follaje denso y proporcionar datos de superficie que no se resolverían con fotogrametría.

Una vez que haya determinado un buen caso de uso para una nube de puntos 3D precisa, simplemente tiene que encontrar el dron adecuado y la carga útil de recopilación de información para sus circunstancias.

Sistemas de drones LiDAR: uso de veh culos aéreos no tripulados equipados con LiDAR

Los drones equipados con cámaras brindan a las empresas un par de ojos adicionales en el cielo, brindando una nueva perspectiva de las operaciones que ocurren en el terreno. En industrias tan variadas como la construcción, los servicios de emergencia, la agricultura y los servicios públicos, los drones están agregando valor.

La tecnología de sensores en vehículos aéreos no tripulados (VANT) está en constante evolución, lo que significa que estas naves no solo toman instantáneas y videos estándar. Uno de los últimos desarrollos en equipamiento de vehículos aéreos no tripulados implica el uso de sistemas LiDAR (detección y alcance de luz) cada vez más avanzados.

Al implementar un dron equipado con un sensor LiDAR, las empresas pueden tomar lecturas aéreas más precisas, creando modelos 3D con precisión de nivel centimétrico y detectando características que serían invisibles para métodos menos sofisticados.

Lejos de ser un área tecnológica de nicho, LiDAR está llegando a todo tipo de industrias que necesitan servicios de mapeo y recopilación de datos geoespaciales. Al rastrear los últimos usos de los drones con sensor LiDAR, puede determinar si estos VANT útiles se ajustan a los planes de su empresa.

¿Qué es LIDAR?

LiDAR es una forma de tecnología de detección remota. En lugar de emplear cámaras fotográficas convencionales, los sensores LiDAR envían pulsos láser rápidos y capturan las respuestas, utilizando esos puntos de datos para trazar un área con gran precisión y exactitud.

El sistema LiDAR crea una nube de puntos con los datos provenientes de los objetos en el suelo. Estos puntos son la materia prima para los modelos 3D. Si bien ensamblar esos modelos requiere un software especializado, y expertos que sepan cómo usarlo, el proceso es relativamente rápido y genera mapas de alta calidad con tamaños de archivo pequeños.

Sin embargo, debe tenerse en cuenta que estas imágenes en 3D no tienen detalles fotográficos. Por ejemplo, los pulsos de láser en sí mismos no le darán los colores de los elementos en el suelo. Esos datos tendrán que provenir de una fuente alternativa, como un sensor adicional.

La tecnología LiDAR ha visto algunos desarrollos en los últimos años, a saber, los módulos de sensores se están volviendo más asequibles y significativamente más livianos. Esto ha permitido la rápida evolución de los sistemas de drones LiDAR, con la aparición de nuevos modelos que permiten a las empresas aplicar la tecnología a más casos de uso.

Algunas organizaciones pueden considerar la adopción de LiDAR para funciones que antes cumplían otros métodos topográficos, como la fotogrametría. En otros casos, las empresas que anteriormente han empleado topografía LiDAR en tierra pueden surcar los cielos con drones.

Dondequiera que exista la necesidad de topografía y modelado con una precisión de nivel centimétrico, LiDAR podría ser la nueva tecnología preferida. En los próximos años, impulsada por la mayor disponibilidad de los sistemas, la adopción puede expandirse a nuevas industrias y casos de uso.

LiDAR vs fotogrametría: ¿Cuál es la diferencia?

Las organizaciones que ya utilizan la fotogrametría aérea como su método de topografía y mapeo de elección pueden preguntarse si ganarían valor al cambiar a LiDAR. Primero, es importante definir la fotogrametría y explicar sus posibles usos y limitaciones.

La fotogrametría es el proceso de utilizar numerosas fotografías para determinar la distancia. Los drones de fotogrametría vuelan sobre un paisaje o estructura y toman fotografías, que se ensamblan en modelos 2D o 3D mediante software. Estos modelos se utilizan en la construcción, la agricultura, la minería y cualquier industria que necesite un mapeo frecuente.

En comparación con LiDAR, los sistemas de fotogrametría pueden tener dificultades para seleccionar objetos muy pequeños y con detalles finos; por ejemplo, mientras que los pulsos de LiDAR pueden detectar líneas eléctricas, las fotos tomadas por los módulos de fotogrametría podrían no detectar los cables. LiDAR también puede penetrar a través de la vegetación para capturar la forma del terreno subyacente, e incluso puede funcionar en la oscuridad.

La razón principal para elegir la fotogrametría ha sido su relativa accesibilidad. Con módulos más livianos y asequibles, es una opción para las empresas que no han necesitado el nivel adicional de precisión que brindan los datos LiDAR. Además, el software para ensamblar nubes de puntos a partir de datos de fotogrametría sin procesar es más común y se usa con más frecuencia que la alternativa LiDAR.

A medida que se reduzcan los costos y el peso de LiDAR, las matemáticas pueden cambiar para algunas de estas empresas, lo que alentará una mayor adopción de LiDAR. Además, es posible usar drones LiDAR junto con otros métodos de mapeo para crear modelos más detallados en general. Esto es importante en los casos en que el producto terminado debe ser fotorrealista porque, como se señaló, los pulsos LiDAR no capturan los colores de los objetos.

¿Por qué usar un dron LiDAR?

Volar un dron LiDAR es una forma de recopilar información de forma rápida y segura sobre cualquier tipo de sitio o característica terrestre. Esto abarca una variedad de usos, desde realizar inspecciones de seguridad hasta inspeccionar el progreso de la minería o la agricultura o incluso estimar el tamaño de una reserva de recursos desde el aire.

La creación de modelos 3D precisos de paisajes y estructuras es muy fácil para las empresas que operan flotas de drones LiDAR. Estos también pueden recibir actualizaciones con el tiempo, por ejemplo, para realizar un seguimiento del progreso de un edificio en construcción y medirlo en relación con los planos y esquemas.

LiDAR permite escenarios que pueden haber requerido demasiada precisión para los sistemas de fotogrametría. Por ejemplo, los operadores ahora pueden mapear líneas eléctricas y reconstruir escenas de accidentes con las nubes de puntos 3D altamente detalladas generadas por los módulos LiDAR.

También hay situaciones en las que las empresas no optarán por alejarse de la fotogrametría en favor de LiDAR. Más bien, usarán ambos tipos de soluciones, por lo que siempre tendrán el tipo de sensor correcto para el trabajo en cuestión. Esto es cada vez más fácil a medida que las organizaciones invierten en opciones de chasis de drones versátiles y capaces que pueden admitir múltiples módulos de sensores.

Drones LiDAR vs. LiDAR terrestre

Una pregunta adicional que los líderes de las empresas deben hacerse a la hora de decidir si utilizar los sistemas de drones LiDAR es si estarían mejor atendidos con módulos LiDAR basados en tierra. Estas opciones terrestres, de proveedores como Faro y Trimble, son muy precisas y ofrecen un escaneo de nivel milimétrico.

La desventaja de usar LiDAR en tierra es la falta de eficiencia.

Volar un dron sobre un sitio permite a los topógrafos realizar más trabajo en menos tiempo, al mismo tiempo que alcanzan áreas de difícil acceso, en comparación con el proceso a veces tedioso de operar escáneres láser terrestres.

Siempre que una organización pueda tolerar una precisión de +/- 5 cm al crear modelos 3D a partir de nubes de puntos, los sensores aéreos montados en un dron LiDAR brindan un enfoque mucho más eficiente para el mapeo y la topografía.

Drones LiDAR en acción: los mejores casos de uso

Agregar VANT LiDAR es una excelente manera para que las empresas de todas las industrias mapeen y realicen encuestas de manera más efectiva. Es impresionante cuántos escenarios de implementación únicos admiten la tecnología LiDAR de drones. Algunos de estos casos también pueden incorporar fotogrametría, mientras que otros son completamente nuevos y están impulsados por la llegada de drones LiDAR asequibles.

Agrimensura para pequeñas parcelas

Siempre que sea necesario realizar un levantamiento aéreo preciso de un terreno, un dron LiDAR puede ser la herramienta ideal. Si bien una gran parcela de tierra puede ser más adecuada para un sobrevuelo con un avión o un helicóptero tripulado, la tecnología de drones es ideal para parcelas pequeñas.

Usar un dron como herramienta topográfica es más asequible que poner en marcha, dotar de personal y abastecer de combustible a un avión estándar. Además, los drones utilizan un pequeño VANT. que no requiere que los pilotos sobrevuelen el sitio, lo que lo convierte en una opción más segura. Unos pocos operadores estacionados en el terreno pueden mapear rápida y metódicamente el área y seguir adelante.

Levantamientos topográficos y batimétricos

Además de levantamientos más pequeños, los drones LiDAR pueden usar sensores para abarcar grandes áreas topográficas, asumiendo el trabajo que tradicionalmente se llevaría a cabo desde aviones o helicópteros. En el caso de un estudio terrestre, el dron utiliza un láser de infrarrojo cercano.

Al volar sobre el agua y usar una luz verde que penetra en el agua, los drones LiDAR también pueden recopilar lecturas sobre la profundidad del lecho marino o del río en un área determinada. Al crear mapas que incorporan datos batimétricos, los drones LiDAR pueden cubrir tanto la tierra como el mar.

Modelado digital del terreno antes del trabajo

Cuando las empresas se encuentran en el proceso de preparación para trabajos importantes de remoción de tierra, es importante contar con un mapa del sitio en 3D. Aquí es donde un modelo de terreno digital (DTM) preciso, creado a través de una nube de puntos LiDAR 3D, puede ser fundamental.

El movimiento de tierra generalmente se paga por la yarda de tierra excavada, lo que significa que, para fines de planificación presupuestaria, las empresas deben saber exactamente a qué se enfrentan en un área determinada, utilizando imágenes en 3D. LiDAR puede penetrar la vegetación y otras características para brindar lecturas precisas sobre la topografía de un sitio determinado.

Mapeo y reconstrucción de la escena del accidente

Los drones de todo tipo son cada vez más populares en la seguridad pública; por ejemplo, los drones térmicos pueden buscar personas desaparecidas, incluso de noche. En el caso de los drones LiDAR, la tecnología es ideal para la reconstrucción de escenas de accidentes complejos. Las cuadrillas pueden realizar este trabajo en cualquier momento del día, porque

LiDAR no requiere luz para funcionar.

Después de capturar el modelo 3D de alta precisión, las cuadrillas pueden limpiar la escena del naufragio. Esta puntualidad es especialmente importante cuando el lugar de un accidente obstruye el tráfico. Los datos del dron LiDAR pueden servir como evidencia en cualquier caso judicial derivado del accidente. Tenga en cuenta que la fotogrametría también es una excelente opción para la reconstrucción de la escena del accidente y el mapeo de emergencia.

Silvicultura

Medir el inventario de un bosque utilizado para la producción de jarabe, papel o madera puede ser difícil o llevar mucho tiempo debido a las grandes áreas involucradas. Es posible que las empresas que no utilizan drones LiDAR deban confiar en estimaciones basadas en las conjeturas de los trabajadores.

Un dron LiDAR no solo puede dar lecturas precisas de métricas como la altura del dosel y la densidad de los árboles, sino que los sensores involucrados son lo suficientemente precisos para dar lecturas sobre árboles individuales. Los drones LiDAR pueden incluso funcionar con poca luz cuando la visibilidad es limitada.

Agricultura de precisión

Basar las prácticas agrícolas en datos precisos se ha vuelto más popular en los últimos años, con drones de fotografía que ayudan con todo, desde la planificación de cultivos hasta el seguimiento de rebaños. Los drones LiDAR pueden agregar un nuevo nivel de precisión a las proyecciones, lo que permite a los agricultores responder a las condiciones de sus campos.

Uno de los principales usos de los drones LiDAR en la agricultura es proporcionar datos del terreno en 3D, lo que permite a los operadores construir diques en sus campos de arroz. Otro uso es medir el progreso de los cultivos, permitiendo que los agricultores usen fertilizantes de una manera más específica.

Inspección de líneas eléctricas

Si bien los operadores de servicios públicos pueden haber tenido problemas para medir pequeños componentes de infraestructura (incluidas las líneas eléctricas) antes de la llegada de los asequibles sistemas VANT LiDAR, ahora pueden realizar inspecciones aéreas. Escanear las líneas eléctricas desde el aire permite a los topógrafos medir los factores de riesgo, como la invasión de la vegetación.

Ya sea tomando lecturas sobre el estado actual de la infraestructura de la red eléctrica o planeando construir nuevas líneas eléctricas, los proveedores de servicios públicos pueden confiar en los modelos 3D de los drones LiDAR. El hecho de que los vehículos vuelen significa que pueden atravesar terrenos accidentados con mayor facilidad y seguridad.

Minería

Las empresas mineras pueden medir el espacio de extracción de mineral con minas. Al calcular los datos de superficie y comparar las lecturas actuales con las pasadas, los mineros pueden determinar el progreso de sus operaciones. Los drones brindan una opción más económica en comparación con la topografía aérea y son más seguros y eficientes que el escaneo en tierra.

Enviar drones a las minas es otra forma valiosa de recopilar datos mientras se pone en primer plano la seguridad. LiDAR puede servir como una herramienta de detección de colisiones y al mismo tiempo permitir que el dron mapee dentro de una mina. Después de una detonación planificada, un dron puede ingresar primero a un pozo, asegurándose de que la estructura sea lo suficientemente sólida como para que ingresen los humanos.

Arqueología

Los drones LiDAR son buenos para mapear los contornos exactos de las estructuras, y estos edificios no tienen que ser nuevos. Mediante el uso de vehículos aéreos no tripulados en un sitio arqueológico, los investigadores pueden obtener una imagen clara del tamaño y la ubicación relativa de todas las características relevantes del terreno, así como cualquier remanente creado por humanos.

Mapear un sitio arqueológico con un LiDAR VANT es rápido y eficiente en comparación con los métodos de escaneo y mapeo basados en tierra. Dado que los drones pueden cubrir grandes áreas, los arqueólogos pueden redescubrir áreas "perdidas" completas en poco tiempo, incluso si esos sitios comprenden ciudades antiguas enteras.

Mediciones de volumen de acopio

Las empresas de construcción van más allá de la inspección y el uso de los sistemas para otras funciones, como la medición del inventario. Escanear repetidamente una pila de materiales permite que una empresa determine la tasa de uso, lo que permite a los líderes volver a ordenar en el momento adecuado.

Comprender cada aspecto de un sitio de trabajo permite operaciones más eficientes en general. Observar cuánto cambia el volumen de una reserva a lo largo del tiempo es posible con sensores precisos, como LiDAR, y montarlos en drones es una forma eficiente de poner estas soluciones en acción.

LiDAR vs fotogrametr a
para topograf a aérea

<u>Una guía comparativa para ayudarlo a seleccionar sus sensores topográficos</u>

Para los profesionales de la topografía y la cartografía, LiDAR y la fotogrametría han sido durante mucho tiempo herramientas necesarias del oficio. Pero los avances recientes en la tecnología de drones han cambiado la forma en que se capturan los datos para mejor.

En comparación con los levantamientos aéreos tradicionales, que se basaban casi exclusivamente en aviones tripulados, los drones ofrecen una alternativa segura, precisa y más asequible. El resultado ha sido la democratización de las soluciones topográficas. Ahora, los proyectos de agricultura, construcción, conservación, minería, reconstrucción de la escena del accidente y más pueden beneficiarse de nubes de puntos detalladas, mapas precisos y modelos 3D.

Para los topógrafos establecidos y aquellos que son nuevos en el campo, la pregunta de si trabajar con LiDAR o fotogrametría resultará familiar. En este artículo, lo guiaremos a través de los pros y los contras de ambos métodos. No es que uno sea simplemente mejor o deba preferirse al otro pase lo que pase. En cambio, la decisión correcta depende de la tarea específica en cuestión, las habilidades del operador en cuestión y, como siempre, el presupuesto con el que está trabajando.

¿Qué es LiDAR?

LiDAR es la abreviatura de "detección y alcance de luz". Los sensores LiDAR funcionan emitiendo pulsos de luz y midiendo el tiempo que tardan en reflejarse del suelo, junto con la intensidad con la que lo hacen.

Aunque ha existido durante décadas, solo en los últimos años la tecnología LiDAR se ha vuelto lo suficientemente compacta como para integrarse en una carga útil que puede transportar un dron.

El sensor LiDAR representa solo una parte de un proceso complicado. Para recopilar los datos necesarios para construir una nube de puntos que refleje con precisión el terreno y su topografía, LiDAR incorpora otros sistemas de alta precisión: posicionamiento por satélite (datos GNSS) y una unidad de medición inercial (IMU).

Con un poco de magia de software, los vuelos LiDAR se pueden usar para construir nubes de puntos 3D y mapas de intensidad, los cuales necesitan mucha habilidad para interpretar, pero brindan datos invaluables en operaciones de minería, silvicultura, agricultura y construcción.

Los pros de LiDAR

El aspecto positivo más citado del uso de LiDAR para el mapeo es la precisión de la tecnología. Pero como una declaración independiente que no nos da mucho con qué trabajar.

Primero, es importante considerar qué significa la precisión para usted y su proyecto. ¿Está priorizando la precisión relativa o absoluta? En otras palabras, ¿le preocupa que su producto final sea preciso en términos de sus características en relación con los demás, o sus características en relación con su lugar en el mundo?

LiDAR es el camino a seguir para lograr una precisión absoluta y, por lo general, es la mejor opción cuando el objetivo es un modelo realista de tierra desnuda. Eso se debe a que es el mejor método para contabilizar la elevación, la vegetación y las condiciones actuales.

La integración de LiDAR con datos GNSS y el hecho de que se trata de una medición directa (que dispara miles de pulsos láser desde arriba) garantizan que su mapa del terreno digital final tenga una precisión vertical extrema.

Las complicaciones topográficas no solo vienen en forma de ondulaciones del terreno. La vegetación también puede impedir que los métodos topográficos basados en fotografías obtengan datos granulares a nivel del suelo.

Los pulsos de luz de LiDAR penetran los espacios entre las hojas y las ramas, alcanzando el suelo debajo y mejorando la precisión de las mediciones.

LiDAR también es preferible si las condiciones de luz de su lugar de trabajo son inconsistentes. Si desea realizar estudios nocturnos o misiones de baja visibilidad, LiDAR puede manejar la tarea sin necesidad de una fuente de luz externa.

Por último, LiDAR le permite capturar detalles de pequeño diámetro. Un gran ejemplo de esto son los cables de alimentación. Gracias al muestreo puntual de alta densidad y al método de medición directa, puede utilizar LiDAR para mapear con precisión la catenaria del cable.

Los contras de LiDAR

El desafío más obvio que conlleva trabajar con LiDAR es su costo. Debido a la mayor complejidad operativa (y la necesidad de componentes y sensores más sofisticados), puede gastar fácilmente cientos de miles de dólares en una solución topográfica completa.

Esta complejidad también amplía su margen de error y aumenta la dependencia de un profesional experimentado. Con múltiples sensores e información a la que no se puede acceder fácilmente sin una buena cantidad de procesamiento, extraer los datos que necesita no es sencillo.

También es importante tener en cuenta que, tradicionalmente, los sensores LiDAR han sido más voluminosos que las cámaras simples. Dado que los drones se están volviendo cada vez más populares para la topografía aérea, la necesidad de un dron más grande para manejar una carga útil más pesada puede sumarse a un gasto ya significativo.

La última desventaja de elegir LiDAR es posiblemente su mayor fortaleza: el hecho de que es la mejor herramienta para el trabajo en situaciones muy específicas. Para muchas aplicaciones, la fotogrametría regular será suficiente. Esta es una tendencia que está cobrando impulso a medida que mejora el software de procesamiento de imágenes.

¿Qué es la fotogrametría?

En pocas palabras, la fotogrametría es una forma de medir distancias utilizando fotografías. Estas fotografías se procesan utilizando software especializado para generar modelos precisos y realistas del mundo.

Los mapas ortomosaicos y los modelos 3D tienen una variedad de aplicaciones, desde la planificación de la construcción y la gestión de proyectos en curso hasta el material de marketing.

La cantidad de imágenes que necesita para una fotogrametría eficaz puede oscilar entre cientos y miles. Todo depende del tamaño del sitio en cuestión y de la profundidad y precisión que desee lograr.

Los pilotos de drones tendrán que determinar la altitud de vuelo óptima para obtener la distancia de muestra de tierra necesaria. También tendrá que configurar una superposición en cada imagen para asegurarse de que su software pueda unir sus imágenes sin problemas.

Los pros de la fotogrametría

El principal beneficio de trabajar con fotogrametría es su accesibilidad. El auge de la tecnología de drones y el software de mapeo ha simplificado los flujos de trabajo y ha puesto mapas precisos y modelos 3D al alcance de cualquier organización con un dron con cámara decente.

Aparte de la calibración de la cámara, la planificación básica del vuelo y el trazado de los puntos de control en tierra, llevar a cabo una misión de mapeo y convertir esos datos en algo útil es relativamente sencillo. Existen innumerables escenarios en los que este proceso produce resultados tangibles, en industrias tan variadas como la construcción, la conservación, la minería y la agricultura.

Es importante destacar que los resultados también son accesibles. Los mapas y modelos con características y colores reconocibles son instantáneamente intuitivos, lo que los convierte en una excelente herramienta de colaboración y algo con lo que las partes interesadas pueden trabajar sin perder demasiado tiempo manipulando los datos.

Otra gran parte del atractivo de la fotogrametría es lo asequible que es. Como mencionamos, comenzar significa invertir unos pocos miles de dólares en un dron con cámara profesional y mucho menos en el software que necesitará para procesar sus datos.

Finalmente, la fotogrametría ofrece un enfoque más flexible. Dependiendo de la tarea en cuestión, puede tener más control sobre la compensación entre la velocidad, la altitud y la precisión de la misión.

Los contras de la fotogrametría

Hay algunas desventajas de los métodos de topografía basados en fotogrametría.

La primera es que la precisión de sus mapas y modelos depende en gran medida de la calidad de la cámara de su dron y del dron en sí.

El tamaño del sensor, la apertura, la resolución y la distancia focal impactan la distancia de muestra del suelo (GSD) junto con la altitud a la que está volando. Además de eso, tendrá dificultades para producir resultados con absoluta precisión sin varios puntos de control terrestre o un dron habilitado para RTK o PPK.

El segundo desafío al que se enfrentan sus ambiciones de fotogrametría es el clima. O, para ser más específicos, las condiciones de luz. La oscuridad, la nubosidad, el polvo y más pueden afectar negativamente la calidad de los resultados de su levantamiento.

Cuando se trata del procesamiento de datos, solo puede medir lo que puede ver con claridad. Esto significa que los vuelos con visibilidad limitada, ya sea debido a la vegetación, las sombras o la hora del día, producirán menos puntos terrestres y mapas y modelos menos precisos.

Cuándo elegir LiDAR

Se recomienda LiDAR si está mapeando un terreno complejo con un alto porcentaje de cobertura de vegetación. Debido a sus mediciones directas que penetran entre hojas, ramas y árboles, puede construir nubes de puntos topográficos precisos con los datos resultantes.

La tecnología también es ideal para medir con precisión objetos como cables, que generalmente son demasiado delgados para ser reconocidos por cualquier otro método.

LiDAR también debe ser su método de elección si la tarea topográfica en cuestión exige precisión por encima de todo. Aunque esto no está exento de desafíos, que se presentan en forma de costo y la experiencia necesaria para dar vida a los datos.

Elija LiDAR para:

- Mapeo de terrenos de difícil acceso, complejos y cubiertos de maleza
- Captura de detalles en estructuras delgadas, como líneas

eléctricas o bordes de techos
- Proyectos donde el detalle y la precisión son las prioridades

Cuándo elegir la fotogrametría

La asequibilidad de la fotogrametría la convierte en una opción preferible para aquellos que son nuevos en la topografía con drones. Aunque ser más barato que LiDAR no es su único beneficio.

De hecho, muchas aplicaciones estarían mejor atendidas con la fotogrametría. Este es particularmente el caso cuando desea trabajar en planos usando mapas ortomosaicos, colaborar usando modelos 3D o proporcionar actualizaciones accesibles del progreso del proyecto por un costo relativamente pequeño.

Elija fotogrametría para:

Escaneos ricos en contexto que son accesibles y requieren un posprocesamiento y experiencia mínimos
Mapas y modelos fáciles de entender para ojos inexpertos
Conjuntos de datos que necesitan una evaluación visual
LiDAR vs fotogrametría: ¿cuál es más precisa?
Al igual que las nubes de puntos de color verdadero creadas por el DJI L1, la respuesta aquí no es tan simple como en blanco y negro.
LiDAR tiende a producir escaneos con mayor detalle y precisión en comparación con la fotogrametría. Además, debido a que puede funcionar bien a pesar de los desafíos ambientales (piense en poca luz o mucha vegetación), es ideal para escenarios en los que valora la precisión por encima de todo.

Las nubes de puntos LiDAR pueden ser increíblemente granulares, con hasta 500 puntos por metro cuadrado y una precisión de elevación vertical de menos de tres centímetros. Con una alta densidad de puntos de datos, se obtiene un conjunto de datos más sólido, lo que a su vez le brinda más versatilidad cuando se trata de procesar sus hallazgos.

Eso no quiere decir que la fotogrametría sea intrínsecamente inexacta. Si su terreno es relativamente simple y no tiene vegetación densa, aún puede crear mapas y modelos muy detallados, especialmente si también está utilizando un módulo de posicionamiento RTK.

LiDAR vs fotogrametría: los datos

LiDAR y la fotogrametría son métodos fundamentalmente diferentes de recopilación de datos.

Con LiDAR terminas con miles de puntos de datos que forman una nube de puntos 3D que describe el terreno en cuestión. Deberá incorporar colores de conjuntos de datos separados para convertirlos en algo visualmente accesible.

Con la fotogrametría, termina con cientos o miles de imágenes que deben procesarse y unirse para producir algo de valor: ya sea una nube de puntos 3D, un mapa o un modelo navegable.

El procesamiento LiDAR basado en la nube no es tan frecuente ni accesible como el software de fotogrametría basado en la nube. Lo que significa que tendrá que tener un especialista en el sitio que pueda convertir esos datos sin procesar en algo procesable, junto con el software correcto.

Pensamientos finales

Evaluar LiDAR y la fotogrametría como dos métodos de captura de datos en competencia no es el enfoque más instructivo. Como hemos mencionado, no es que uno sea necesariamente mejor que el otro. En última instancia, es la tarea en cuestión la que determinará la mejor solución.

Si el contraste, la iluminación, el sujeto y las condiciones están a su favor, la fotogrametría probablemente sea más que adecuada para el trabajo. Pero para proyectos de mapeo desafiantes donde se trata de precisión de elevación, estructuras complejas o terreno parcialmente cubierto, LiDAR es probablemente el camino a seguir.

Por supuesto, el costo y la experiencia de su equipo también jugarán un papel importante en cualquier decisión entre los dos. Aunque las últimas cargas útiles de DJI, P1 y L1 son testimonios de la creciente asequibilidad y accesibilidad de la tecnología topográfica.

En última instancia, los profesionales en el campo deberán volverse expertos en el uso de ambas tecnologías a medida que los drones que las transportan se vuelvan más sofisticados.

Cómo adquirir y procesar datos para producir mapas 3D útiles y procesables

El mapeo 3D con drones tiene muchas aplicaciones. Si bien algunas aplicaciones son evidentes y bien conocidas, como la construcción y la agricultura, también hay algunas aplicaciones innovadoras de mapeo de drones (como campos de golf y arrecifes de coral). Sin embargo, producir mapas útiles y procesables no es fácil. Hay cientos de cosas que pueden salir mal en una misión de mapeo.

En este capítulo, echamos un vistazo más de cerca a los diversos matices del mapeo y modelado 3D con drones. Proporcionamos información que lo ayudará a EVITAR algunos errores comunes que los pilotos de drones a menudo cometen.

Los mapas y modelos son diferentes

Volar en modo de vuelo libre y procesar estos datos en Pix4D te dará un modelo atractivo. Pero ciertamente no puedes tomarle medidas. Si desea obtener datos buenos y precisos, necesita un plan sistemático de adquisición de datos. Y, la entrega de su cliente determina su plan de adquisición de datos.

Los entregables se pueden dividir en dos categorías: mapas 2D y modelos 3D. Los mapas 2D se pueden entregar en forma de orto-mosaicos, modelos digitales de superficie, mapas KML y datos de contorno. Mientras que, puede entregar un modelo 3D en forma de una nube de puntos o una malla 3D.

Muchas personas tienen la idea errónea de que necesita tener un topógrafo con licencia para llevar a cabo una misión de mapeo 3D. Nada podría estar más lejos de la verdad. Sin embargo, recuerde: como piloto de drones, aunque puede crear un mapa 3D, nunca puede interpretarlos. Solo un topógrafo con licencia tiene la autoridad para interpretar un mapa 3D, hacer mediciones y firmarlas. Por lo tanto, necesita una licencia de agrimensor para medir las líneas de propiedad. Pero si está utilizando su dron para realizar mediciones volumétricas, seguramente puede hacerlo sin la licencia de un topógrafo.

Las condiciones climáticas tienen una gran influencia en los datos de mapeo 3D

El clima es crítico para el mapeo: mientras que los días brillantes y soleados son los mejores para la fotogrametría, grabar en días nublados le brinda los mejores datos de mapeo. Recuerde: no estamos equipados para modificar nuestras fotos para obtener mejores datos. Fusionar datos de áreas sombreadas con datos de áreas no sombreadas dará como resultado un modelo descuidado.

Consejo profesional: no cometa el error de poner sus puntos de GCP manuales a la sombra. Debido a que el tono cambiará, terminarás obteniendo un mal modelo.

Elija el dron y la cámara adecuados para su misión de mapeo 3D

La línea Phantom, es sin duda el mejor dron para mapeo. Los mapeadores han mostrado una creciente preferencia por la línea Phantom y Mavic. El uso de todos los demás modelos DJI está en declive.

Además de elegir el dron correcto, elegir la cámara correcta es igualmente importante. Simplemente elegir el sensor de mayor calidad no es una buena idea en lo que respecta al mapeo. En su lugar, recomendamos optar por una cámara con obturador global en lugar de un rolling shutter. Un obturador global puede grabar el fotograma completo al mismo tiempo. Mientras que, un rolling shutter registra cada cuadro línea por línea.

Hay que estar atentos con las cámaras DJI Zenmuse, pues algunas vienen con obturador global y otras con rolling shutter.

Al venir la línea Phantom con un obturador global lo convierte en una excelente opción para misiones de mapeo. Esto da como resultado datos más precisos. Si su cámara tiene un obturador rolling, tendrá que volar más despacio. Volar más rápido dará como resultado una imagen borrosa y datos incorrectos.

Recuerde tener en cuenta la posible interferencia magnética, de donde es muy importante revisar el dron. Por ejemplo, si despegó del estadio en lugar del campo exterior, sus datos de mapeo podrían estar desactivados.

Consejos y trucos para mapear una estructura compleja

Al mapear una estructura compleja, no tendrá otra alternativa que utilizar tres o cuatro técnicas diferentes de adquisición de datos. Por ejemplo, puede terminar usando una cuadrícula simple, una misión de cuadrícula doble, una misión orbital y una misión de vuelo libre al mapear una estructura compleja.

Para cualquier edificio para el que intente adquirir detalles, debe hacer un mínimo de dos órbitas. Introducir más de 2 órbitas siempre es complicado. Las posibilidades de un error aumentan exponencialmente. Pero, para edificios complejos, no tendrá otra alternativa que orbitar más de dos veces.

Al mapear una estructura compleja, esto es lo que puede hacer. Primero vuela una misión de cuadrícula única y luego procesa los datos. En el segundo paso de su flujo de trabajo, realice una misión de doble cuadrícula y procese estos datos por separado. Luego procese todas las órbitas en un proceso separado y fusione todas ellas utilizando puntos de enlace manuales. Los puntos de enlace manuales aseguran la fusión del proyecto de estos subproyectos.

Recuerde: la aplicación de procesamiento no puede manejar todos los datos juntos. Por lo tanto, no tiene otra alternativa que crear subproyectos mientras mapea una estructura compleja.

Consejos profesionales para mapeo 3D

- Si sabe lo que está haciendo, puede obtener fácilmente una precisión por debajo de 4 a 6 cm utilizando la fotogrametría.
- Recomendamos ajustar la inclinación de su cámara para eliminar el cielo
- Recuerda: introducir imágenes oblicuas siempre es complicado
- Ground Station Pro funciona mejor para la captura vertical de imágenes en comparación con el escaneo perimetral.
- No puedes combinar la captura vertical de imágenes con otras imágenes
- El uso de Android permite la continuación de las misiones. Esta es una gran ventaja al mapear grandes extensiones de tierra.
- Recuerde tener cuidado con los problemas técnicos del software. Por ejemplo, es posible que tengas que lidiar con TFR fantasmas mientras estás en una misión de mapeo
- Se recomienda grabar en JPEG. Grabar en RAW y luego pasar a JPEG podría generar muchos problemas.

Las empresas se dan cuenta del poder de mapeo de drones para el trabajo virtual

Numerosas industrias se están dando cuenta del poder del mapeo de drones para el lugar de trabajo virtual. Los mapas y modelos de drones están ayudando a impulsar los trabajos virtuales al ayudar en el recorridos, la logística y la organización del equipo.

En la era del distanciamiento social, la realización de negocios regulares ha presentado nuevos y numerosos desafíos. La mayoría de las empresas han pasado a trabajar en un lugar de trabajo virtual. Desde asistir a reuniones interminables en zoom hasta viajes fructíferos a la heladera, estamos aprendiendo rápidamente nuestros límites de trabajar de forma remota. Ahora las empresas se están dando cuenta de lo poderoso que es el modelado 3D para ayudar a los equipos a comunicarse y planificar en entornos virtuales. Cuando necesita trabajar de forma remota, el modelado 3D permite a los empleados teletransportarse al proyecto para una mejor toma de decisiones.

Los ingenieros de proyectos generalmente necesitan visitar un sitio de construcción para coordinar varios equipos para trabajar juntos. Ahora con el distanciamiento social, nos vemos obligados a espaciar las llegadas de los equipos. Asegurar que los equipos trabajen casi secuencialmente. Entra un equipo, modela el edificio, anota y envía al siguiente equipo. El modelado mantiene a las empresas en movimiento.

Cuando un equipo completa alguna etapa de instalaciones, el edificio se modela nuevamente. El gerente del proyecto ahora tiene un modelo actualizado del entorno. Ahora el gerente del proyecto puede señalar áreas y agregar notas visuales, videos e incluso fotos.

<u>Modelado Exterior ... Simplemente tomando vuelo.</u>

Pocos han encontrado una forma efectiva de modelar ambientes exteriores. Desde arquitectos paisajistas hasta producción de películas, el mapeo/modelado de drones ofrece un valor significativo para ayudar a los equipos a navegar por el mundo exterior. Si bien el modelado interior ha existido durante bastante tiempo, el modelado exterior, debido a su complejidad, ha tenido mucho más dificultades para arraigarse en el mercado.

Muchos clientes se preguntan por qué es tan fácil modelar el interior de un edificio, pero no el exterior. La respuesta es simple, llamémosla naturaleza humana. El motor de fotogrametría más grande para la construcción de interiores siempre ha mantenido el procesamiento interno. Los usuarios simplemente escanean un edificio y cargan las imágenes para procesarlas. El software escupe un modelo de trabajo o no lo hace. No hay término medio.

El modelado exterior no ha evolucionado de la misma manera que el modelado interior. Si bien existen procesadores en la nube para el modelado exterior, todos los motores en la nube se centran en datos 2D. Vas a ver reclamos de marketing en todas partes, pero no hay un buen motor de reconstrucción 3D en Internet. Francamente, necesita un amplio conocimiento en la adquisición de datos complejos y la reconstrucción compleja de dichos datos.

Como el software de mapeo y modelado con drones ha mejorado con el modelado 3D, todavía hay muy pocos pilotos que entienden el flujo de trabajo profundamente matizado. Ya sea que desee utilizar un modelo 3D para visualizar una renovación en un edificio o visualizar la posición de una cámara, necesitará datos extremadamente detallados.

<u>Fusionar modelos internos/externos</u>

Podría decirse que el mapeo de drones proporciona un nivel de datos al que las compañías no están acostumbradas, que es uno de los mayores problemas que enfrentan los modeladores de drones.

¿Cómo explicas los cientos de entregables de un mapa o modelo de dron?

¿Cómo se explican los beneficios en la planificación, la navegación, sino también cómo se pueden utilizar los mismos datos para ayudar a vender un proyecto? Cuando podemos mapear el entorno y luego colocar nuestros diseños dentro de ese entorno ... ahora estamos trabajando virtualmente, juntos.

Muchas veces los equipos se obsesionan en qué mapa trabajar. Hay opciones limitadas para mostrar estos datos, pero hemos encontrado que Sketchfab es el mejor. Para los usuarios más nuevos que quieran probar cosas gratis, consulte Google Poly. Sketchfab nos permite fusionar nuestro gran mapa general del proyecto con otros recursos multimedia adicionales.

<u>Entregables para resolver problemas desconocidos.</u>

Después de experimentar trabajos de mapeo de drones en todo el país, hay más usos para estos datos de los que podría imaginar. Espero poder darle una idea de cómo la digitalización de nuestro mundo realmente nos ayuda a tomar decisiones más informadas. La digitalización de nuestro mundo también crea eficiencias extremas en los esfuerzos de equipo colaborativo.

He logrado modelar estadios de fútbol, centros de convenciones y escenarios de películas ... De hecho, a pesar de que ahora tengo casi 400 proyectos de mapeo en mí haber, todavía hay mucho por aprender. A continuación se muestra una lista de problemas que hemos resuelto para otras empresas con datos de mapeo con drones o un modelo 3D.

Estadio de fútbol | Análisis de deportes | Triangulación de instalación de radar

- Para asegurar mejor la precisión del radar en los cálculos. Comprender mejor las áreas de interferencia.

Construcción

- Para ayudar a visualizar el entorno existente al renovar un edificio.
- Para ayudar a calcular mejor los costos de materiales
- Para ayudar a comprender mejor el cronograma del proyecto debido a los desafíos existentes
- Para agregar una representación 3D sobre el modelo para comprender las líneas del sitio de zonificación.

Produccion de pelicula

- Al igual que el diseño de virtual de construcción, podemos planificar de forma remota
- Enviar secuencialmente equipos para llevar a cabo el diseño del set mientras se asegura el distanciamiento social.
- Para agregar señales visuales al guión técnico para cada selección de tomas
- Para planificar cada movimiento de la cámara, exporte la ruta de vuelo y haga que la cámara vuele de forma autónoma.
- Para ayudar a cada equipo a navegar el conjunto para la planificación
- Para ayudar a todos a tomar medidas lineales y comprender la logística
- ¡Producir mapas simples para ayudar a las personas a conducir!

Transporte

- Crear un modelo de puente, ferrocarril o infraestructura para inspeccionar de forma remota.

- Para reconstruir accidentes fatales para mediciones más precisas y eliminar el choque del tráfico más rápido.
- Para medir rutas de ingreso y egreso.

Preservación Histórica y Manejo de Emergencias

- Para preservar nuestros hermosos edificios en caso de desastre (¿Notre Dame?)
- Para comprender mejor cómo navegar en un edificio para emergencias.

Centros de bodas/eventos

- Proporcionar una tienda virtual que incluya proveedores.
- Permitir la planificación virtual con coordinadores de eventos.
- Para garantizar medidas de distanciamiento social (nunca fue tan fácil medir los 2 metros)

C mo crear mapas de hoteles o resorts para huéspedes con mapeo de drones

El mapeo de drones ha enseñado a los hoteles cómo crear mapas con drones.

Muchos pilotos de drones argumentan que la mejor parte de su trabajo es ayudar a un cliente a encontrar una solución creativa a varios problemas. Ahora los pilotos de drones están utilizando mapas realizados con drones para producir ortomosaicos reales que se transforman en mapas de hoteles. Estos mapas visuales, simples, pueden ayudar a los huéspedes del hotel a navegar más fácilmente por la propiedad y aprovechar las comodidades. Los alojamientos, y los resorts pueden obtener un beneficio adicional del mapeo de drones, ya que pueden mostrar la capacidad del distanciamiento social.

Durante una estadía en un rancho de "alojamiento y desayuno", se nos proporcionó el mapa de invitados para ir a nuestra suite socialmente distanciada y aprobada. A primera vista, el mapa no coincidía con la naturaleza reconfortante del rancho. Fue hecho principalmente con líneas simples y cuadrados. Cuando nos registramos, miré a mi equipo y comencé a explicar cuán poderoso sería el mapeo de drones para esta increíble ubicación. Queríamos desesperadamente ayudar al rancho. Especialmente cuando el distanciamiento social es fácil en este lugar, y se ha convertido en una escapada favoritas a raíz del COVID.

"Ezequiel, todo lo que tenemos que hacer es mapear el rancho. Eliminar algunos puntos y tirarlo en Photoshop".

Después de explicarle en profundidad al gerente de marketing, obtuvimos permiso para volar en el rancho. El mapeo de drones a menudo proporciona tantos datos que nos abrumamos y tenemos dificultades para diezmar toda la información. Al adoptar una perspectiva creativa, podemos fusionar los aspectos técnicos del mapeo de drones con la naturaleza creativa de la edición de Photoshop. Con suerte, podemos explicar sucintamente cómo crear mapas de hoteles o resorts con la ayuda de drones y motores de fotogrametría como Pix4d y Drone Deploy.

Flujo de trabajo de mapeo de drones para construir mapas de hoteles

Primero debemos seleccionar una aplicación de adquisición para controlar nuestro vehículo no tripulado y volar con una doble red automatizada. Seleccionamos nuestras preferencias para el ángulo de la cámara, el balance de blancos y la superposición para garantizar la mejor calidad del mapa. Después de establecer nuestra misión de volar, es hora de medir AMDO. Probar nuestras baterías y colocar algunos puntos de control en tierra.

Después de volar, simplemente miramos nuestras imágenes para ver todo lo que no necesitamos. Configuramos nuestro proyecto en nuestro software de mapeo de drones de elección y comenzamos a construir nuestra nube de puntos. Después del procesamiento, tendremos que rastrear los caminos, senderos, piscinas, estanques e incluso lagos. Eliminaremos estos puntos, configuraremos el color de fondo en nuestro software. Ahora, tome una captura de pantalla y elija su mapa base de un sitio web con fotos de stock, de su elección. Francamente, la capacidad de rastrear todos los activos existentes en el terreno crea un proceso eficiente para la creación del mapa.

Después de agregar los íconos, categorizar las carreteras y agregar algo de magia visual de Photoshop ... tenemos un nuevo mapa para que el hotel lo brinde a sus huéspedes.

Beneficios del mapeo de drones para hoteles y resorts

Por lo general, cuando viajamos a un resort u hotel grande,

se nos da un mapa que nos ayuda a entender cómo evitar perderse y nos dice dónde estacionar. Más a menudo que no, encontraremos la pileta más cercana y la distancia relativa al bar. Ahora ... no sé sobre vos ... Pero me gustaría planear la caminata más corta posible desde la piscina hasta el bar. (Ok ... llamame vago)

Ahora ahí radica nuestro problema. Si bien la mayoría de los mapas del complejo se ven visualmente estimulantes con íconos de dibujos animados y líneas punteadas ... los mapas no están a escala. Por lo tanto, no podría comprender con precisión la distancia a pie desde la piscina hasta el bar. No podríamos comparar las distancias desde cada barra y piscina. Debido a este problema, ahora tenemos que caminar a cada pileta. Esto desperdicia valioso tiempo de vacaciones.

El mapeo de drones permite a los pilotos crear ortomosaicos con una precisión relativa. Usando puntos de control de tierra, podemos controlar mejor la precisión relativa y absoluta. Este mapa debería terminar proporcionando un derivado que sea relativamente a escala.

Problema resuelto, los huéspedes del hotel ahora podrán comparar distancias desde la barra hasta cada piscina. La decisión de la mejor ubicación de la piscina será mucho más fácil. El mapa ayudará a los huéspedes a ahorrar tiempo y les proporcionará una mejor comprensión de los servicios disponibles y, lo que es más importante, cómo llegar allí.

Bromas aparte, este tipo de mapa podría ser extremadamente útil para cualquiera de nuestros queridos amigos que están restringidos por una silla de ruedas. Los mapas del hotel podrían ayudar a proporcionar una representación visual de las mejores rutas de navegación. A menudo, cuando viajamos, simplemente queremos sentirnos apreciados. Al proporcionar mayor información y una representación visual a escala, puede alegrarle el día a alguien.

Cómo el mapeo 3D está redefiniendo la reconstrucción de accidentes

En este capítulo, miro el campo de la reconstrucción de accidentes. ¿Cuáles son los diversos parámetros que observan los científicos de accidentes? ¿Cuál es la ciencia detrás de la reconstrucción de accidentes? También discutimos si los datos producidos por drones son comparables a los producidos por un escáner 3D.

La reconstrucción por accidente es una profesión crítica con cero margen de error. Los reconstruccionistas de accidentes investigan los accidentes automovilísticos, por qué chocan y cómo chocan. Y las consecuencias de su trabajo a menudo se extienden al ámbito legal. Los reconstructores de accidentes son contratados por abogados para investigar un accidente automovilístico.

Es un error pensar que cada accidente automovilístico es investigado y mapeado. En términos generales, los accidentes mayores tienen una mayor probabilidad de ser investigados que los crímenes menores. En muchos casos, los reconstruccionistas de accidentes tienen puntos de datos limitados para trabajar. Y a menudo se les pide que investiguen un lugar del accidente años después de que haya ocurrido un accidente. Trabajan en estrecha colaboración con la policía. Y a menudo, son puntuales revisando el trabajo de la policía.

Comprender la ciencia de la reconstrucción de accidentes.

Los científicos de accidentes analizan algunos factores importantes para recrear la evidencia y determinar qué sucedió realmente. Por ejemplo, las marcas de deslizamiento son un indicador extremadamente útil. Utilizando factores como las marcas de deslizamiento, el coeficiente de fricción y el punto final de descanso, un reconstructor de accidentes puede determinar qué tan rápido iba el automóvil. Otros factores que un reconstruccionista de accidentes toma en consideración son el grado o ángulo, el peso de los automóviles y la cantidad de rotación.

Para comenzar, tenemos un automóvil que viaja a una velocidad desconocida. La unidad frena y detiene el auto. Cuando aplica los frenos, el peso del automóvil cambia al eje delantero, lo que hace que las llantas delanteras se ahuequen un poco. La carga se desplaza principalmente hacia los bordes o las paredes laterales del neumático.

A medida que el auto se desliza, el curso raspa pequeños trozos de goma dejándolos en el camino. Las marcas de derrape más largas significan que el vehículo iba más rápido. Tenga en cuenta que la fricción cinética o el coeficiente de fricción se opone a la velocidad del vehículo. Y una vez que estás patinando, estas a merced del coeficiente de fricción. Una vez que un reconstruccionista de accidentes determina el punto de descanso, él o ella pueden trabajar hacia atrás desde allí para determinar qué sucedió realmente.

Cómo el mapeo de drones 3D está redefiniendo la reconstrucción de accidentes

La reconstrucción de accidentes ha recorrido un largo camino. En los días pasados, la reconstrucción de la escena del crimen se realizó con tiza y cinta adhesiva. Y las mediciones se realizaban manualmente mediante gráficos. En la actualidad, los escáneres láser 3D se están utilizando para la reconstrucción de la escena del crimen. Los escáneres láser 3D confían en la tecnología LiDAR. Los escáneres láser 3D son increíblemente precisos. Y es difícil desafiar estos datos en un litigio.

Entonces, ¿los datos generados por los drones y el mapeo de drones son mejores que una estación total o un escáner láser 3D? La principal ventaja de optar por el mapeo de drones es que obtienes datos más reales. Puede convertir excelentes fotografías en excelentes datos de mapeo y excelentes datos en

3D que finalmente resultan en una gran reconstrucción.

Pero, ¿pueden los drones proporcionar datos más rápidos? Los escáneres 3D suelen tardar entre 3 y 4 horas en recrear una escena de accidente. Mientras que el mapeo de drones es significativamente más rápido. Puede reconstruir una escena de accidente con una carga de batería: de 20 a 25 minutos.

Cada minuto que un accidente continúa sin resolverse, sigue siendo un peligro, aumenta la posibilidad de accidentes adicionales en un 2.8%.

Una palabra de precaución aquí: los trabajos de reconstrucción de accidentes requieren un inmenso nivel de habilidad. La forma en que adquiere los datos es realmente importante, y las repercusiones de equivocarse son enormes. Los datos incorrectos pueden resultar en la falsa acusación a una persona inocente. Entonces, este campo ciertamente no es para todos.

Para que los datos sean admisibles en los tribunales, la mayoría de los estados solicitan una tasa de error cuantificable. Es importante que esta tecnología se investigue profundamente para cuantificar con precisión estas tasas de error. Esta tecnología es nueva para la reconstrucción de accidentes. Pero, es solo cuestión de tiempo antes de que el mapeo de drones reemplace por completo los datos escaneados.

Cómo se utilizan los drones para la comercialización y el mantenimiento de campos de golf

La escasa participación de la generación más nueva y la ausencia de un jugador de golf famoso como Tiger Woods ciertamente han contribuido a este fuerte declive. No es sorprendente que varios campos de golf hayan cerrado en la última década. En este capítulo, exploro cómo los drones pueden ayudar a los propietarios de campos de golf a superar este difícil momento.

¿Cómo puede el mapeo de VANT conducir a una reducción en los costos de mantenimiento del campo de golf? ¿Cómo pueden ayudar los drones en la comercialización de campos de golf? También discutimos la configuración ideal de la cámara y los accesorios para obtener el mejor metraje de dron posible.

Cómo reducir los costos de mantenimiento del campo de golf utilizando el mapeo de VANT

Los campos de golf tienen costos de mantenimiento notoriamente altos. Mantener las grandes extensiones de vegetación saludables requiere millones de litros de agua todos los días. También debe usar fertilizantes y pesticidas para detener la propagación de hongos que eventualmente puede conducir al adelgazamiento del césped de golf.

Los drones equipados con sensores infrarrojos pueden ayudarlo a identificar áreas afectadas por el crecimiento de hongos incluso antes de que sean visibles para el ojo humano.

Usando el mapeo NDVI, puede diferenciar fácilmente entre césped sano y no saludable. NDVI es el índice de vegetación de diferenciación normalizada. Con esta tecnología, puede asignar recursos como agua, pesticidas y mano de obra de manera eficiente. Entonces, ¿cómo funciona el mapeo NDVI?

El ojo humano ve el césped del golf como verde. Sin embargo, junto con la luz verde, el césped también refleja "luz infrarroja cercana" o luz NIR. Esta luz no es visible para el ojo humano.

El uso de un sensor de cámara de dron diseñado específicamente para aplicaciones agrícolas (como Parrot Sequoia) lo ayudará a leer la luz NIR.

Usando el mapeo NDVI, un piloto de VANT puede crear un mapa codificado por colores que identifique las áreas secas o enfermas. Este mapa ayudará al propietario del campo de golf a tomar decisiones basadas en datos para una asignación eficiente de recursos. Así que puedes:

Identificar fácilmente áreas secas y áreas que reciben demasiada agua; Con esta información puede reducir su consumo de agua.

Reduzca el uso de pesticidas rociando solo las áreas calientes o afectadas

Estrategias de marketing de campos de golf

La estrategia de marketing del campo de golf debe diseñarse teniendo en cuenta el perfil demográfico típico de un golfista. Claramente, estamos atendiendo a la demografía más antigua aquí. Entonces, ¿qué tipo de efectos de música y video atraerían a la generación anterior? ¿Cómo puede facilitar que naveguen por el video de marketing de su campo de golf? Recomendamos proporcionar metraje con alto contraste y utilizar fuentes que sean fáciles de leer.

Crea un camino aéreo con tu dron para capturar los detalles de cada hoyo.

¿Qué es un camino aéreo? Es un video que muestra el viaje de la pelota de golf comenzando desde el inicio de la jugada y terminando en el hoyo. Por lo tanto, su ruta aérea debe comenzar desde la ahí, elevarse y luego descender. Esto les daría a los golfistas una hermosa vista de cada hoyo individual y también los ayudaría a planificar su estrategia de juego.

Crear hermosos mapas interactivos en 3D con su dron es otra estrategia de marketing de campos de golf para atraer a posibles clientes y retener los existentes.

Debido a que los mapas interactivos son reales, son

inmensamente atractivos. Puede crear hermosos modelos de cada hoyo individual que ayuden a los golfistas a comprender el diseño del campo. Estos modelos 3D se pueden cargar en un sitio web. Incluso puede equipar un carrito de golf con pantallas que puedan mostrar estos modelos.

En lo que respecta a las entregas del cliente, Sketchfab es una gran plataforma para publicar y compartir su mapa 3D. Incluso puede agregar anotaciones a su mapa 3D en Sketchfab. Las anotaciones son notas que puedes seguir con tu modelo 3D. Una vez que hace clic en la anotación, puede ver el campo de golf desde ese punto en particular. Esta es una excelente manera de obtener una vista panorámica de un hoyo individual, así como de todo el recorrido.

Ajustes de cámara, accesorios y modos de vuelo para grabar en un campo de golf.

El amanecer o el atardecer es el mejor momento para grabar el video de introducción de un campo de golf. Sin embargo, le recomendamos que grabe su video de navegación a mitad del día. Antes de comenzar, asegúrese de bloquear la exposición y el balance de blancos en un punto específico. Puede hacerlo fácilmente con una tarjeta gris neutral.

Para aumentar el atractivo de su metraje de drones, debe hacer que la hierba parezca más verde y que el cielo salga un poco más. ¿Como haces eso? Recomendamos grabar en D-Log para una mejor claridad y detalles de color.

También puede usar un filtro ND para controlar la exposición. Recomendamos usar un ND16 para condiciones soleadas y ND8 para condiciones parcialmente nubladas. Si está filmando en un día realmente nublado, no necesita un filtro.

En cuanto al disparo real, recomendamos grabar en modo actitud. Grabar en modo ATTI le puede generar algunas imágenes increíbles. Puede obtener esos momentos curvos naturales e inclinaciones increíbles si está grabando en modo actitud.

También puede considerar grabar en modo de vuelo inteligente. Por ejemplo, el punto de interés es un excelente modo de vuelo. Puede capturar algunas imágenes increíbles bloqueando el medio del green como su punto de interés. Una palabra de precaución aquí. La velocidad y la distancia son importantes para un movimiento suave cuando se vuela en un modo de vuelo. No moverse lo suficientemente rápido o no tener un radio lo suficientemente grande afectará su metraje. Si su radio es de 15 metros, recomendamos una velocidad de vuelo de 12 kilometros por hora.

Conclusión

El uso de drones para la comercialización de campos de golf es una forma innovadora de retener a los clientes actuales y atraer a los nuevos. Y el mapeo NDVI es una excelente manera de garantizar una asignación eficiente de recursos.

Los campos de golf ciertamente pueden usar la tecnología de drones para mejorar su rendimiento operativo y aumentar el resultado final. Esto es particularmente cierto en el escenario actual cuando el deporte está experimentando una disminución de popularidad.

Los fundamentos de los drones térmicos

Un vistazo rápido a cómo la tecnología de imagen térmica combinada con la maniobrabilidad de un dron puede beneficiar a su empresa

Calor 101

El calor no es más que la vibración de los átomos: cuanto más vibran, más calientes se vuelven. Y a medida que los átomos vibran, crean lo que se conoce como firma de calor. Esta firma de calor es lo que detectan las cámaras termográficas.

La termografía es el campo de estudio que se ocupa del calor o la radiación infrarroja (IR) que un objeto emite de forma natural. Los instrumentos termográficos, como las cámaras térmicas, detectan y muestran las firmas de calor de objetos animados e inanimados.

Hay algunos factores clave sobre la termografía que deben destacarse antes de entrar en los detalles de la termografía. En primer lugar, los seres humanos pueden sentir el calor, pero no pueden verlo porque el calor se produce en la longitud de onda infrarroja del espectro electromagnético. Además, la luz visible que los humanos pueden ver es, de hecho, solo una pequeña franja del espectro electromagnético. Las cámaras térmicas, por otro lado, capturan energía infrarroja y generan imágenes adecuadas para nuestra visión limitada.

En segundo lugar, es importante tener en cuenta que no todos los objetos emiten una firma de calor precisa. El grado en el que un objeto absorbe o refleja el calor se llama emisividad y varía mucho entre los objetos. Además, los objetos con alta emisividad, como la madera, pueden detectarse fácilmente con un dispositivo de imagen térmica, mientras que los de baja emisividad, como estas baldosas de patio, no pueden detectarse fácilmente con una cámara térmica.

Cómo funciona una cámara térmica

Las cámaras térmicas miden principalmente la temperatura de la superficie de un objeto y están diseñadas para detectar cambios sutiles de temperatura. Sin embargo, los espejos, los objetos brillantes y las áreas muy pulidas reflejan la radiación térmica y, por lo tanto, no se pueden medir con precisión con una cámara térmica. En cambio, las superficies no reflectantes como el hormigón, la madera e incluso los seres humanos tienen un alto grado de emisividad y, por lo tanto, se pueden medir con mayor precisión mediante imágenes térmicas.

Una cámara térmica consta de una lente especializada que permite el paso de las frecuencias de infrarrojos. Además, la cámara incluye un sensor térmico y un procesador de imágenes, todos los cuales están alojados en una funda protectora. La cámara generalmente está montada en el cardán de un dron que gira hasta 360 grados y ayuda a estabilizar la cámara. Mientras el dron vuela, el sensor térmico de la cámara detecta longitudes de onda infrarrojas y las convierte en señales electrónicas. Después de recibir las señales, el procesador de imágenes crea lo que se conoce como un termograma o imagen termográfica que se compone de un mapa de colores que muestra diferentes valores de temperatura.

En términos técnicos, el sensor térmico en realidad se llama microbolómetro. Este sensor altamente sofisticado absorbe esencialmente energía infrarroja y luego crea un termograma basado en sus mediciones. Curiosamente, los microbolómetros del pasado tenían que estar contenidos en materiales de enfriamiento exóticos y, por lo tanto, se consideraban "enfriados". Como resultado, esos primeros microbolómetros eran muy costosos. Afortunadamente, la tecnología ha avanzado hasta un punto en el que los microbolómetros ahora pueden "no enfriarse" y seguir proporcionando una calidad excepcional.

Lectura de imágenes térmicas

El software de imágenes térmicas de drones ofrece una variedad de paletas de colores para elegir. Esas paletas suelen variar desde una configuración de blanco cálido con elementos calientes mostrados en blanco y elementos más fríos mostrados en negro, hasta una configuración de negro cálido donde los patrones de color se invierten. Otra paleta de colores común es la configuración del arco iris que muestra el calor en una gama de colores con los elementos más calientes mostrados en rojo, naranja o amarillo, mientras que las temperaturas más frías se muestran en azul o negro.

Los drones más avanzados suelen ofrecer una variedad más amplia de paletas de colores para que los consumidores puedan seleccionar la pantalla más óptima para sus necesidades particulares. Por ejemplo, la cámara térmica Zenmuse H20T de DJI proporciona doce paletas de colores que se asignan a 256 colores y se muestran en formatos JPEG o MPEG-4 de 8 bits.

Procesamiento de imágenes con cámara térmica

Después de capturar imágenes de la cámara térmica, el software del dron muestra cada clip en una galería en pantalla de manera muy similar a como muestra un teléfono inteligente los segmentos de video capturados. Los clientes pueden usar una variedad de paquetes de software para inspeccionar y editar esas imágenes.

Generalmente, las cámaras térmicas de gama baja simplemente capturan imágenes térmicas sin las lecturas de temperatura. Por el contrario, las cámaras de gama alta, como la Zenmuse H20T, miden datos termográficos en cada píxel individual y, en consecuencia, registran las lecturas de temperatura real junto con las imágenes térmicas. Este nivel de detalle, junto con la información GPS geoetiquetada para cada foto, hace que la evaluación de imágenes sea mucho más rápida y conveniente.

Lecturas de superficie

Aunque son muy sensibles, las cámaras térmicas pueden verse afectadas por numerosos factores, como la hora del día, las condiciones de la superficie y la reflectividad de un objeto. Las condiciones atmosféricas como el aire cálido, la humedad, las nubes, la lluvia y la nieve también pueden reducir significativamente la precisión de una lectura térmica. Además, el humo, el polvo y los escombros pueden tener un impacto negativo.

El revestimiento de la superficie de un objeto también puede influir. Por ejemplo, dos objetos hechos del mismo material pueden recibir diferentes medidas de la cámara térmica si uno de los objetos está corroído o recién pintado o alterado de alguna manera con respecto al otro objeto. En este caso, la cámara térmica generaría diferentes lecturas de temperatura para ambos objetos.

Otros factores también pueden influir en las mediciones térmicas. Por ejemplo, en la imagen de abajo, todos los paneles solares están hechos del mismo material, pero algunos están generando diferentes lecturas térmicas debido a la posición de la cámara en relación con la posición del sol.

Por estas mismas razones, es importante hacer siempre una evaluación cuidadosa de sus lecturas térmicas antes de llegar a cualquier conclusión.

Una falacia común es que las cámaras térmicas pueden ver a través del vidrio. De hecho, no pueden. En su lugar, simplemente miden la temperatura de la superficie del vidrio sin mirar a través de él. No obstante, puede resultar difícil para las cámaras térmicas obtener una medición precisa de un objeto de vidrio, ya que puede estar reflejando el calor del sol, el suelo u otros objetos cercanos.

Factores de lectura superficial a considerar

Algunos de los factores que afectan la precisión de las mediciones termográficas de temperatura son:

Condiciones atmosféricas
Humo, polvo y escombros
La emisividad de un objeto
La transparencia de un objeto
La reflectividad de un objeto
La hora del día
El ángulo de visión
El tipo de pintura en un objeto.
La distancia de la cámara a un objeto
La cantidad de energía térmica en un área.
La rugosidad o suavidad de un objeto.

También debe tenerse en cuenta que una cámara térmica no puede detectar fugas de gas.

Sistemas de cámara dual

Los sistemas de cámara dual capturan imágenes térmicas y en color simultáneamente. Una buena ilustración de esta característica es la carga útil térmica híbrida Zenmuse H20T de DJI, que consta de dos cámaras en una: una cámara de luz visible normal y una cámara de imagen térmica. Por lo general, los sistemas de cámara dual utilizan software avanzado para proporcionar lecturas térmicas más precisas.

Isotermas

Una isoterma es un ajuste de temperatura definido por el usuario. Esta función permite a los clientes establecer rangos de temperatura específicos que se mostrarán en el panel de control de un dron para resaltar los puntos de acceso. Por ejemplo, un guardabosques puede estar buscando lecturas de alta temperatura para ser alertado de posibles incendios y, por lo tanto, podría configurar el monitor del dron térmico para que muestre solo lecturas isotérmicas en rangos de temperatura más altos. Como resultado, el guardabosques sería alertado sobre peligros potenciales en tiempo real mientras volaba un dron térmico en lugar de esperar a que las imágenes grabadas se rendericen y luego se analicen.

Puntos de precio de la cámara térmica

Cabe señalar que no todas las cámaras térmicas son iguales. Por este motivo, existen varios factores clave a tener en cuenta a la hora de decidirse por adquirir uno, como por ejemplo:

El campo de visión (FOV) se refiere al tamaño de la imagen observable que capta la cámara.

La resistencia a la intemperie denota qué tan bien un gabinete eléctrico puede resistir los elementos y se mide en niveles de protección de ingreso (IP). Si anticipa que sus misiones expondrán su dron y sensores térmicos a condiciones climáticas adversas como lluvia o niebla, se recomienda que considere el combo M300 RTK + H20T, que cuenta con una resistencia a la intemperie líder en la industria.

La banda espectral se refiere al rango electromagnético que puede detectar el sensor de la cámara.

La sensibilidad térmica denota qué tan sensible es la cámara térmica y hasta qué punto la cámara percibe las diferencias de temperatura. Esto también se conoce como temperatura diferencial equivalente al ruido (NEDT).

La resolución de la imagen se refiere al tamaño y la cantidad de píxeles que contiene una imagen, así como al nivel de detalle de la imagen.

Gu a completa de inspecciones de drones basada en los mejores casos de uso

La inspección con drones es mucho más que simplemente capturar imágenes. Elimina por completo los riesgos de seguridad de enviar personal a entornos hostiles, que es una prioridad en cualquier industria.

Imagínese si pudiera ejecutar una inspección precisa de paneles solares o turbinas eólicas en medio de una zona rural remota sin tener que trepar por andamios o bajar una cuerda, solo 50 veces más rápido y desde la seguridad de tierra firme.

Así es como se ven las inspecciones visuales de hoy, donde un dron puede volar fácilmente alrededor y sobre el activo de una empresa para recopilar una multitud de datos: imágenes térmicas, de zoom y visuales.

Atrás quedaron los días en los que los equipos tenían que pasar por el fastidio de erigir andamios en un vasto tramo de terreno para inspeccionar los postes de servicios públicos. Una vez que la inspección con drones está en marcha, el proceso automático permite a los operadores recopilar datos precisos, confiables y, lo que es más importante, repetibles para misiones futuras.

Para las inspecciones de instalaciones y servicios públicos donde cada minuto cuenta, un despliegue de drones más rápido reduce el tiempo de inactividad operativa, lo que a menudo permite que las inspecciones se realicen sin que el activo se desconecte de la red y evita que las empresas pierdan ingresos.

El despliegue de un dron para inspeccionar activos no solo ahorra un tiempo precioso y costos exorbitantes; también salva vidas, poniendo fin a las preocupaciones de salud y seguridad de cualquier empresa.

Principales casos de uso de drones para inspecciones

Las inspecciones con drones se incluyen en una gran cantidad de aplicaciones, que van desde el petróleo y el gas hasta la arquitectura, la agricultura, la ingeniería e incluso las políticas públicas, entre otros sectores. Éstos son algunos de los sectores más relevantes que han experimentado una transformación dramática en su trabajo de inspección, lo que se traduce en ahorros millonarios.

Inspección de drones para agricultura:

La integración de drones multiespectrales proporciona a los agricultores datos de alta calidad para ayudarlos a identificar cultivos saludables y deteriorados, y permite una intervención precisa. Los drones también pueden inspeccionar un cultivo periódicamente, lo que ayuda a los agrónomos a identificar mejores oportunidades de manejo de cultivos. Se pueden realizar inspecciones personalizadas con drones con drones del calibre de P4 Multiespectral para facilitar las actividades de agricultura de precisión, como el mapeo de contornos, la gestión del ganado, la evaluación de cultivos y la estimación de seguros y rendimiento.

Inspección de drones para arquitectura, ingeniería y construcción:

Las inspecciones de drones en todos estos sectores tienen requisitos similares en términos de precisión y eficiencia de tiempo.

Ya sea que el activo a inspeccionar sea una parcela de tierra o edificios, la detección de posibles peligros de un vistazo en grandes obras de construcción a vista de pájaro ayuda a las empresas a evitar errores costosos al tiempo que protege a los civiles en las áreas circundantes. En algunos otros casos, las inspecciones con drones pueden ayudar con el modelado de información de construcción (BIM) a través de mapas 3D, existencias de material y monitorear el progreso.

En algunos casos más interesantes, los drones han aumentado significativamente la seguridad en las inspecciones de techos y han creado alternativas viables para que la evaluación de la propiedad continúe operando a pesar de las restricciones de acceso de COVID 19. El resultado directo de un enfoque "sin contacto" de las inspecciones con la ayuda de la tecnología de drones son reclamaciones de seguros más precisas y decisiones comerciales más inteligentes por parte de los suscriptores de seguros.

Particularmente para grandes proyectos de infraestructura financiados por el gobierno, la inspección y el levantamiento con drones han dado como resultado una notable aceleración y eficiencia general del trabajo, como en el caso de la red de carreteras europea.

Inspección de drones para productos químicos, petróleo y gas:

Cuando se trata de seguridad, la industria del petróleo y el gas es posiblemente el sector que más se beneficia de las inspecciones con drones. En un estudio de caso reciente, una refinería y una planta química que abarca 930 hectáreas, representa un ambiente altamente hostil para los humanos, que contiene unidades de destilación de petróleo crudo, craqueadores catalíticos y otras operaciones para la producción de hidrocarburos. Con equipos médicos en el lugar para ayudar a los trabajadores, los drones han asumido la abrumadora tarea de inspeccionar dichas unidades, aliviar los problemas de salud y reducir los costos irrazonables.

En particular, las inspecciones de sitios químicos con drones son útiles para prevenir y/o acelerar las intervenciones en caso de fugas peligrosas que representan un riesgo grave para las personas y el medio ambiente. Los sitios que se inspeccionarán pueden incluir plantas de refinería, chimeneas, tuberías, tanques de almacenamiento, plataformas marinas, caminos de acceso y sitios de exploración para topografía.

Inspección de drones para electricidad:

Quizás el sector más emocionante de nuestro tiempo, la energía solar es también uno de los recursos más complejos de administrar, dado el alto nivel de mantenimiento que requiere la tecnología de paneles solares para satisfacer la demanda global. La inspección de paneles solares con drones combinada con cámaras térmicas ha aumentado drásticamente la velocidad y la cobertura de campo, mientras que las inspecciones manuales tradicionales no proporcionarían una apreciación precisa de toda el área.

Por otro lado, la inspección de drones por línea eléctrica se ha convertido en una de las aplicaciones de más rápido crecimiento bajo una mayor presión para cumplir con los requisitos legales y los estándares de seguridad. La exposición constante a los elementos puede contribuir a la corrosión, lo que requiere inspecciones frecuentes de drones para facilitar la detección temprana y la evaluación de daños.

Inspección de drones para minería:

El mantenimiento es esencial para mantener los sitios mineros en funcionamiento y libres de peligros potenciales para la salud de los mineros. Las inspecciones con drones están remodelando la industria minera con la capacidad de obtener datos críticos sin requerir el apagado de la maquinaria. Los beneficios de las inspecciones con drones son innumerables, desde la posibilidad de generar información volumétrica de alta calidad con millones de puntos de medición; operaciones simplificadas en grandes áreas sin presencia humana; planificación de vuelo automatizada que resulta en menos errores humanos y operativos.

Inspección de drones para la seguridad pública:

Si bien es natural pensar en Búsqueda y Rescate cuando hablamos de drones para operaciones de rescate, la inspección con drones es una actividad integral, si no subestimada, en este sector.

Algunas misiones han demostrado ser invaluables para los oficiales de seguridad pública en la inspección de montañas inaccesibles con riesgo de explosión de gas o en la investigación posterior a un incendio para recolectar imágenes de manera más eficiente que con un camión de escalera.

Pros y contras de la inspección de drones interna y externa

Al planificar una inspección de drones para su empresa, uno de los primeros aspectos a considerar es la ventaja que conlleva tener un equipo de inspección de drones interno o la practicidad de subcontratar uno.

Si bien un equipo de inspección de drones interno suena como una propuesta atractiva, la legislación que rige los drones evoluciona constantemente, lo que dificulta que los empleados se mantengan al día o incluso se concentren en el trabajo.

Las empresas necesitan confianza en saber que todas las operaciones se ejecutarán sin problemas.

El enfoque principal de un equipo de inspección de drones subcontratado está en las operaciones de drones y la legislación, así como en mantener el equipo en buen estado y actualizado con el firmware más reciente.

También tendrán experiencia trabajando en una serie de entornos, todos los cuales plantean sus propios desafíos: por ejemplo, volar en el centro de Buenos Aires o de una capital del país puede requerir que obtenga una autorización del control de tráfico aéreo, la policía y otras entidad o autoridades.

En el caso del petróleo y el gas, casi todo el personal está asignado a una plataforma o instalación específica. Dada la eficiencia lograda con la tecnología, un activo individual no requiere inspecciones constantes con drones, lo que no deja incentivos para que los empleados continúen con la capacitación.

Sin embargo, optar por un departamento de inspección de drones interno ofrece algunas ventajas importantes además de los costos adicionales obvios. Un equipo centralizado puede manejar preguntas o problemas imprevistos más rápidamente mientras también se relaciona con otros departamentos, haciendo que la comunicación y el flujo de trabajo sean más eficientes que tener que depender de proveedores externos.

Obtener su Autorización Operacional de la Autoridad de Aviación Civil requiere que la compañía cree un Manual de Operaciones que detalle cómo esperan realizar las operaciones de vuelo.

Una vez que se ha logrado eso, se espera que los pilotos mantengan su tiempo en la aeronave que operan volando regularmente para asegurarse de que sus habilidades motoras sean agudas. Por último, la tecnología siempre avanza, por lo que la inversión regular en una flota de drones es primordial.

Datos capturados mediante inspección con drones

La cantidad de datos e información que pueden ofrecer las inspecciones con drones es invaluable si se combina con la velocidad y la eficiencia intrínsecas de esta tecnología. A continuación, se muestra un resumen rápido de todos los puntos de datos que las empresas pueden obtener a través de las inspecciones con drones, ordenados por industria:

Agricultura:

- Sanidad de cultivos y plantas
- Rendimientos de cultivos
- Recuento y tamaño de cultivos y plantas.
- Daños climáticos (inundaciones, tormentas)
- Calidad del suelo y los nutrientes
- Ciclo de cultivo
- Mapas GPS para planificación agrícola y agricultura de

precisión

Arquitectura, ingeniería y construcción:

- Modelos 2D y 3D (compatibles con software GIS) y mapas ortomosaicos de sitios de construcción y edificios.
- Imágenes térmicas para identificar daños potenciales o existentes

Productos químicos, petróleo y gas:

- Imágenes visuales y térmicas de posibles fugas y vegetación invasora, incluso a través de las cargas útiles del detector de gas
- Modelos 2D y 3D de instalaciones y estructuras verticales

Electricidad:

- Inspecciones de rutina completas de los activos de distribución y transmisión.
- Modelos 2D y 3D en tiempo real
- Datos visuales y térmicos de las subestaciones por posibles daños.
- Inspecciones de calderas
- Lectura de temperatura en tiempo real

Minería:

- Mapeo visual y térmico en vivo para detectar daños y monitorear el inventario
- Mapas de elevación, mediciones volumétricas y modelado 3D
- Imágenes visuales para monitorear el cumplimiento de las carreteras de acarreo

Seguridad Pública:

- Modelos 3D de sitios en riesgo Imágenes visuales y térmicas para la evaluación de daños y la planificación rápida de intervenciones
- Mapeo con fines de documentación

Cómo realizar una inspección del techo con un dron

El techo de su edificio puede ser fácil de ignorar, hasta que de repente no lo es. Los pequeños daños causados por la intemperie y el envejecimiento, así como amenazas menos sutiles como las tormentas, pueden consumir lentamente el rendimiento y la estabilidad de su techo, hasta que un día se despierta con la necesidad de reparaciones de emergencia y termina atrapado con una factura mucho más grande. de lo que esperabas.

¿La solución? Inspecciones periódicas y exhaustivas del techo realizadas por un profesional con un dron. Desde reducir las horas de trabajo hasta garantizar un análisis más completo, los drones han revolucionado la forma en que los propietarios y los contratistas piensan sobre la evaluación de techos.

Cuándo y por qué necesita una inspección del techo

Ya sea que sea propietario de una propiedad residencial o comercial, es importante saber qué tipo de desgaste ha sufrido su techo y buscar señales de problemas adversos que puedan surgir en el futuro.

Algunas de las razones por las que puede necesitar una inspección del techo incluyen:

Protección de la garantía: muchos acuerdos de garantía requieren que los propietarios realicen una inspección del techo sobre una base establecida para que la garantía permanezca en vigencia.

Verifique la intemperie: el daño causado por el clima es algo complicado. En el día a día, es posible que no note muchos cambios. Sin embargo, la calidad de su techo se deteriorará lentamente si no se mantiene adecuadamente. Una inspección puede ayudarlo a detectar áreas problemáticas con anticipación y a realizar reparaciones correctivas antes de que tenga que pagar una factura mayor.

Evaluación de fugas: no hay nada peor que un techo con goteras. Simple como eso.

Problemas de drenaje: pocos problemas relacionados con el techo pueden ser tan devastadores como los desagües obstruidos. Si no se controlan durante períodos prolongados, estos pueden causar acumulaciones de agua que eventualmente comienzan a filtrarse a través del techo y causar daños en toda la propiedad. Una inspección del techo puede detectar acumulaciones de hojas y escombros en las canaletas y ayudar a prevenir problemas en el futuro.

Daños por mantenimiento: si bien siempre supondría que los contratistas que contrata para otros trabajos, como reemplazar baldosas o limpiar desagües, no crearán nuevos problemas, esta expectativa no siempre coincide con la realidad. Si el daño no se informa, ya sea intencionalmente o simplemente porque el contratista no estaba al tanto de un problema, puede causar problemas importantes en el futuro.

Instalación de paneles solares: agregar paneles solares a su propiedad puede proporcionarle una fuente de energía interna que no solo ayuda a reducir las emisiones de gases de efecto invernadero, sino que también puede proporcionar importantes ahorros a largo plazo. Sin embargo, existen varios requisitos que su edificio deberá cumplir para ser elegible para la instalación de paneles solares, como las ordenanzas locales y estatales. Su techo es una gran parte de la ecuación, ya que deberá ser resistente, limpio, inclinado en la dirección correcta y lo suficientemente grande como para transportar suficientes paneles solares para que la inversión valga la pena. Una inspección del techo puede ayudar a aclarar cada uno de estos puntos para que pueda tomar una decisión informada.

Controles preventivos: el hecho de que no tenga motivos para creer que su propiedad ha sufrido nuevos daños no significa que no sea una buena idea revisar. Las inspecciones periódicas, incluso más allá de las requeridas por la garantía, pueden ayudarlo a detectar patrones de intemperismo y hacer las correcciones adecuadas antes de que surja un problema.

Las ventajas de una inspección de techo con drones

Entonces, comprende la importancia de una inspección del techo, pero ¿por qué una inspección del techo con un dron?

Hay muchas ventajas al realizar una inspección de techo con un dron, que incluyen menos tiempo, mano de obra, riesgo y, en última instancia, un fuerte retorno de la inversión para los contratistas y propietarios por igual. Algunas de las principales razones por las que los contratistas y propietarios de todo el mundo están cambiando a las inspecciones de techos con drones incluyen:

Precisión

No importa lo profesional que seas, el error humano es inevitable: ¡nos pasa a todos! Usando técnicas de topografía adecuadas, un dron puede crear imágenes escaladas con precisión y mantener los resultados consistentes en todo un proyecto. Esto es especialmente cierto si está trabajando con un dron que puede automatizar las rutas de vuelo (más sobre eso más adelante), ya que esto elimina otra área potencial de error humano fuera de la ecuación.

Tiempo

En pocas palabras, con la ayuda de un dron, las inspecciones del techo (y las inspecciones del sitio en general) simplemente no toman tanto tiempo. En el pasado, los inspectores de techos necesitaban tomar medidas desde el suelo y luego encontrar una manera de trepar hasta el techo para terminar el trabajo. Ahora, con la ayuda de un VANT, los inspectores permanecen en un solo lugar, ejecutan tan solo una ruta de vuelo y dejan que el software de costura haga el resto. ¿El resultado? Modelos

2D o 3D en un tiempo récord.

Para los contratistas, un dron empresarial abre la posibilidad de trabajar en más proyectos en un día que nunca. Para los propietarios, elimina gran parte de la molestia de las inspecciones regulares del techo.

La seguridad

El objetivo de una inspección del techo es aumentar la seguridad de su edificio. Lo último que desea es que alguien de su equipo se lastime durante el proceso de inspección. Con la fotografía aérea hecha con VANT, puede tomar imágenes desde puntos estratégicos a los que los humanos no pueden alcanzar con seguridad. Tomar imágenes de la parte superior de una chimenea, por ejemplo, es mucho más seguro desde los confines del suelo que pararse en una escalera o en lo alto de un edificio. El uso de un dron para algunas o todas las inspecciones de su techo puede ayudar a reducir el nivel de riesgo asociado con su proyecto.

Costo

Si bien los propietarios de negocios frugales pueden estar preocupados por el precio inicial de un dron, el caso de un fuerte retorno de la inversión aún está claro. Al utilizar la tecnología de drones, un contratista puede reducir los costos laborales (y los posibles pagos de seguros para los trabajadores lesionados), así como asumir más trabajos de inspección de los que es posible sin la ayuda de drones.

Características a considerar en un VANT

Hay varios factores a considerar al buscar el dron adecuado para su próxima inspección del techo. La elección correcta probablemente dependerá de las características específicas de los trabajos que realizará y de si son específicos para techos o incluirán otros trabajos de topografía.

Para un rendimiento máximo en la inspección del techo, querrá un dron que sea más liviano. A diferencia de los trabajos topográficos más grandes, que pueden implicar la toma de fotografías aéreas de muchas millas de la propiedad, una inspección del techo requerirá un dron para girar rápidamente y tomar fotografías de objetos relativamente pequeños, como chimeneas. Como tal, necesitas un dron que sea bastante ágil.

Por muy pesado que sea su dron, y si es un inspector de techos o el propietario de una propiedad, probablemente también querrá asegurarse de que está utilizando un dron diseñado pensando en el trabajo empresarial. Los drones empresariales tienden a ser más duraderos y confiables que sus contrapartes de uso aficionado y, por lo general, son compatibles con cargas útiles y software especializados de la industria. También es probable que los principales proveedores de drones, como DJI, ofrezcan a sus clientes empresariales un mayor nivel de soporte y mantenimiento posventa, ya que es más probable que los drones empresariales se utilicen con regularidad y se coloquen en posiciones en las que puedan incurrir en un mayor nivel de desgaste y mantenimiento. lágrima.

Una de las características clave para un dron de inspección de techos es la capacidad de establecer una ruta de vuelo autónoma. Los trabajos de inspección de techos, especialmente los que se centran en un problema o característica específicos, pueden ser difíciles de capturar por completo de forma manual. Una ruta de vuelo autónoma le permitirá trazar un rumbo para su dron con anticipación y hacer los ajustes que necesite.

Todo lo que necesita saber sobre drones para su granja solar

Inspección, eficiencia y más de parques solares

La capacidad de un dron para cubrir grandes distancias y proporcionar imágenes aéreas de alta resolución ha permitido a muchas empresas optimizar su eficiencia al completar tareas peligrosas o que requieren mucho tiempo. Los drones han proporcionado a los administradores de las granjas solares datos precisos a través de nuevos desarrollos tecnológicos, como los sensores térmicos, lo que garantiza que las operaciones de rutina se lleven a cabo de manera más eficiente.

Las empresas de la industria energética están combinando tecnología de vanguardia con drones para aumentar la eficiencia de las operaciones de sus plantas de energía, y los drones desempeñan un papel fundamental en su búsqueda de proporcionar energía confiable y asequible a sus clientes.

La industria de la energía solar: creciendo con mayores necesidades de optimización

En respuesta a las crecientes preocupaciones sobre el cambio climático y las emisiones de carbono, muchos países de todo el mundo han aumentado sus inversiones en proyectos de energía renovable. La energía solar ha sido una solución preferida al considerar las muchas fuentes de energía renovable. Durante la última década (2009-2019), las inversiones en energía solar alcanzaron los USD $ 1,3 billones en todo el mundo, lo que representa la mitad de los activos totales que contribuyeron al crecimiento de la energía renovable.

Una de las razones de la gran adopción de soluciones solares ha sido la disminución del costo total de instalación. Solar KW, por ejemplo, ha visto cómo sus costos de instalación disminuyeron en aproximadamente un 73%, de USD $ 4,621 en 2010 a USD $ 1,210 en 2019. El objetivo ahora es seguir haciendo que la energía solar sea asequible en todo el mundo. Para lograrlo, los gestores de energía solar deben optimizar las operaciones y crear valor a lo largo de todo el proceso de generación de energía.

Desafíos de las inspecciones de parques solares

Para satisfacer las demandas de energía, las empresas de energía solar deben instalar miles de paneles solares distribuidos en áreas grandes, generalmente altamente irradiadas. Esencialmente, una granja solar requiere alrededor de 1.000 hectáreas para suministrar energía a 100.000 hogares.

Las evaluaciones tradicionales del campo solar consisten en inspeccionar cada panel con cámaras termográficas portátiles para verificar si hay celdas o cables defectuosos. Durante este proceso, el personal debe realizar un seguimiento manual de la ubicación de los paneles defectuosos para realizar el mantenimiento posterior. Dadas las dimensiones de la mayoría de las granjas solares, este método de inspección es ineficiente y genera una carga de trabajo más pesada y, a veces, peligrosa para los equipos de mantenimiento y operaciones.

La integración de la tecnología de drones sin duda ha mejorado la eficiencia y precisión del proceso de inspección. Drones como el DJI Matrice 300, equipados con cargas útiles térmicas, pueden inspeccionar grandes áreas dentro de una granja solar, recolectando imágenes RGB y térmicas de alta resolución durante un solo vuelo.

Los drones se utilizan continuamente en granjas solares para mejorar las operaciones de inspección, especialmente en áreas que están altamente irradiadas y crean una serie de problemas para los equipos en el sitio. El uso de drones permite a los equipos de granjas solares reducir el tiempo de inspección en un 70%, una reducción significativa en comparación con los métodos tradicionales.

Realización de inspecciones con drones de granjas solares

La inspección de parques solares con drones no es una simple tarea de vuelo. El proceso implica una planificación detallada y un conocimiento profundo del área que se inspeccionará. Se requieren varios pasos para realizar una inspección exitosa.

Evaluación de la granja solar

Primero, el equipo de inspección debe confirmar las dimensiones del parque solar antes de poder preparar un plan eficaz. Cada inspección tiene sus propias características, pero hay ciertos aspectos comunes a tener en cuenta durante la etapa de evaluación. Esto incluye el área de la finca, el número de paneles instalados y la capacidad de producción de energía.

Planificación de vuelos

Los planes de vuelo se crean en función de la información recopilada durante la fase de evaluación y la capacidad del equipo de inspección (es decir, drones y pilotos disponibles). Después de evaluar la Distancia de muestra en tierra (GSD) requerida por el cliente y la capacidad de la batería de los drones, se puede confirmar el área máxima que se puede cubrir por vuelo. Estos planes de vuelo se importan luego a la aplicación DJI Pilot, lo que ayuda a preparar a los operadores de drones para la ejecución.

Recopilación de datos

En este punto, el equipo de inspección debe tener la información y el plan de vuelo necesarios para comenzar a operar. Se recomienda tener varias baterías y el equipo de inspección debe asegurarse de que las baterías se cambien y recarguen con regularidad para optimizar el flujo de trabajo. Dependiendo de las dimensiones de la granja solar y los planes de vuelo, los equipos de inspección generalmente pueden realizar hasta 25 vuelos y recolectar más de 6.500 imágenes por día.

Organización y procesamiento de datos

Todos los datos recopilados deben almacenarse y organizarse para su procesamiento. El software de fotogrametría reconstruye ortomosaicos RGB y mapas térmicos a partir de las imágenes obtenidas. También ajusta el posicionamiento mediante los puntos de control del suelo. Una vez que se establecen los ajustes de reconstrucción y posicionamiento, los archivos de mapeo se pueden integrar en un sistema de información geográfica, donde los equipos de mantenimiento pueden identificar rápidamente anomalías que reflejan fallas potenciales.

Beneficios de usar drones para inspecciones aéreas
Imágenes RGB y térmicas

Las imágenes aéreas proporcionan una perspectiva más amplia de los parques solares y permiten a los equipos de mantenimiento recibir información valiosa en tiempo real, como el estado de cada panel. Al analizar mapas térmicos, es más fácil identificar problemas potenciales detectando anomalías de calor en celdas, cadenas o paneles. La combinación de datos térmicos y RGB lo ayuda a determinar si las anomalías de calor son causadas por fallas que se encuentran físicamente en el panel, como delaminación, grietas, polvo o problemas internos como la imposibilidad de conectarse a un panel debido a un inversor o una falla en el cable.

Eficiencia de tiempo

Una de las principales razones para adoptar drones para las inspecciones de paneles solares es una mayor eficiencia en el ahorro de tiempo.
Mediante el uso de dos equipos de drones, podemos

inspeccionar alrededor de 250 hectáreas en un día. La misma cantidad de trabajo tomaría tres o cuatro meses si tuviéramos que inspeccionar manualmente.

El uso de imágenes aéreas no solo contribuye a mejorar la eficiencia en la detección de fallas, sino que también ayuda enormemente con el mantenimiento. Los mapas térmicos y de RBG proporcionan datos de ubicación precisos de fallas y problemas, lo que aumenta significativamente la precisión de las operaciones en tierra y reduce el error humano.

Información histórica

Mantener registros de inspecciones anteriores es útil para descubrir las causas detrás de las fallas del panel. En algunos casos, los problemas con las células solares no justifican el reemplazo de un panel, pero es esencial realizar un seguimiento de ellos para evitar fallas importantes. Para que los datos históricos sean más valiosos, se recomienda realizar una inspección aérea después de completar la instalación y utilizar los datos resultantes como base para futuras inspecciones.

Eficiencia de salida

La detección temprana de elementos defectuosos dentro de una granja solar ayudará a prevenir deficiencias importantes en la producción. Cuanto más rápido pueda un equipo de mantenimiento detectar posibles defectos, más rápido podrá responder y evitar fallas importantes del sistema. Al final, las inspecciones y el mantenimiento que se realizan de manera eficaz se traducen en proteger los intereses de los inversores y garantizar que la demanda de energía más limpia se pueda satisfacer con una eficiencia increíble.

Las aplicaciones de drones continúan expandiéndose
Con la aparición de soluciones centradas en la empresa, varias industrias ahora tienen acceso a herramientas que

les ayudarán a completar las tareas de manera mucho más eficaz. Las inspecciones energéticas generalmente requieren imágenes térmicas, mientras que las soluciones de mapeo se centran más en el posicionamiento de precisión con módulos RTK. Los equipos de operaciones deben evaluar el resultado deseado de las inspecciones de drones y encontrar una solución adecuada que se adapte a esas necesidades.

A medida que más empresas han comenzado a utilizar drones para mejorar las operaciones de rutina, DJI continúa desarrollando soluciones centradas en la empresa para satisfacer las demandas de la industria. La versatilidad y la amplia aplicación de los drones han introducido una forma de trabajo más segura y eficiente, presagiando un futuro prometedor de tecnología e innovación.

Salvando el planeta, una inspecci n de drones de energ a renovable a la vez

Las inspecciones con drones están ayudando a que la industria de las energías renovables sea más rápida, más barata y más eficiente

La última década fue la más calurosa registrada. Con el aumento del nivel del mar, el derretimiento de los glaciares y los cambios en los patrones de lluvia, los eventos climáticos extremos también se han vuelto mucho más severos y frecuentes. La necesidad de hacer la transición a energías limpias nunca ha sido más importante. Pero con la nueva infraestructura energética surgen nuevos desafíos.

En particular, a medida que aumenta la escala y el número de plantas de energía renovable para satisfacer nuestra creciente demanda de energía verde, las inspecciones seguras y eficientes son aún más importantes.

Los drones están demostrando ser, en contraste con la gente que los percibe, como juguetes o como un pasatiempo, soluciones ideales para nuestras crecientes demandas de nuestra infraestructura de energía renovable. Capaces de volar rápidamente a través de los campos solares y las turbinas eólicas imponentes, los drones pueden alertar a los equipos de inspección de cualquier defecto o área a abordar.

Drones en el viento

La energía eólica se está convirtiendo en una de las tecnologías renovables de más rápido crecimiento. A medida que bajan los costos, la energía eólica aumenta en todo el mundo.

El viento es una fuente de energía renovable limpia, gratuita y fácilmente disponible. Se aprovecha mediante el uso de parques eólicos y, a menudo, turbinas individuales. El viento hace que las palas de la turbina giren y cambia la energía cinética a energía de rotación. El eje de la turbina luego gira y se conecta a una caja de cambios dentro de la góndola que envía la energía a un generador, convirtiéndola en electricidad.

Con el crecimiento de la energía eólica, los drones se utilizan cada vez más para escanear turbinas eólicas en busca de defectos y daños. Dado que la reparación de turbinas es increíblemente costosa, hasta U$S 30,000 por turbina por año, junto con la pérdida de ingresos por días de inactividad debido a daños, la inspección y el análisis tempranos son esenciales.

Tradicionalmente, los administradores de sitios de energía eólica han tenido que emplear dos métodos de inspección; acceso por cuerdas o plataformas e inspección desde el suelo, mediante el cual un fotógrafo utiliza un teleobjetivo para capturar las imágenes de las palas desde el suelo. El acceso por cuerdas tiene un factor de alto riesgo y los costos del seguro lo hacen caro. También es un proceso largo con una inspección completa de una sola turbina eólica que toma de 3 a 6 horas. Esto se suma a varios controles de seguridad y tiempo de preparación. Las inspecciones en tierra a menudo producen malos resultados debido al rápido movimiento de las hojas. Dado que se requieren inspecciones de 2 a 3 veces al año para cada turbina, los costos pueden llegar a ser muy altos.

Aquí es donde entran en juego los drones. Por ejemplo, los drones RTK resistentes al viento de DJI solo tardan 45 minutos en inspeccionar completamente una turbina. El dron se puede volar manualmente o mediante un vuelo de misión automatizado y se puede desplegar en minutos, dejando a los técnicos seguros en tierra.

Al ser resistente al viento, el módulo RTK de DJI en el Matrice 300 es la solución perfecta para inspeccionar turbinas en condiciones ambientales a menudo adversas. El dron puede transportar varias cargas útiles, incluido el Zenmuse H20, que le da al operador la capacidad de obtener vistas de primer plano increíblemente detalladas. Con el sensor térmico del H20T, se puede capturar el perfil térmico de una hoja para identificar signos de delaminación o daño por agua.

Drones en plantas solares

Si pudiéramos capturar solo 18 días de energía de la luz solar en la Tierra, sería equivalente a toda la energía almacenada en las reservas de carbón, petróleo y gas natural de todo el planeta. Por supuesto, solo podemos recolectar una pequeña cantidad de esta energía, pero aprovechar la energía solar está marcando una diferencia sustancial para el planeta.

Las granjas de energía solar ya son relativamente eficientes, ya que es menos probable que sufran fallas a gran escala al ser distribuidas y modulares. Los sistemas distribuidos están distribuidos en un área considerable, por lo que un problema como un evento meteorológico severo en un lugar no cortará la energía en toda una región. Los sistemas modulares se componen de muchos paneles solares individuales. Por lo tanto, incluso si algunos de los paneles del sistema no funcionan, el resto normalmente puede seguir funcionando. Sin embargo, esto significa que identificar y reparar paneles y equipos defectuosos es primordial para minimizar la pérdida de producción de energía; Los paneles solares sucios pueden perder hasta un 20-50% de su producción de energía.

Los drones de paneles solares permiten un monitoreo e inspección rápidos y rentables de las granjas solares, lo que significa que la operación y el mantenimiento se interrumpen mínimamente; aumento de los beneficios por rendimiento. El uso de drones para examinar paneles solares de granjas se ha generalizado debido a la variedad de capacidades de inspección y vigilancia remotas (cámaras RGB e infrarrojas).

Anteriormente, un equipo de trabajadores que utilizaba solo instrumentos de mano inspeccionaba a pie la enorme planta solar. Esto era costoso, requería mucho tiempo y, a menudo, solo conducía a que se evaluara solo el 2-3% del total de la planta. Ahora, utilizando drones como el Matrice 300 RTK montados con una cámara termográfica híbrida Zenmuse H20T, se pueden realizar estudios completos a una fracción del costo y en poco tiempo.

El dron vuela a través de la planta solar capturando imágenes térmicas y visuales de los paneles. Después del vuelo, un software como DJI Terra puede procesar las imágenes para producir un informe que permite a los operadores identificar las unidades defectuosas que necesitan limpieza o reparación. Si la cámara térmica detecta niveles de calor excesivos, indica que un panel está dañado o defectuoso ya que el panel no puede absorber el calor de forma normal.

Drones en plantas nucleares

A pesar de un concepto erróneo común, las instalaciones nucleares entregan energía libre de carbono. La energía nuclear es también la fuente de generación de energía más confiable. La producción de electricidad nuclear detiene la liberación de 528 millones de toneladas métricas de CO_2 a la atmósfera cada año.

Sin embargo, las plantas de energía nuclear presentan desafíos especiales para mantener a los empleados sanos y seguros. A veces se requiere que los trabajadores ingresen a áreas de alta dosis para garantizar la seguridad de la planta. Poner en riesgo la vida de estas actividades necesarias es una forma de hacer que las plantas sean lugares más seguros. Los drones son una de esas soluciones que se utilizan para inspeccionar salas peligrosas, monitorear el estado de los tanques de desechos de radiación y leer medidores en áreas de alta dosis.

Las plantas de energía nuclear están altamente reguladas y son conscientes de la seguridad. Los accidentes que provocan fugas pueden tener consecuencias importantes, por lo que los procesos de inspección son estrictos y críticos. Sin embargo, estas inspecciones han sido tradicionalmente largas, costosas y conllevan un factor de alto riesgo; a menudo simplemente involucrando a un trabajador con un traje de radiación con una linterna.

Los drones pueden acceder a lugares potencialmente peligrosos y de difícil acceso de forma rápida y segura. El M300 RTK con el Zenmuse H20T es una de esas soluciones. Sus capacidades térmicas permiten a los inspectores detectar posibles defectos o tensiones estructurales que son invisibles a simple vista. El M600 Pro es otra alternativa con su capacidad para transportar una carga útil pesada (6 kg) y compatibilidad con varias cámaras Zenmuse y sensores de terceros.

Drones en la gestión sostenible de inventarios y almacenes

Los drones brindan una variedad de soluciones rentables a muchas industrias. Uno que ahora se considera esencial, en parte debido a Covid-19 y bloqueos locales, es el comercio electrónico. Los drones se utilizan activamente en las cadenas de suministro, y las empresas aprovechan esta nueva tecnología para la gestión de inventarios, reducen los costos operativos y aumentan los márgenes.

Con los almacenes que requieren una mayor capacidad, junto con la rotación cada vez mayor del inventario, hay muchos problemas que los equipos de administración de almacenes deben resolver. El espacio de almacenamiento debe estar altamente optimizado para reducir los costos para el operador y el cliente. Dado que los almacenes suelen estar completamente llenos, semanalmente y, a veces, a diario, las comprobaciones e inspecciones de inventario son cruciales. Dependiendo del tamaño del almacén, esto puede ser una empresa enorme y una "ciencia" propia.

Los drones hacen que la gestión del inventario del almacén sea más precisa y accesible; previamente difíciles de acceder o áreas potencialmente peligrosas, se puede acceder rápidamente y con un mínimo esfuerzo. Los riesgos de seguridad asociados con el trabajo en altura y la proximidad a carretillas elevadoras se reducen considerablemente. No solo eso, los montacargas usan alrededor de 72 kw por hora, mientras que un dron usa cerca de 0,72 kw por hora.

<u>Máquinas voladoras ecológicas y limpias</u>

Se prevé que las energías renovables aumenten un 7,1% cada año hasta 2040. Se cree que superarán al carbón como principal fuente de energía a finales de la década. Su crecimiento será el más rápido en el sector de la electricidad, cubriendo casi un tercio de toda la demanda de energía en dos años; frente al 24% en 2017.

Tal crecimiento significa emplear y desarrollar innovaciones para hacer que la inspección de sitios de energía de todo tipo sea más segura, rápida y rentable. Los drones ya están funcionando con éxito en este campo y seguirán proporcionando respuestas a posibles problemas. Han demostrado ser un cambio de juego en una industria energética que se está adaptando por la razón más importante de todas; el futuro de la Tierra.

AGRICULTURA

3 preguntas comunes sobre los drones en la agricultura

Con industrias como el sector inmobiliario que se saturan demasiado, es fundamental que el piloto de drones salga de su zona de confort y considere opciones menos exploradas. Una de esas opciones es usar drones en la agricultura. Sin embargo, para satisfacer con éxito los requisitos de un agricultor, un piloto de drones necesita usar el equipo adecuado y seguir el flujo de trabajo correcto.

En este capítulo, respondo algunas preguntas comunes que los pilotos de drones nos hacen antes de ofrecer sus servicios de drones a la industria agrícola.

¿Es rentable comenzar un negocio de drones en la agricultura?

Muchos expertos en comercio predicen que las aplicaciones de drones en la agricultura crecerán hasta convertirse en una industria multimillonaria. Si bien esto puede ser cierto, para comenzar y administrar un negocio rentable de drones en la agricultura, los pilotos necesitan una estrategia comercial sólida.

En términos generales, las aplicaciones de drones en la agricultura se extienden en 4 segmentos:

1. Escaneo de cultivos
2. Monitoreo de ganado
3. Mapeo de drones
4. Pulverización de cultivos

Realizamos una extensa investigación para explorar cómo se utilizan las tecnologías de precisión en la agricultura. 50 personas del rubro fueron interrogadas para recopilar datos para este estudio. Y hubo algunos resultados interesantes:

1. 25% ofrecieron vehículos aéreos no tripulados a sus clientes.
2. Casi las tres cuartas partes de los solicitantes encuestados obtuvieron ganancias de la tecnología de tasa variable

3. "Bajos ingresos agrícolas" fue la mayor barrera para la adopción de tecnología de precisión

Pero, ¿cómo presentas tus servicios de drones al agricultor para superar la barrera de los "bajos ingresos agrícolas"? Para superar esta barrera, recomendamos fijar el precio de sus servicios de drones por hectárea y destacar los ahorros por hectárea.

El uso de drones sobre la fumigación de cultivos es definitivamente una mejor alternativa a los aviones. Los aviones que se utilizan para fumigar los cultivos terminan desperdiciando el 70% del material. Mientras que, el uso de un avión no tripulado o un helicóptero garantiza el uso óptimo de los recursos (el rocío preciso asegura que el material se rocía sobre los cultivos en lugar de volar en todas las direcciones)

El hecho de que la "Tecnología de velocidad variable" sea uno de los usos más populares de la tecnología de precisión es ciertamente alentador. "Tasa variable" no es más que racionalizar el uso de recursos tales como pesticidas rociándolos solo en áreas problemáticas. Pero, antes de avanzar demasiado, discutamos el flujo de trabajo para usar drones en la agricultura.

¿Necesito una cámara multiespectral para la agricultura?

Si tu puedes. Advertimos a los agricultores que no se dejen influenciar por trucos de marketing y afirmaciones falsas. Usar una cámara multiespectral montada en un dron es la única forma de prever posibles problemas ANTES de que el ojo humano pueda verlos. Por lo tanto, puede tomar medidas inmediatas y rociar SOLO estas áreas problemáticas.

El P4 MULTISPECTRAL es un dron con sensor multiespectral que viene con 5 lentes. Cada lente está diseñada para "leer" la luz en un espectro diferente. Cada vez que un dron toma una foto, el sensor de luz solar registra la cantidad de luz en ese momento en particular.

Además, recuerde: no puede identificar CUÁL es el problema,

pero ciertamente puede identificar DÓNDE está el problema. Entonces, por ejemplo, al usar drones no se puede saber realmente si sus cultivos tienen una deficiencia de nitrógeno o fósforo. Tampoco puede identificar si secciones del campo están deshidratadas.

Utilizando un dron equipado con un sensor multiespectral, los pilotos de drones pueden crear un mapa de reflectancia que muestre dónde está funcionando bien el campo y las áreas donde el campo no funciona tan bien. En un mapa de reflectancia, no se aplica el balance de color, y cada píxel indica la reflectancia del objeto. Si puede colocar el mapa de reflectancia en la parte superior de un ortomosaico RGB, ciertamente puede proporcionar un mayor valor a los agricultores.

Una vez que proporcione estos datos a los agricultores, un agrónomo "leerá" estos mapas y hará sugerencias a los agricultores con respecto a la asignación de recursos.

¿Debo usar una computadora de escritorio para el mapeo de drones agrícolas?

Esta es otra pregunta común que nos hacen los pilotos de drones. La (supuesta) necesidad de una computadora poderosa resta a muchos agricultores la adopción de aplicaciones de mapeo basadas en escritorio, y en su lugar adoptan soluciones en la nube. Afortunadamente, los avances tecnológicos ahora han hecho posible procesar datos de manera eficiente en computadoras comerciales. Por ejemplo, con Pix4Dfields, puede hacer un ortomosaico de 3 ejes en solo 3-5 minutos.

Otra desventaja de optar por una solución basada en la nube es que el procesamiento de datos no es posible sin intervención humana y, por lo tanto, es propenso a errores.

La agricultura: un trabajo plagado de desafíos

Usted y el resto de la comunidad agrícola juegan el papel más importante en el sostenimiento de nuestra sociedad. Cultivar y producir las calorías del mundo no es una tarea fácil: el clima impredecible, el cambio climático, las plagas y las enfermedades plagan su profesión con incertidumbre. Sin embargo, es cierto que la población mundial sigue aumentando y cada año hay más bocas que alimentar. Los agricultores siempre han sido creativos e innovadores en la adopción de nuevas herramientas y técnicas. Ahora más que nunca, los agricultores están abiertos a las nuevas tecnologías para maximizar sus rendimientos y, al mismo tiempo, minimizar la incertidumbre para alimentar a la creciente población mundial.

Levantarse para satisfacer las demandas:

La clave para satisfacer las demandas de calorías del siglo XXI es la agricultura de precisión, o la maximización de la eficiencia de la producción a través de prácticas basadas en evidencia y basadas en datos. Los conocimientos proporcionados por el acceso a más datos permiten a los agricultores eliminar las conjeturas, producir más y reducir el desperdicio de recursos como agua, fertilizantes, pesticidas y mano de obra. Una comprensión más detallada e integral de su granja le permite planificar con precisión, ejecutar con precisión y responder rápidamente.

Agricultura de precisión impulsada por drones:

Una herramienta, en particular, ha elevado el potencial de la agricultura de precisión a nuevas alturas: el dron. Una perspectiva aérea de sus campos y los datos que brindan los drones pueden ayudarlo a tomar decisiones más informadas, eliminar las conjeturas y prevenir problemas antes de que sucedan.

En un informe de PwC, se proyectó que los drones proporcionarían un valor económico de 32.400 millones de dólares a los agricultores. En comparación con la mayoría de la maquinaria agrícola, los drones son realmente muy asequibles. Si bien los tractores, empacadoras, pulverizadores y otra maquinaria agrícola tienen un precio de cientos de miles de dólares, puede comenzar y obtener información valiosa de un dron por solo unos pocos miles. Desde la planificación previa a la siembra hasta el mantenimiento de la cosecha y la información sobre la cosecha, un dron puede proporcionar un valor durante todo el año que, dentro de una temporada de cultivo, puede pagarse por sí solo.

Aquí hay solo seis formas en que un dron puede ayudarlo a cultivar con precisión y certeza:

1. Mapeo de contorno:
Antes incluso de comenzar a plantar, un dron puede ayudarlo a trazar un mapa de su terreno para asesorar mejor en la gestión de la parcela. Dependiendo de las cámaras y sensores de su dron, puede medir la topografía de su propiedad con fotogrametría o Lidar para generar mapas en 3D. Estos datos pueden ayudar a revelar los puntos altos y bajos, donde puede ocurrir la erosión del suelo o donde podría tener problemas de riego. Equipado con este conocimiento, puede planificar en consecuencia y prevenir problemas antes de que ocurran.

2. Riego:
Tanto antes como después de la siembra, su dron puede realizar un seguimiento del riego. Después de plantar los cultivos, las imágenes espectrales o térmicas desde arriba pueden indicarle qué plantas, o partes de su campo, tienen demasiada o no suficiente agua. Con esta información, puede atender la sed de sus cultivos temprano antes de que los

problemas se agraven.

3. Gestión del ganado:

Un dron que vuela por encima de su cabeza puede contar y hacer un balance de su ganado y rebaños. Cada animal tiene su propia firma de calor que puede ser captada y contabilizada por una cámara térmica. Este mismo sensor térmico puede alertarlo sobre ganado con una temperatura corporal anormal, que es un fuerte indicador de enfermedad o dolencia. Su dron también podría realizar estudios de mantenimiento de rutina de sus cercas de pastos para identificar anomalías, como fallas estructurales. Si la valla está rota, tu dron te lo hará saber.

4. Evaluación de cultivos:

Algunos de los conocimientos más valiosos que pueden proporcionar los drones agrícolas están relacionados con la salud y el mantenimiento de sus cultivos. Su dron, si está equipado con una cámara multiespectral, puede crear mapas de índice de vegetación (VI) para revelar información crítica sobre sus cultivos. Un VI común, el Índice de Vegetación de Diferencia Normalizada (NDVI) puede mostrar qué plantas están sanas y cuáles no. El NDVI se calcula en función de la cantidad de luz infrarroja cercana (NIR) reflejada por las hojas de sus cultivos. Las hojas sanas reflejan más luz NIR, mientras que las hojas enfermas, estresadas o deshidratadas absorben más luz NIR. Un mapa NDVI capturado y generado por un dron, dependiendo de su resolución, puede mostrarle qué partes de sus campos, qué plantas o incluso qué partes de plantas individuales necesitan su atención.

5. Estimaciones de seguros y rendimiento:

El seguro agrícola lo protegerá si sus cultivos o ganado sufren pérdidas o daños. En el caso de sequías, inundaciones, heladas no estacionales u otros desastres naturales, puede ser difícil demostrar sus pérdidas de manera rápida y precisa. Los datos de drones que documentan el estado anterior y posterior al desastre de sus cultivos y ganado, así como una predicción informada de la reducción en los rendimientos estimados, pueden ayudarlo a navegar de manera rápida y fluida por los procedimientos de seguro.

6. Pulverización de cultivos de precisión:

El uso de drones para la fumigación de precisión se vio por primera vez en Japón en la década de 1980, pero las soluciones de fumigación con drones de hoy se han vuelto poderosas, rápidas e inteligentes. Un dron especializado puede reemplazar el costoso uso de aviones piloteados de bajo vuelo o la contratación más peligrosa de mano de obra humana para la fumigación de cultivos. En lugar de cubrir sus campos con un gran costo financiero y ambiental, su dron de aspersión puede, según los datos de salud de los cultivos de una misión de exploración, aplicar con precisión la cantidad justa de fertilizante, herbicida, fungicida o pesticida solo a las plantas que lo necesitan.

C mo tomar decisiones
basadas en datos en el mapeo
de drones agr colas

Comprender el mapeo NDVI, el NDVI falso y la importancia de
los datos calibrados radiométricamente ...

Se espera que la población mundial alcance 9 mil millones de
habitantes para 2050. Este aumento de la población significa
que tenemos que buscar formas más nuevas y más eficientes
de alimentar al planeta. El Instituto de Recursos Mundiales
estima un aumento del 23% en las necesidades de ganado
entre 2006 y 2050. Mientras que, los requisitos de carne y
cordero aumentarán en un 30%.

Este aumento de la población exigirá más a la agricultura. Una
mayor demanda de carne requerirá plantar más semillas para
alimentar al ganado. Es necesario aumentar los rendimientos
agrícolas y utilizar los recursos de la manera más eficiente
posible. Por supuesto, hemos abordado agresivamente esta
necesidad. Según el Banco Mundial, el porcentaje de la
población empleada en la agricultura ha disminuido de
43.28% en 1991 a 26.48% en 2017. La producción agrícola ha
visto un tremendo aumento en este mismo marco de tiempo.
Esto puede atribuirse a importantes avances tecnológicos.

Los drones pueden desempeñar un papel muy importante para
lograr prácticas agrícolas más eficientes. Usando drones es
posible implementar tecnología de tasa variable (que resulta
en la asignación óptima de recursos). PWC predice un tamaño
de mercado de 34,2 mil millones para aplicaciones comerciales
de drones en la agricultura. Esto es solo superado por la
infraestructura.

En esta sección, analizo el mapeo de NDVI. ¿Cómo se utiliza
el mapeo NDVI para evaluar la salud de las plantas? También
hablo sobre Falso NDVI y expongo las razones para evitarlo por

completo. ¿Cómo puedes elegir el sensor de cámara adecuado para el mapeo de drones agrícolas? ¿Cuál es la importancia de usar datos calibrados radiométricamente? Estas son algunas de las preguntas en las que me sumerjo. Sigue leyendo.

¿Cómo funciona el mapeo NDVI?

NDVI es el índice de vegetación de diferenciación normalizada.

El ojo humano ve todas las plantas como verdes. Eso no significa que todas las longitudes de onda estén siendo absorbidas. Se están reflejando algunas longitudes de onda que el ojo humano no puede ver. Entonces, si usted es un piloto de VANT que realiza trabajos de mapeo NDVI, necesita un sensor capaz de hacer esta diferenciación. Debe determinar la cantidad precisa de luz que se refleja (más sobre esto más adelante).

Para esto, tendrá que usar una cámara que pueda hacer esta diferenciación y, por lo tanto, eliminar las plantas no saludables de las saludables. Posteriormente, puede obtener información procesable que ayudará al agricultor a asignar sus recursos de la manera más eficiente posible. Si usa una cámara que no está diseñada para comprender la luz, puede terminar haciendo recomendaciones incorrectas a un agricultor.

Las personas que usan una cámara que no es IR ofrecen lo que se conoce popularmente como servicios "Falso NDVI". Usar una cámara normal para evaluar la salud de las plantas es una mala idea. Usando Falso NDVI, no puede separar la luz roja e infrarroja cercana. Esto lleva a datos incorrectos y decisiones incorrectas que finalmente resultan perjudiciales para la salud de los cultivos.

Por qué el mapeo de Ndvi es tan útil para los agricultores

Tratemos de entender por qué el mapeo NDVI es crítico para la toma de decisiones en la agricultura.

NDVI = (NIR - Rojo) / (NIR + Rojo)

Entonces, vemos todas las plantas como verdes. Sin embargo, junto con la luz verde, las plantas también reflejan la luz infrarroja cercana. Como puede determinar a partir de la fórmula anterior, el valor NIR es directamente proporcional al valor NDVI.

Más saludable la planta, mayor es el valor NIR. Viceversa, una planta muerta o enferma tendrá un valor NIR más bajo. El valor de NDVI para plantas varía entre 0.1 y 1. Las superficies que no son de plantas tienen un alto valor de rojo y su NDVI cae entre 0 y -1.

Con el mapeo NDVI puede crear un mapa codificado por colores que muestre claramente las áreas enfermas. Por lo tanto, las decisiones basadas en datos se pueden tomar rápidamente. Y el desperdicio de recursos también se puede evitar

Cómo elegir el sensor de cámara adecuado para el mapeo de drones agrícolas

Parrot Sequoia y MicaSense fabrican sensores diseñados específicamente para aplicaciones agrícolas.

El Parrot Sequoia + viene con un sensor de luz solar y un sensor multiespectral. Debido a que la cantidad de luz reflejada de los cultivos tiende a variar bastante, los resultados del mapeo son propensos a la distorsión. Para abordar este problema potencial, se instala un sensor de luz solar en la parte superior del dron. Este sensor registra la luz solar en las mismas bandas espectrales que el sensor multiespectral.

El sensor multiespectral montado en la parte inferior del dron tiene cuatro bandas espectrales: rojo, verde, el borde rojo e infrarrojo cercano.

Al usar un dron para aplicaciones agrícolas, es imprescindible que su cámara esté calibrada radiométricamente. Esto le permite hacer juicios empíricos que pueden beneficiar al agricultor. ¿Por qué es esto necesario?

Su cámara de dron mide "a la irradiación del sensor". Mientras la salida de la cámara tiene la forma de un número digital o DN. En la mayoría de las cámaras, no se conoce el mapeo de la irradiancia al DN. Y esta asignación o correlación tiende a cambiar con el cambio en la configuración de la cámara. La calibración radiométrica se debe realizar para cada banda, para diferentes configuraciones de cámara y ópticas. Es crítico que este mapeo se utilice mientras se realiza la indexación de la vegetación. Si no utiliza datos calibrados radiométricamente, terminará suministrando datos que se calculan a partir de DN sin procesar: datos inexactos con consecuencias desastrosas.

¿Debería usar un avión no tripulado de ala fija para el mapeo agrícola?

Es posible que necesite un dron de ala fija para el mapeo agrícola si desea cubrir grandes extensiones de tierra. Un dron de ala fija puede volar a mayor velocidad. Pero debes tener cuidado al hacer esta transición.

Cuanto más rápido vueles, más tendrás que gastar en tu cámara de dron. Volar a mayor velocidad significa que necesita una cámara con una velocidad de obturación rápida. Evite usar filtros ND a alta velocidad; esto dará como resultado imágenes borrosas. Si intenta unir imágenes con una gran cantidad de desenfoque, terminará con un producto de mala calidad.

Conclusión

Debe comprender a fondo los matices del mapeo de drones agrícolas antes de aventurarse en este campo. No intente ofrecer servicios de mapeo "Falso NDVI". Esta es solo una receta para el desastre. Y asegúrese de estar equipado con el dron y la cámara adecuados antes de pensar en emprender trabajos agrícolas. Si planea realizar trabajos más grandes, es mejor optar por un avión de ala fija con una cámara de gama alta. A través del mapeo agrícola de drones, puede, a su manera, ayudar a lograr la seguridad alimentaria.

Los drones de fumigación automatizados y de servicio pesado pueden ayudar a los agricultores a reducir costos y trabajar de manera más inteligente

Los drones ahora son herramientas establecidas en el negocio de la agricultura, aumentando la productividad de las granjas con datos aéreos oportunos. Pero además de recopilar información vital sobre la salud de los cultivos y permitir la creación de mapas NDVI y RGB detallados, los robots voladores están desempeñando un papel activo en las operaciones diarias. Los drones de fumigación se están utilizando para la aplicación de:

1) Fertilizantes
2) herbicidas
3) pesticidas
4) Fungicidas
5) Semillas, y más.

Y lo están haciendo de formas más económicas, rápidas y precisas que los métodos tradicionales.

La aplicación de agroquímicos es una piedra angular de la agricultura moderna. Es un acto de equilibrio delicado que requiere velocidad, cuidado y precisión. Introducir los productos químicos correctos en la cantidad correcta en los lugares correctos y en el momento correcto es un desafío constante para los agricultores. Una concentración demasiado alta en un solo lugar puede generar costos innecesarios y disminuir la calidad del producto. Una concentración demasiado baja puede dejar los cultivos expuestos y socavar el rendimiento.

Los drones de pulverización de DJI se implementan en todo el mundo a medida que los agricultores aprovechan la última tecnología para distribuir productos químicos de manera precisa, uniforme y eficiente. En general, la fumigación con drones contribuye a una reducción de los costos necesarios para aplicar agroquímicos, ya sea a través de mano de obra o equipo alquilado, reduce la exposición química y, en algunos casos, aumenta el rendimiento de los cultivos.

Aquí hay algunas cosas que probablemente no sabías sobre los drones de fumigación...

Los drones de fumigación dependen de algoritmos especializados para dar cuenta de las cargas útiles líquidas que se mueven de un lado a otro

Llevar una cantidad significativa de líquido es muy diferente de llevar sensores, cámaras y otras cargas útiles estándar que esperaría ver en un dron DJI. Para desarrollar un algoritmo de control de vuelo fiable y preciso, los ingenieros de DJI tuvieron que tener en cuenta el impulso del líquido a medida que chapotea alrededor del tanque durante el funcionamiento.

Este desafío de ingeniería se complicó por el hecho de que el impacto del impulso del líquido cambia constantemente, ya que gradualmente sale del tanque y da paso a más oxígeno.

Los drones rociadores pueden rociar más que solo líquido

La capacidad de automatizar la dispersión de agroquímicos con un alto grado de precisión es un gran paso en la digitalización de la agricultura y una agricultura más inteligente. El último dron de la línea AGRAS, el T30, ofrece una capacidad de 40 kg, un caudal de 50 kg por minuto y un alcance de extensión de 7 metros. Eso equivale a una cobertura potencial de 40 acres por hora y un enorme impulso de productividad para tareas generalmente manuales que exigen una distribución rápida y precisa.

Y no son solo pesticidas y fertilizantes para los que se pueden usar los drones AGRAS de DJI. La tecnología se puede implementar para esparcir semillas, alimentos para animales y herbicidas. Este último es un paso particularmente importante para el manejo de cultivos como el algodón. El rociado de herbicida automatizado y dirigido puede acelerar la defoliación, eliminar el exceso de follaje y simplificar el proceso de cosecha del algodón.

En Kloubec Koi Farm en Iowa, los especialistas en drones Aerial Influence adaptaron un drone DJI AGRAS para alimentar 30 hectáreas de peces. La solución fue rápida, efectiva y automatizada.

Y en un experimento innovador de 2019, científicos utilizaron un Agras MG-1S adaptado para reducir la transmisión de la malaria en Zanzíbar, Tanzania. El dron roció una serie de arrozales con un agente de control biológico, que se asienta en la superficie del agua estancada para evitar que salgan los mosquitos recién nacidos. Un equipo de I+D de DJI modificó el dron para distribuir un líquido más viscoso que los pesticidas habituales, como parte de una solución que podría tener enormes repercusiones para la enfermedad más letal que la humanidad haya conocido.

Japón es el líder mundial en adopción de drones fumigadores

Dada la reputación del país como pionero en tecnología, no sorprende que las granjas japonesas se encuentren entre las más avanzadas del mundo. La investigación de la Universidad de Ciencias de Tokio destacó el impacto que los drones están teniendo en todos los ámbitos.

En los últimos años, los drones rociadores han ganado una enorme tracción para la distribución de pesticidas. En todo Japón, la cantidad de hectáreas fumigadas con drones se multiplicó por 45 entre 2016 y 2023, y la cantidad de VANT registrados para fumigación agrícola aumentó de 227 a más de 2000. Todo indica que esas tendencias han continuado hasta el día de hoy. , particularmente con los grandes avances en la tecnología de drones y el aumento de la libertad de acción de los reguladores para aplicaciones de carga útil pesada.

La adopción de aviones no tripulados de fumigación en Japón no es solo otro ejemplo de un país a la vanguardia. Una población que envejece y se reduce significa que hay menos mano de obra barata para llevar a cabo las tareas agrícolas, mientras que la masa de tierra relativamente pequeña de Japón significa que las operaciones agrícolas a pequeña escala son comunes. Ambos factores han sido impulsores de la adopción de drones DJI AGRAS.

La mayor barrera para una mayor adopción de drones de fumigación es la legislación.

La gama AGRAS de fumigación de cultivos, incluidos los nuevos T30, T10, T16 y T20, ha demostrado su eficacia en todo el mundo. Sin embargo, algunas jurisdicciones han sido más lentas en otorgar margen de maniobra para operaciones de enjambre y más allá de la línea visual (BVLOS) para drones de esta escala y/o cuando los agroquímicos son parte de la ecuación.

En los EE. UU. los especialistas en agricultura de vehículos aéreos no tripulados Rantizo han liderado el camino, convirtiéndose en la primera empresa aprobada por la FAA para la fumigación agrícola en todo el país. En Malawi y Mozambique, los drones de fumigación de DJI se están introduciendo como parte de los esfuerzos para hacer que la agricultura sea más rentable, respetuosa con el medio ambiente y menos indiscriminada cuando se trata de fumigar con productos químicos potencialmente peligrosos.

Los objetivos de toda la UE tienen como objetivo reducir a la mitad el uso de pesticidas químicos para 2030. Lograr una disminución tan drástica sin comprometer el rendimiento de los cultivos dependerá por completo de métodos agrícolas más inteligentes y precisos. Los drones de fumigación de cultivos ofrecen una vía para la aplicación de agroquímicos más específicos, particularmente en viñedos, huertos y cultivos en áreas con pendientes pronunciadas.

Agricultura de precisión, las 24 horas

Los drones de fumigación son herramientas poderosas que los agricultores pueden implementar para acelerar y automatizar los procesos manuales. Y el resultado de esa funcionalidad central es un cambio de juego para el futuro de la agricultura. Esta tecnología permite que los aspectos vitales de la agricultura de precisión se lleven a cabo las 24 horas del día.

Aunque las regulaciones han tardado en adaptarse a lo que es posible desde un punto de vista técnico, el hardware está listo para funcionar. El nuevo DJI AGRAS T30 es un buen ejemplo. Sus baterías inteligentes se pueden cargar por completo en solo 10 minutos, lo que permite un funcionamiento continuo. Combinados con los conocimientos generados por herramientas como P4 Multispectral, los drones de fumigación pueden ayudar a los agricultores a trabajar de manera más inteligente, más rápida y con mayor precisión que nunca.

Cuando se trata de alimentar a la población mundial en constante crecimiento, los agricultores merecen toda la ayuda que puedan obtener. Para aprovechar al máximo cada centímetro de las tierras de cultivo, los agricultores modernos recurren a nuevas tecnologías como los drones.

La agricultura de precisión representa un buen caso de prueba para los drones en la agricultura. Esta es una metodología basada en un trabajo más exacto y eficiente en secciones individuales de campos más grandes. Usando datos precisos, los agricultores pueden desarrollar una forma más granular de sembrar y regar sus cultivos, así como aplicar fertilizantes, pesticidas y otros agentes químicos sensibles.

A medida que la tecnología se vuelve más capaz de respaldar estrategias ambiciosas y las regulaciones legales en torno al uso comercial de drones cambian para permitir nuevas aplicaciones para estos aviones no tripulados, los agricultores con visión de futuro pueden generar niveles impresionantes de valor en relación con el costo.

<u>¿Qué es la agricultura de precisión?</u>

La agricultura de precisión, como metodología, implica tratar diferentes partes del mismo campo de manera única. Esto permite a los agricultores dividir su tierra en líneas más granulares que nunca y usar cada pie cuadrado de manera estratégica e inteligente.

El Departamento de Agricultura de EE. UU. observa cómo la agricultura de precisión se desvía de la agricultura mecanizada más tradicional. Los métodos heredados de aplicación de fertilizantes y pesticidas no eran lo suficientemente precisos para lidiar con las condiciones dentro de porciones de un campo; los tratamientos se aplicaron en función de las características promedio de toda el área, lo que podría ser impreciso y un desperdicio.

Ahora, con la capacidad de capturar mediciones más precisas en áreas individuales, incluso desde sensores montados en drones, ha permitido que se arraigue una nueva era de agricultura inteligente. Cuando los agricultores pueden realizar una pulverización de precisión basada en datos precisos, el rendimiento y la producción de sus cultivos pueden aumentar mientras que los desechos disminuyen.

Se compara la agricultura de precisión con una forma más clásica de cultivo y gestión agrícola, antes de la agricultura mecanizada. En aquellos días, los agricultores podían dividir cuidadosamente los campos y tratar cada segmento de manera adecuada. La agricultura de precisión ha combinado este nivel de especialización con la automatización moderna y las consiguientes mejoras en la eficiencia.

¿Cómo permiten los drones la agricultura de precisión?

Existen amplios casos de uso de drones en la agricultura de precisión, especialmente cuando se considera que los aviones no tripulados pueden cumplir múltiples funciones. Desde un mapeo aéreo más frecuente y preciso hasta la fumigación cuidadosa de productos químicos, un dron agrícola tiene varias formas de convertirse en una herramienta agrícola de precisión que aumenta la eficiencia.

Imágenes aéreas precisas para la agricultura de precisión

Los drones son herramientas útiles de agricultura de precisión para el mapeo y la creación de imágenes, incluso cuando se comparan con otras tecnologías potenciales para el trabajo, como las imágenes satelitales. ¿Por qué los drones son mejores que los satélites como sistemas de recopilación de datos? Todo se reduce a un hecho simple: los drones están cerca de los cultivos mientras que los satélites, por su naturaleza, están muy por encima.

	SATELITE	DRON
COSTO	Alto, por uso	Bajo costo del dron
VELOCIDAD	Esperar por satélite	Implementar bajo comando
RESOLUCIÓN TEMPORAL	Fuera de plazo	A hoy
RESOLUCION ESPACIAL	Resolución de 25 cm	Precisión de nivel centimétrico con RTK
ÁREA DEL MAPA	Ilimitado	3km^2 en un vuelo
MODELOS 3D Y NUBE DE PUNTOS	No	Sí

Una imagen de satélite, por muy avanzada que sea la cámara en cuestión, sigue saliendo de la órbita. Un dron que vuela sobre un campo ofrece una proximidad mucho mayor y, por lo tanto, una resolución de imagen. Además, cuando un agricultor usa una imagen satelital, la imagen puede tener días de antigüedad. Un dron puede proporcionar información más actualizada, lo que permite una precisión aún mayor con respecto a qué fertilizantes y pesticidas se necesitan.

Cuando están equipados con sensores avanzados, los drones

pueden proporcionar imágenes multiespectrales, brindando a los usuarios más detalles sobre cómo le está yendo a un cultivo en particular. Estas cámaras capturan más información que una cámara estándar, incluso en la banda del infrarrojo cercano. Usando luz invisible a simple vista, estas cámaras pueden ayudar a los agricultores a crear mapas de sequía más precisos y realmente prestar a los cultivos la atención que necesitan.

Los mapas multiespectrales no son el único tipo de imágenes aéreas que son mejores cuando se toman con un dron. Los mapas estándar tomados en formatos rojo-verde-azul (RGB) pueden mostrar a los agricultores cómo está progresando el crecimiento de los cultivos. Para fines de agricultura de precisión, vale la pena que los drones tomen estas fotos en lugar de los satélites. La resolución por píxel mucho mayor brinda una imagen más precisa y matizada del estado de los cultivos, lo que permite estrategias de agricultura de precisión más personalizadas.

Pulverización y siembra de precisión desde el aire mediante drones agrícolas

Los drones pueden servir como el proverbial "ojo en el cielo" para los agricultores, pero también pueden participar más directamente en la agricultura de precisión. La capacidad de un dron para seguir un plan de vuelo cuidadoso sobre un campo también le permite realizar tareas de siembra o fumigación. Algunos sistemas de esparcimiento versátiles pueden cumplir múltiples funciones, lo que permite a los agricultores sembrar sus campos, volver a sembrar pastos de pradera o esparcir productos químicos en áreas elegidas con precisión.

Los drones de hoy son notablemente versátiles y eficientes desde una perspectiva de poder. Por ejemplo, un dron de fumigación alimentado por batería puede recibir una carga completa en minutos en lugar de horas, lo que permite a los agricultores obtener más tiempo productivo de estos activos en el transcurso de un día. La ejecución de drones de fumigación y siembra durante todo el día puede agregar efectivamente más horas útiles, y el esfuerzo manual necesario para operar estos aviones es notablemente bajo.

El uso de drones en la aplicación de precisión de productos químicos como pesticidas es un avance importante para el futuro de la agricultura. El uso de cantidades más pequeñas de estos agentes, en los lugares donde más se necesitan, puede respaldar el cumplimiento de las reglamentaciones que exigen la reducción de pesticidas.

En áreas donde las regulaciones permiten que los drones operen más allá de la línea de visión visual (BVLOS), los drones de fumigación pueden resultar especialmente efectivos. El despliegue de una flota de drones para cubrir grandes áreas con semillas o agentes químicos podría ser un poderoso caso de uso en el futuro cercano en la agricultura, ya que las autoridades de aviación consideran el futuro de la operación de vehículos aéreos no tripulados.

¿Qué sistemas de drones deberían buscar los agricultores expertos en tecnología?

Cuando llega el momento de implementar drones como parte de una operación agrícola, ya sea un solo vehículo o una flota completa, es importante que los agricultores seleccionen equipos de agricultura de precisión de alta calidad que se ajusten a sus necesidades. En el pasado, es posible que los drones no cumplieran con las expectativas de los usuarios, ya que los primeros modelos tenían poca automatización y carecían de las capacidades de los sensores para brindar realmente a los agricultores los datos necesarios para la agricultura de precisión.

Los últimos años han cambiado el statu quo de la tecnología de agricultura de precisión para mejor, con los nuevos modelos de drones y cargas útiles de los fabricantes de equipos diseñados teniendo en cuenta casos de uso agrícola específicos. Las siguientes son solo algunas de las configuraciones de hardware que pueden traer al presente métodos futuristas de agricultura de precisión.

Drones de imágenes multiespectrales: el uso de un dron como el P4 Multispectral permite a los agricultores obtener una vista aérea precisa, que va más allá del espectro visible. Este dron captura simultáneamente imágenes RGB estándar y un índice de vegetación de diferencia normalizada (NDVI) para brindar información procesable sobre áreas determinadas de un campo. Su cámara admite una precisión de nivel centimétrico, y el dron se puede programar y posicionar incluso en áreas sin conexiones sólidas a Internet utilizando estaciones móviles de posicionamiento geográfico.

Drones de fumigación: un dron de fumigación efectivo sigue la información recopilada por un dron de imágenes, utilizando su perspectiva aérea para aplicar agentes químicos a los campos con precisión y con un alto grado de automatización. Los drones desarrollados específicamente para la agricultura, como el Agras T30, son capaces de realizar vuelos autónomos en muchos entornos agrícolas diferentes, navegando a través de un radar omnidireccional. Además de un software eficaz y sistemas de vuelo fiables, estos drones cuentan con sistemas optimizados de pulverización y esparcimiento para la aplicación precisa de productos químicos o incluso la distribución de semillas.

Paquetes de software de GPS: si bien es natural pensar en el hardware y las cargas útiles al diseñar una estrategia de agricultura de precisión basada en drones, hay un lado menos glamoroso pero igual de esencial de estas operaciones: las herramientas de software que organizan los datos y ayudan a los agricultores a ponerlos en práctica. usar. Por ejemplo, un sistema de información geográfica (GIS) como el software de mapeo DJI Terra puede ensamblar modelos de campos 2D y 3D precisos. Cuando se superpone con un índice de vegetación NDVI, los agricultores pueden crear mapas de prescripción para la operación automatizada de drones rociadores.

Plataformas de software de gestión de tareas: el uso de sistemas fiables de gestión de tareas y gestión de dispositivos es esencial para los operadores de drones que se dedican a la agricultura de precisión. Al utilizar una plataforma de software diseñada para la agricultura, los agricultores pueden obtener más valor de sus operaciones con drones de inmediato, utilizando flujos de trabajo diseñados teniendo en cuenta sus necesidades en lugar de tener que personalizar la funcionalidad. La gestión de dispositivos no es solo una piedra angular de la agricultura de precisión actual, sino que también se convertirá en un pilar de las operaciones más automatizadas que vendrán cuando a más operadores de drones se les otorgue la capacidad de trabajar con BVLOS.

¿Cuál es el futuro de los drones como tecnología de agricultura de precisión?

Al igual que con muchos usos de los drones, como la entrega a larga distancia, una de las principales barreras para el aumento de las operaciones agrícolas es regulatoria, no técnica. Los drones tienen la capacidad de hardware y software para operar BVLOS, por lo que una relajación de las reglas de aviación podría permitir a los agricultores cubrir más áreas automáticamente.

La historia es similar para otras tácticas como el enjambre, que es la operación de múltiples vehículos por un solo operador. Por lo general, se otorgan exenciones para que los operadores usen esta función en una sola área. Sin embargo, según Commercial Drone Professional, la marea puede estar cambiando. A un operador se le ha otorgado la capacidad de usar formaciones de rociado de tres drones en cualquier lugar de los Estados Unidos continentales. La empresa ve esto como una oportunidad para resolver una escasez de mano de obra, ayudando a cada operador a cubrir más área por hora que antes.

A medida que los drones se vuelven más comunes en entornos agrícolas, pueden asumir muchas tareas para ayudar a los agricultores a optimizar la forma en que administran sus cultivos y más. Incluso antes de que comience la siembra, los agricultores pueden generar mapas de contorno 3D a través de GIS, lo que les permite ubicar los cultivos de manera más estratégica. Un pase con un dron de imágenes podría ayudar a un agricultor a crear estimaciones de rendimiento de cultivos con fines de seguros, al mismo tiempo que evalúa el estado de riego y humedad del suelo de cada parte del campo.

Los agricultores con ganado en pastoreo pueden incluso rastrear la posición de sus rebaños usando cámaras basadas en drones. Al encontrar más usos para los drones en la propiedad, estos propietarios pueden recuperar rápidamente su inversión en adopción de tecnología de agricultura de precisión. Ya sea que una granja esté muy enfocada en un cultivo o en operaciones diversas, un dron es una pieza de tecnología potencialmente útil.

Los últimos años han visto una rápida evolución en las características prácticas de los drones que tienen el potencial de revolucionar la agricultura de precisión. El progreso regulatorio continuo y la adopción más generalizada de nuevas tecnologías, incluidos los drones, brindarán eficiencia y valor a un número cada vez mayor de granjas: la transformación ya ha comenzado.

EPÍLOGO

Este fue el acto final del primer plan quinquenal de Señor Hornero (CE-VANT 8), un cierre grande y merecido, en donde todo lo aprendido en 5 años se refleja en papel y pueda iniciar otra conversación, otro diálogo con futuros pilotos y actuales agentes de la industria o relacionados a ella.

De esta forma y con este acto final, nos ponemos firmes en nuestra búsqueda por un espacio aérea seguro, legal y profesional; esta búsqueda continuará por supuesto, y creemos que es importante tener buenos pilares sólidos para poder seguir adelante con todas las nuevas regulaciones y tecnologías que se avecinan.

El camino fue disfrutado, con altos y bajos, pues un servicio de drones no es solo volar un dron, sino también es poder entender el contexto, las necesidades especificas de cada persona y los requerimientos técnicos y humanos para cada trabajo.

Esto es lejos de ser un final, es el cierre de una etapa para empezar en una nueva, con nuevos objetivos y continuando con la firme convicción y creencia de que el espacio aéreo...lo construimos entre todos.

www.ingramcontent.com/pod-product-compliance
Lightning Source LLC
Chambersburg PA
CBHW060822220526
45466CB00003B/938